해외 광산개발

이것만은 알고
시작하자!

이 도서의 국립중앙도서관 출판시도서목록(CIP)은 e-CIP 홈페이지(http://www.nl.go.kr/cip.php)에서 이용하실 수 있습니다(CIP제어번호: CIP2009004211).

해외 광산개발
이것만은 알고 시작하자!

임용생 지음

한울
아카데미

머리말

해외자원의 개발은 지하자원이 풍부하지 않은 우리나라가 자원의 안정적 공급원을 확보하기 위해 역량을 집중하고 있는 국가 전략사업이다. 이에 자원개발 전문기업이나 안정적 원료 확보를 원하는 제조업체 및 새로운 투자처를 찾는 투자기업들이 개별 또는 공동의 컨소시엄을 구성하여 적극적으로 해외자원의 개발을 추진하고 있다. 하지만 해외 광산개발은 탐사 및 개발단계의 위험성 외에도 막대한 자본과 외환 및 가격들에 대한 불확실성의 위험이 늘 존재하며 또한 현지의 정치, 규제, 언어 등 경제 외적 요인들의 위험성으로 인해 유망한 해외광산을 개발하는 데 어려움이 무척 많다.

현재 대부분의 한국 민간기업들은 개발기술의 노하우 부족으로 인한 리스크를 줄이고자 어느 정도 탐사가 진행된 프로젝트에 참여하는 경우가 많다. 하지만 이러한 단순 지분참여는 개발 위험성은 감소되지만 프리미엄 지불과 함께 자본 대비 수익성도 떨어진다. 이와 함께 해외 광산개발에 대한 경험을 지닌 전문인력의 부족으로 프로젝트의 참여 기회를 놓치거나 또는 프로젝트의 진행에 많은 문제들을 겪고 있는 것이 사실이다. 이를 보완코자 전문 컨설팅업체로부터 자문을 받거나 또는 광산 개발업체와 공동으로 프로젝트에 참여한다면 리스크는 줄이면서 기술 및 관리 노하우를 축적할 수 있는 기회를 갖게 될 것이다.

저자가 광산개발 컨설턴트로 활동하며 가장 아쉬웠던 점은 새롭게 광산개발에 참여하는 한국의 기업들이 대부분 금융조달 및 수익성에 관심과 강점을 가지는 데 반해 이의 바탕이 되는 탐사 및 개발절차와 매장량에 대한 이해가 상대적으로 부족하다는 것이었다. 즉, 한국의 기업들은 프로젝트의 주체나 동반자라는 역할보다는 단순 참여자나 투자자라는 역할에 더 충실하다 보니 참여업체들 간에 크고 작은 갈등이 발생할 수밖에 없다는 점이었다.

이 책은 해외 광산개발에 관심을 갖고 있는 기업이나 또는 현재 개발에 참여하고 있는 업체의 책임자들이 기본적으로 꼭 알고 있어야 할 광산개발에 대한 개념 및 방향을 제시함으로써 향후 한국업체들이 좀 더 적극적으로 해외광산을 개발하는 데 조금이나마 도움이 되고자 한다.

아울러 이 책을 출판하기까지 많은 전문적 조언을 해주신 인도네시아의 서순찬 컨설턴트와 캐나다의 안윤환 선배님, 그리고 책이 출판되도록 도와주신 도서출판 한울의 김종수 사장님과 박행웅 고문님, 조인순 님의 노고에 지면을 통해 깊은 감사를 드린다.

2009년 12월
임 용 생

차례

머리말 5

제1장 해외 광산개발 13
1.1. 광산개발의 기본 개념 16
1.2. 광산개발의 주체 18
1.3. 부존광물의 개발가치 판단 요소 22
1.4. 광산의 개발단계 24
*인내와 노력의 결실: 올림픽 댐(Olympic Dam) 광산 28

제2장 자료수집 단계 31
2.1. 지역선정(Area Selection / Screening) 32
2.2. 자료수집(Data Gathering / Target Generation) 35
2.3. 자료분석(Data Evaluation / Target Testing) 36
*리눅스로 찾은 금맥 37

제3장 기초탐사 단계 39
3.1. 현장답사(Reconnaissance Exploration) 40
3.2. 지질도 작성(Geological Mapping) 40
3.3. 지구화학 탐사(Geochemical Exploration) 41
3.4. 지구물리 탐사(Geophysical Exploration) 45
3.5. 시추작업(Drilling) 49
3.6. 환경 및 탐사지원 52
*지구화학 샘플링이 찾아낸 세계 최대의 아연 광산 53

제4장 개발 및 건설 단계 55
4.1. 상세 시추작업 및 벌크샘플링(Bulk Sampling) 57
4.2. 환경기초조사(Environmental Baseline Study: EBS) 58

＊오렌지 배꼽앵무새를 찾아라! 59
4.3. 타당성조사(Feasibility Study) 60
4.4. 광산 폐광 및 복구계획(Mine Closure Plans) 67
＊폐광이 리조트로 변신 69
4.5. 환경영향평가(Environmental Impact Assessment: EIA) 70
4.6. 최종 투자결정 및 광산건설 72
＊적극적 주도만이 살길이다. 76
4.7. 환경 모니터링 78
4.8. 지역사회(원주민)와의 협의 78
＊축복인가? 저주인가? 80

제5장 채굴 모델 및 광산건설의 경제성 검토 83

5.1. 매장량(Mineral Resource) 및 컷오프 품위(Cutoff Grade) 85
5.2. 채굴 방법(Mining Method) 87
5.3. 생산률(Production Rate)과 가동연수(Mine Life) 93
5.4. 가공과정(Process Engineering) 93
5.5. 채굴 계획(Mine Plan) 및 투자비용 산출 요소 96
5.6. 경제적 타당성 변수 항목 98
＊경제성 분석의 해석 오류가 불러온 엄청난 손실 100

제6장 매장량 및 광량에 대한 국제 표준 103

6.1. 매장량 및 광량 분류 104
6.2. 매장량(Mineral Resource) 105
6.3. 매장량의 산출(Mineral Resource Estimation) 113
6.4. 광량(Mineral Reserves / Ore Reserves) 118
6.5. 기타 국가들의 표기 규정 118
6.6. 매장량 및 광량자료 보고에 대한 지침 122
6.7. 매장량을 광량으로 전환하기 위한 요소 125

6.8. 자격인(Qualified / Competent Person)   126
＊인간의 선택은 금광인가? 연어인가?   128

제7장 자원개발 관련 계약   131

7.1. 예비협정(Preliminary Agreement)   133
7.2. 합작투자 계약(Joint Venture Agreement)   134
＊야금으로 인한 선매권 분쟁   148
7.3. 컨세션 계약(Concession Agreement)   150
7.4. 생산분배 계약(Production Sharing Agreement: PSA)   154
7.5. 용역 계약(Service Contract)   156
7.6. 건설 계약(Construction Contract)   156
＊누구의 땅인가?   158

참고문헌   160
부록
1. 광물자원별 개요   165
2. 캐나다의 주요 광물 생산량 및 자원 사이트   178
3. 호주의 주요 광물 생산량 및 자원 사이트   185
4. 자원국가들의 주요 광물 생산량   188
5. 광산개발 용어사전   193

표 차례

표 1-1 광산 투자나 상위단계 진입결정 고려 항목 15
표 1-2 대륙별 광산회사 19
표 2-1 자료수집 3단계 32
표 4-1 타당성조사 보고서의 종류 61
표 5-1 광물별 평균 존재율 86
표 6-1 매장량 등급별 오차 수준 106
표 6-2 라그란자(La Granja) 지역의 시추탐사 결과 108
표 6-3 루비크릭(Ruby Creek) 지역에 대한 회사별·연도별 시추탐사 109
표 6-4 루비크릭(Ruby Creek)의 2007·2008년 시추탐사 결과 109
표 6-5 Casa Berardi 금 광산의 매장량 및 광량 보고 110
표 6-6 러시아 및 CIS 국가들의 매장량·광량 분류 120
표 6-7 매장량 및 광량 보고(예) 123
표 7-1 생산 분배(예) 155

그림 차례

그림 1-1 광산개발 성공의 3요소 14
그림 1-2 광산의 개발과정 17
그림 1-3 광산개발의 주체 18
그림 1-4 광물의 부존가치 23
그림 1-5 광산의 개발단계 24
그림 1-6 개발단계별 주요 활동 및 목표 26
그림 2-1 지역선정 요인 33
그림 3-1 기초탐사 단계 39
그림 3-2 지구화학 탐사방법 42
그림 3-3 지구물리 탐사방법 46
그림 4-1 광산의 개발·건설 단계 56
그림 4-2 환경평가 과정 및 광산개발방안 절차 71
그림 4-3 지역사회의 참여방식 79
그림 5-1 광산업의 특성 84
그림 5-2 채굴 방법의 결정 요소 88
그림 5-3 광석의 가공과정 94
그림 5-4 경제적 타당성 변수 항목 98
그림 6-1 매장량과 광량의 관계 105
그림 6-2 매장량 산출 중요 요소 113
그림 6-3 한국의 매장량 및 광량 분류 119
그림 7-1 광산계약의 형태 132
그림 7-2 선진국과 개발도상국의 차이 133
그림 7-3 예비협정 134
그림 7-4 합작 계약 전 국가현황 및 규정 점검사항 135

CHAPTER 1

해외 광산개발
Mine Development

멕시코 속담에 "은 광산을 개발하려면 금 광산이 있어야 하고, 금 광산을 개발하려면 은행이 있어야 한다(It took a gold mine to develop a silver mine, and added that it took a bank to develop the gold mine)"라는 말이 있다. 이 말은 은 광산을 개발하는데 금 광산을 다 써버리고, 금 광산을 개발하는데 은행 돈을 다 소비해버린다는 말이다. 즉, 광산을 개발하는 데 소요되는 노력과 비용 대비 성공률이나 결과가 좋지 않기 때문에 광산개발은 그 자체로 리스크가 높다는 것을 의미한다. 그러나 금의 환상을 좇아 부자가 되고자 하는 인간의 욕망은 1848년 초 캘리포니아에서 시작된 골드러시 이후 호주와 남아프리카를 걸쳐 현재까지도 전 세계에서 다양한 광물을 찾는 광산개발로 이어져 오고 있다.

1800년대의 골드러시는 자신도 부자가 될 수 있다는 꿈을 안고 시작되었지만 몰려든 사람들 가운데 일부를 제외하고는 대부분의 사람들이 별 소득을 얻지 못했다. 물론 현재도 광산개발의 성공 확률은 극히 낮은 수준이지만, 진보된 탐사기법과 설비 및 운영 노하우로 인해 대규모의 자금이 소요되는 건설단계에 진입하기 전에 광산의 성공 여부를 사전에 가늠할 수 있게 되었다. 또한 과거에는 개발할 수 없었던

그림 1-1 광산개발 성공의 3요소

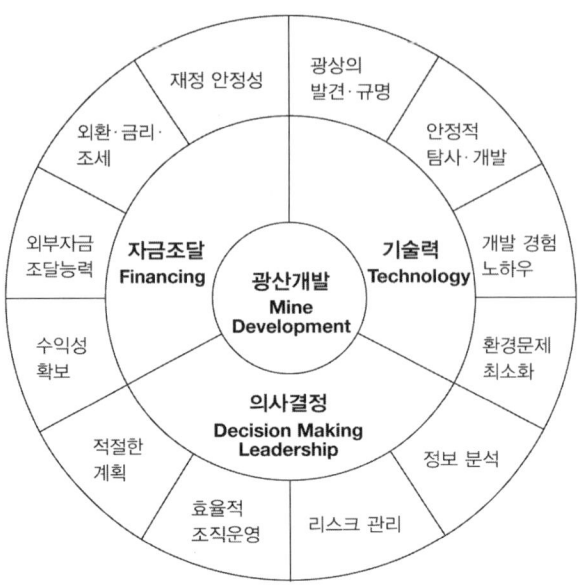

심부광산이나 대규모의 광산개발이 가능해졌을 뿐만 아니라 최적의 광산건설을 통해 합리적인 비용으로 좀 더 높은 수익을 올릴 수 있게 되었다.

광산개발의 성공을 위해 가장 필요한 3요소는 **기술력**(Technology), **자금조달**(Financing) 및 **의사결정**(Decision Making)으로 볼 수 있다. 목표로 하는 광상(mineral deposit)[1]을 찾고 광상과 매장량(mineral resources)[2]을 정확히 규명하여 안전하게 광산으로 개발할 수 있는 **기술력**은 성공의 가장 기본적인 요소다. 또한 오랜 기간 탐사 및 개발에 소요되는 막대한 자금을 일정에 차질 없이 조달하여 계획한 기간 내에 광산을 개발할 수 있는 **자금조달** 능력도 절대 간과할 수 없는 필요 요소다. 마지막으로, 효율적인

---

1 **광상**(Mineral Deposit / Ore Deposit) 경제적 가치가 있는 광물이 지하에 집중되어 있는 상태로 탐사작업의 목표가 된다. 광상은 산출되는 자원이나 구조적(tectonic), 지질적(geological) 또는 성인적(genetic) 방법들에 의해 분류된다. 그중 가장 대표적인 것이 성인에 의한 방법으로 화성광상, 퇴적광상 및 변성광상으로 구분된다.

2 **매장량**(Mineral Resources) 매장량은 지각이나 심부에 매장되어 있는 광상의 질량을 말하는데, 지질학적 신뢰도와 채굴의 경제성에 따라 매장량(resources)과 광량(reserves)으로 구분된다. 매장량은 예상(inferred), 추정(indicated) 및 확정(measured) 등급으로, 광량은 추정(probable)과 확정(measured) 등급으로 분류된다.

표 1-1 광산 투자나 상위단계 진입결정 고려 항목

분류	투자 결정 시의 고려 항목
경제성	• 광산개발에 따른 수익성(광물의 공급 vs 수요 및 가격 전망) • 광상의 규모(매장량 및 품위3))와 개발 경제성 • 경제적 여건 및 자금시장 상황 • 광상까지의 접근성 및 개발지와 시장과의 거리 • 인근 광산 또는 선행 개발프로젝트 여부(기반시설투자 절감) • 금리, 외환 리스크
탐사 및 기술	• 목표지역의 지질학적 부존 가능성 • 지역 내 탐사 및 광산개발의 안전성 • 지질학적 분석기법의 처리 능력(지질학적 전문지식) • 심각한 환경문제 발생 소지
회사	• 필요 예산 및 자사의 재정 안정성 • 광산개발·운영경험 및 관리 능력 • 효율적 조직관리(타 프로젝트들과의 업무 분담 및 배치) • 자기자본 조달 및 외부금융 조달 능력
업체들 간의 관계	• 계약 조건 및 투자에 대한 소유 지분율 • 투자한 지분에 대한 매도 권리 • 파트너사의 경험이나 능력 및 평판(경영진 및 기술진) • 참여업체 간의 내적 갈등
지역 및 정부	• 일관성 있는 채굴권 정책 및 광업권에 대한 보장 • 명확하고 적정한 광업개발 인허가 및 환경규제 • 장기적인 정치적·경제적·사회적 안정성 • 명확한 조세정책, 로열티, 세율 및 외국인투자 정책 • 실제적 외환 규정 및 이익금의 본국 송환 여부 • 국가의 수출입(자유무역) 정책 및 관련 노동법 • 적절한 기반시설(도로, 진입로, 전력선, 철로, 항만 등) • 원주민과의 토지분쟁 가능성 • 환경민감성(국제적 희귀동식물의 서식, 생태계 관심지역) • 개발지역의 기후 조건, 지역의 숙련된 노동력 여부

계획수립과 조직운영의 바탕에서 단계별로 확보한 정보와 자료 및 광산개발의 특성에서 발생할 수 있는 다양한 리스크들에 대해 정확히 분석하고 결단력 있는 **의사결정**을 내릴 수 있어야만 광산개발이라는 목표를 달성할 수 있을 것이다.

광산의 개발경험이 풍부한 외국의 광산개발 전문업체들조차 새로운 프로젝트의 개발이나 참여 여부는 상당히 판단하기 어려운 결정사항이다. 또한 개발이 진행되는 동안에 자료수집에서 탐사단계로, 탐사에서 개발단계로, 개발에서 건설로, 단계가 올라갈수록 상위단계로 진입할 것인지 아니면 프로젝트를 중단하거나 포기할 것인지를 결정하는 일은 지금까지 투자한 시간과 자본을 고려할 때 더욱 판단하기 어려운 일이 될 것이다. 그러므로 성공의 세 가지 요소들에 대한 정확한 자체 진단을 위해서는 프로젝트에 대한 기본적인 기술적·경제적 고려사항뿐만 아니라 회사의 자체 능력과 함께 광산을 개발하려는 지역의 전반적인 광산투자 여건들을 종합적이며 꾸준히 검토하여 이를 바탕으로 프로젝트의 개발참여나 상위단계 진입 여부를 결정한다.

<표 1-1>의 '개발지역의 기후 조건' 항목을 고려하여 캐나다 북쪽 지역을 예로 살펴보자. 유콘(Yukon) 주, 노스웨스트 테리토리(Northwest Territory) 등의 캐나다 북쪽 지역은 기후 조건으로 볼 때 겨울이 9개월이나 될 정도로 극한의 날씨를 나타내기 때문에, 연중 탐사가 가능한 기간이 몇 달 되지 않는다. 이로 인해 다른 지역에 비해 탐사에 오랜 기간이 소요될 수밖에 없으며 투자자금의 회수기간 또한 상대적으로 길어질 수밖에 없을 것이다. 이렇게 광산개발에 별다른 영향을 미칠 것 같지 않아 보이는 기후 또한 신중히 검토해보아야 할 대상이 되는 것이다.

1.1. 광산개발의 기본 개념

광산을 개발하는 것은 부존 가능성이 있는 광상의 잠재적 가치에 대해 탐사하고 상세시추를 통해 매장량을 산출한 뒤, 경제적 타당성조사(feasibility study)[4]에 의해

---

3 **품위(Grade)** 품위는 암석 샘플 내의 광석의 농집 상태로 통상 중량 퍼센트로 표시된다. 만약 농집 상태가 금, 은, 백금 등처럼 극히 낮은 금속들의 경우에는 톤당 그램(g/t)이나 톤당 온즈(opt)로 표시된다. 광석의 품위를 산출하는 방법은 광상 전역에서 채집된 매우 많은 규모의 샘플들에 대한 평균 품위를 내는 것으로 매우 복잡한 통계 계산의 절차를 밟게 된다.

4 **타당성조사(Feasibility Study)** 광구의 매장량, 지질학적·엔지니어링적·경제적·법적 요소들을 모두 분석한 조사로, 광산건설이 경제적 타당성이 있는지 여부를 판단하고 금융기관으로부터의 자금조달 근거자료로 활용한다.

그림 1-2 광산의 개발과정

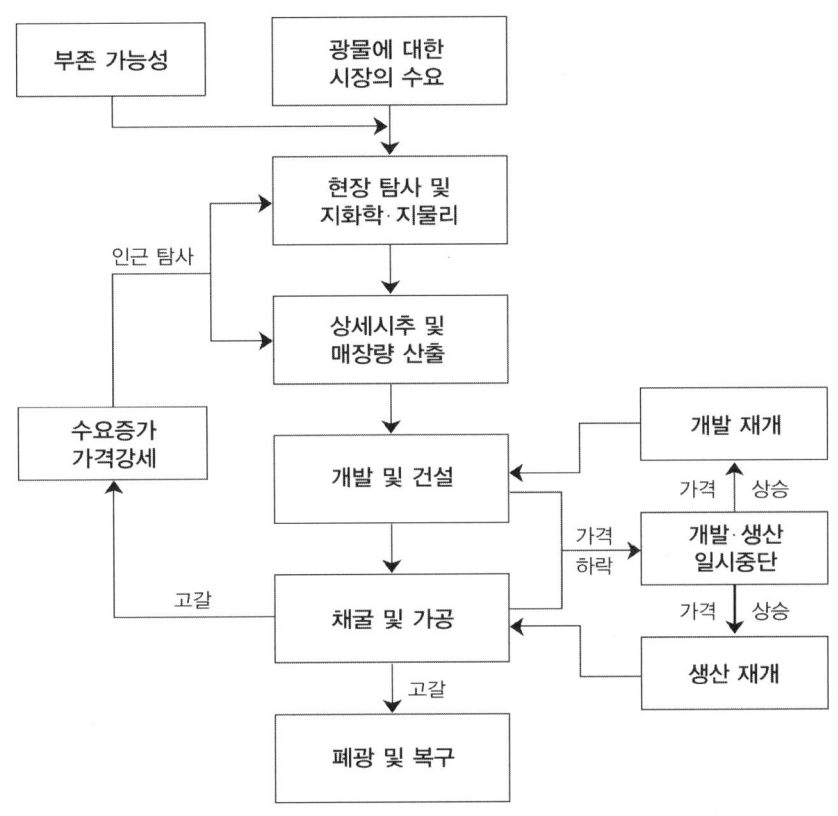

이익 실현이 가능하다고 판단될 경우에 이를 개발하는 것이다. 개발이 이루어지는 동안 여러 변수들이 발생할 수 있는데 예를 든다면, 광물 가격의 하락으로 이익 실현이 불가능할 경우에는 개발이 보류되거나 취소될 수도 있다. 또한 예기치 못한 환경문제로 인해 개발의 진행이 지체되기도 한다. 반면에 가격이 상승할 경우에는 중단되었던 프로젝트의 재개발이 이루어지거나 추가 광상의 발견을 위해 인근 지역에 대한 탐사로 개발이 확대될 수도 있다. 즉, 광산개발을 위해서는 광상이 광산건설(자본 비용) 및 광산운영 비용 대비 충분한 경제적 가치가 우선적으로 확보되어야만 한다. 또한 자연환경의 잠재적 가치도 함께 평가되므로 광산개발에 따른 환경파괴를 최소화하는 해결방안도 함께 마련되어야 한다.

개발가치가 있는 광산을 합리적이고 안정적이며 경제적으로 채굴하려면, 무엇보다도 광상의 상태, 형상, 크기와 광석의 가치 및 주변 모암의 역학적 성질과 지하수의 유무 등에 대해 정확히 파악해야 한다.

1.2. 광산개발의 주체

광산개발의 주요 개발자들은 프로젝트를 추진해 나갈 광산회사뿐만 아니라 투자 독려와 허가 및 감독을 주관하는 정부, 개발이익의 수혜와 함께 환경오염에 노출될 가능성이 있는 지역사회, 자금을 지원하고 수익과 손실을 책임질 금융기관이 상호 밀접한 관계를 맺고 개발을 지원하며 때론 이를 견제한다. 여기에 자문회사, 건설회사, 설비업체 등이 광산개발업체에 계약 고용되어 이익을 목적으로 개발에 참여한다.

1) 광산회사

광산회사는 통상 소형 광산회사(junior mining company), 중형 광산회사(medium-sized mining company)와 대형 광산회사(major mining company)로 구분되며 중대형 광산회사를 통틀어 시니어 광산회사(senior mining company)라고도 부른다. 광산업 자료분석 회사인 RMG(Raw Materials Group)사의 2006년도 자료에 따르면, 금속광물 광산회사는 소형 3,067개사(73.5%), 중형 957개사(22.9%) 및 대형 149개사(3.6%)가 전 세계

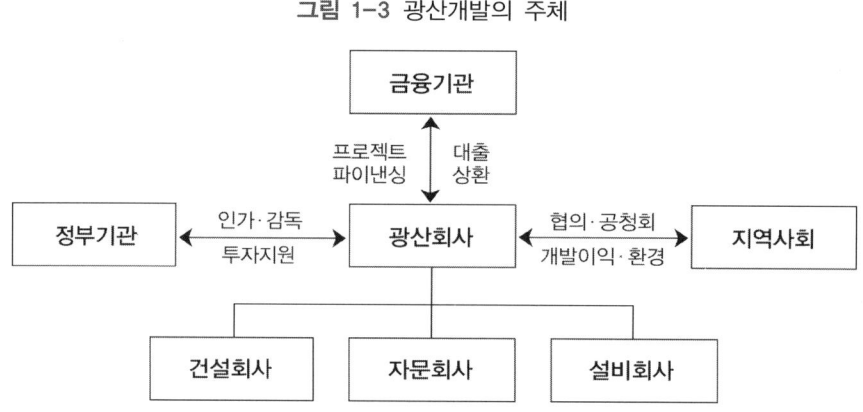

그림 1-3 광산개발의 주체

표 1-2 대륙별 광산회사

	북미	남미	호주	유럽	아시아	아프리카
회사수	2,158	737	700	373	116	92
비율(%)	51.7%	17.6%	16.7%	8.9%	2.8%	2.2%

자료: "Company/PropertMine Database Content." Retrieved Feb 3, 2009, from http://www.infomine.com/companies-properties/

증권거래소에 상장 등록되어 있다.

소형 광산회사들은 광산을 개발하거나 건설할 만한 금융자원이나 인력이 중대형 광산회사에 비해 상대적으로 많이 부족하기 때문에 **핵심 경영진과 기술간부**(geological engineer)들의 능력에 의해 프로젝트의 성패가 좌우되는 경향이 있다. 이 회사들은 주로 **탐사 개발 전문** 회사들로 광상의 발견과 매장량의 분석을 통해 프로젝트의 가치를 극대화하여, 중대형 회사에게 프로젝트 자체를 넘겨버리거나 또는 추가 개발을 위해 투자를 유치하기도 한다. 이러한 이유로 일부에서는 주니어 광산회사가 아닌 'E&D(Exploration and Development) company'라고 불리기도 한다. 특히 소형회사들은 거래가 되는 형태로 가공하려면 엄청난 규모의 설비투자를 필요로 하는 비금속 광물의 개발보다는 거래와 운송이 간편한 금이나 다이아몬드 등의 개발을 선호하는 특성이 있다. 비록 소형 광산회사들은 능력의 한계로 자체적으로 프로젝트들을 생산단계까지 이끌고 나가기는 거의 불가능하지만, 사업활동이 탐사활동에 치중되어 있기 때문에 광물의 미래 공급량에 중요한 역할을 담당하고 있다.

시니어 광산회사들은 광산개발에서 탐사에서부터 광산의 건설 및 운영의 전반에 걸쳐 주체적으로 처리해 나갈 수 있는 능력을 지니고 있는데 특히 대형 광산회사들은 광산을 직접 운영할 뿐 아니라 가공 공정에 필요한 모든 설비를 갖춘 업체를 일컫는다. 자체 개발한 프로젝트뿐만 아니라 자금조달에 어려움을 겪는 소형 광산회사의 프로젝트를 인수해 광산으로 개발하기도 한다. 단, 초대형 광산개발의 경우에는 그 비용이 수조 원에 이를 수도 있기 때문에 대형 광산회사들조차 자신들의 프로젝트들을 서로 공동 투자하는 방법으로 상호 협력 및 리스크를 줄여나가기도 한다. 여러 프로젝트들을 추진해 나갈 때는 회사의 인력이나 역량 및 프로젝트의 개발단계와 규모별로 리스크를 적절히 분배하여 관리한다. 초대형 광산회사들로는 호주의 BHP Billiton사, 영국의 Rio Tinto와 Anglo American사, 캐나다의 Falconbridge, Inco, Barrick Gold, Placer Dome사, 미국의 Phelps Dodge와 Newmont Mining사, 브라질의 CVRD사, 칠레의 Codelco사 및 멕시코의 Grupo Mexico사 등이 있으며 상위 10개사가 전 세계 금속광물 생산량(가치 기준)의 25% 이상을 차지하고 있다.

일반적으로 광산회사들은 탐사를 통해 가능성 있는 프로젝트를 찾게 되면, 상세 시추단계까지는 주식발행을 통한 자기자본조달(equity finance) 방식과 금융기관으로부터의 대출과 채권발행을 통한 타인자본조달(debt finance) 방식을 통해 자금을 조달하여 탐사작업을 진행한다. 이후 프로젝트가 타당성조사의 단계에 이르면, 프로젝트 파이낸싱을 통해 자금을 조달하여 광산건설을 추진한다.

2) 정부기관

정부기관은 인가나 허가를 담당하고 환경평가 과정을 감독할 뿐 아니라 업체들의 광산개발을 독려하고 투자를 유치하기 위해 정부가 보관하고 있는 각종 지질학 정보나 지구과학 데이터 및 자문을 제공한다. 미국, 캐나다, 호주의 경우는 각 주정부가 광산개발과 관련한 주 감독기관으로 대부분의 인가에 대한 처리를 담당한다. 환경평가 및 인가와 연관이 있는 연방기관부서들로는 자원부, 수산부, 환경부 및 교통부 등이 있다.

선진국들이 광산투자를 측면 지원하고 개발을 관리·감독하는 수준에 머무르는데 반해 남미, 아프리카 및 남아시아 등의 개발도상국에서는 컨세션 계약,[5] 합작계약, 운영 및 서비스 계약, 생산분배 계약이나 공동생산 계약[6] 등의 개발 방식을

---

[5] 컨세션 계약(Concession Agreement) 개발업체가 정부로부터 한시적 기간에 특정 지역 내의 자원의 탐사, 개발, 생산, 운송, 판매에 대한 독점적 권한을 양허받아 스스로의 투자 및 운영 위험부담을 안고 자원개발 사업을 추진해 나가고, 정부는 이로 인해 발생한 이익의 일부를 임차료나 로열티 및 조세의 형태로 거두어 들인다.

[6] 공동생산 계약(Co-production Agreement) 광물에 대한 소유권은 정부가 소유하는 대신 투자자는 광물에 대한 탐사, 개발, 생산 및 판매와 관련한 모든 위험을 감수하고 비용을 투자하여 이를 운영한다. 생산된 광물에 대해 정부에 로열티를 지불한 뒤 비용을 차감하고 나서 개발업체와 정부는 일정비율로 이익을 분배한다. 물론 개발업체는 향후 자신의 이익분에 대한 소득세를 정부에 별도로 지불한다.

통해 정부 스스로가 좀 더 적극적으로 개발에 관여한다. 일부 차이는 있지만 이 방식들은 정부가 직접 투자를 하거나 개발하기 어려운 프로젝트를 자본과 기술을 보유한 외국업체에 위탁, 개발토록 해 그 수익을 로열티 또는 조세의 형태로 공유해 나가는 것을 의미한다.

3) 금융기관

프로젝트가 개발단계에 들어가면, 이후 시추탐사에서 광산의 건설까지 소요되는 비용은 초기 탐사단계와 비교할 때 엄청난 규모다. 개발하려는 광산의 형태에 따라 그 비용은 적게는 1,000만 달러에서 많게는 수십억 달러에 이를 수도 있다. 소규모의 자금은 업체 스스로 주식이나 채권의 발행을 통해 자체 조달할 수도 있겠지만, 대규모의 자금은 금융기관이나 기관 투자가들로부터 프로젝트의 사업성과 현금흐름에 근거하여, 향후 발생할 수익을 담보로 하는 **프로젝트 파이낸싱**의 형태로 자금을 차입한다. 광산회사는 대출을 위해 은행용 타당성조사(bankable feasibility study) 보고서를 은행에 제출하고 심사 후 대출된 원리금은 광산운영을 통해 발생하는 수익으로 상환한다.

4) 지역사회

지역사회는 광산의 개발단계부터 운영 및 폐광과 복구에 이르는 전반에 걸쳐 직간접적으로 밀접한 관계를 맺게 된다. 지역주민은 탐사 조사원이나 광산의 근로자로 채용될 기회를 얻고, 지역은 베이스캠프지로서 경제적 이득을 보게 될 기회를 얻는다. 하지만 광산개발로 인한 환경훼손으로 기존의 삶의 터전이 파괴되거나 또는 광산운영이 종료된 뒤에 지역경제의 소득원이 사라져 경제적으로 더 큰 어려움에 봉착하는 경우가 많다. 이러한 피해를 사전에 예방하고자 개발 초기부터 광산회사, 지방정부 및 지역사회는 협의와 공청회 및 다른 여러 필요한 컨설팅을 통해 광산이 건설될 경우, 지역사회에 미칠 영향과 대책 및 혜택 등을 검토한다. 개발업체와 지주 또는 지역사회가 맺는 계약들로는 토지사용계약, 보상계약, 환경영향 및 개발이익 협정, 사회경제 개발참여 협정 등이 있다.

5) 건설회사

건설회사와 광산회사는 건설계약이나 광산건설 및 토공계약 등을 체결하고 광산 운영에 필요한 기반시설인 진입로, 전력선, 광산터, 건물, 선광장 및 기타 필요시설들을 건설한다. 이 회사들은 숙련된 노동력, 중장비 및 보급품을 조달할 뿐만 아니라 과거 성공적으로 건설한 유사 광산의 건설 경험을 토대로 자문을 제공하기도 한다.

6) 자문회사

자문회사와 광산회사는 서비스 특성에 따라 컨설팅 계약, 엔지니어링 및 광산설계 계약 또는 EPC(engineering, procurement and construction) 등의 계약을 체결하고, 환경조사, 매장량 산출, 타당성조사, 예산 및 재정분석, 사업성 분석, 광산에 대한 설계, 건축 및 감독, 프로젝트의 작업활동을 관리 담당한다.

7) 설비업체

설비업체들은 광산회사에 필요한 장비나 설비를 임대해주거나 판매하고 또는 업체의 요청에 따라 특수 장비나 설비를 제작하기도 한다. 생산 중인 광산회사와는 보수 유지 계약을 통해 광산설비들의 유지관리를 담당하기도 한다.

그 밖에 관련기관들로, 환경문제와 관련하여 환경단체 및 NGOs의 반대나 감시를 받을 수 있으며 또한 선진국들의 상장회사의 경우에는 매장량 및 경제성 보고 공시와 관련하여 증권거래소의 감독을 받을 수도 있다.

1.3. 부존광물의 개발가치 판단 요소

경제적 타당성 분석이 완료되기 전에 지하에 매장된 광물의 가치를 평가한다는 것은 아무리 경험이 풍부한 전문가라도 판단을 내리기 매우 어려운 일일 수밖에 없다. 하지만 개발 초기에 프로젝트의 개발이나 참여를 위해 부존광물의 개발가치를 검토해야만 할 때가 있다. 비록 적은 정보라도 관련 여건을 합리적으로 분석하면

그림 1-4 광물의 부존가치

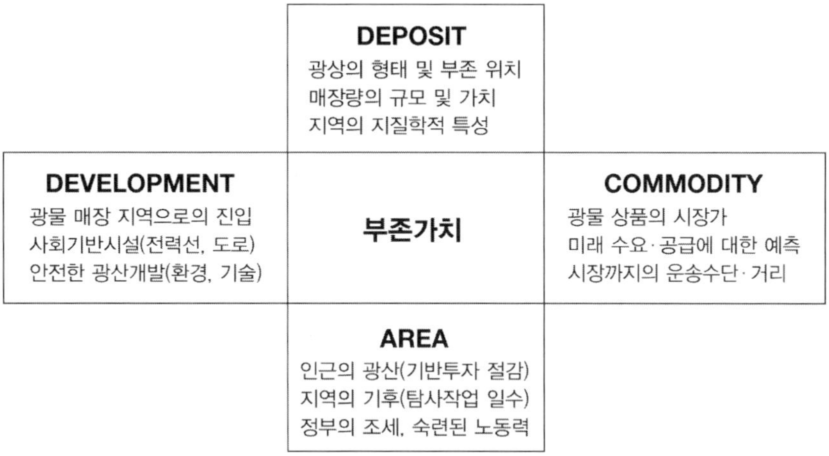

	DEPOSIT 광상의 형태 및 부존 위치 매장량의 규모 및 가치 지역의 지질학적 특성	
DEVELOPMENT 광물 매장 지역으로의 진입 사회기반시설(전력선, 도로) 안전한 광산개발(환경, 기술)	부존가치	COMMODITY 광물 상품의 시장가 미래 수요·공급에 대한 예측 시장까지의 운송수단·거리
	AREA 인근의 광산(기반투자 절감) 지역의 기후(탐사작업 일수) 정부의 조세, 숙련된 노동력	

프로젝트의 가능성에 대한 판단을 내리는 데 도움이 될 것이다.

예를 들어, '광물의 미래 수요와 공급에 대한 예측'의 경우를 살펴보자. 광산의 개발은 장기간의 시간이 소요되는 특성으로 볼 때 목표로 삼은 광물을 생산 중인 타 광산들의 생산량과 가동연수 및 현재 개발단계에 있는 다른 프로젝트들의 진척 상황을 검토한다면 어느 정도는 해당 광물의 미래 공급량을 예측할 수 있을 것이다. 또한 해당 광물이 소비되는 산업들의 전망을 통해 미래의 수요량을 함께 비교해볼 수 있을 것이다.

두 번째로, '시장까지의 거리, 광물 매장 지역으로의 진입성 및 인근의 광산개발'을 살펴보면, 광산은 대체로 시장에서 멀리 떨어진 외진 곳에 위치하기 때문에, 생산된 광물의 판매 비용 가운데 운송 비용이 차지하는 비율이 상당히 높은 수준이다. 그러므로 해당 광물이 소비되는 시장과 지리적으로 가깝다는 것은 개발에 상당히 유리한 요인으로 작용한다. 만약 국제시장에서 쉽게 거래되지 않은 광물이라면, 수요처와의 거리는 개발에 더욱 중요한 가치가 될 것이다. 하지만 개발하고자 하는 광물의 부피와 가치에 따라 거리에 대한 평가가 다르게 적용될 수도 있다. 도로시설이 거의 갖추어지지 않은 외진 지역에도 부피가 작고 고부가가치인 금이나 다이아몬드 광산의 개발은 가능할 수 있지만 부피가 크고 운송가치가 낮은 납이나 아연 광산의 개발은 불가능할 것이다. 1991년에 캐나다의 북쪽 지역에서 다이아몬드가 처음 발견된 이래로, 현재도 이 오지에서는 다이아몬드 광산의 개발과 생산이 활발히 이뤄지고 있다. 또한 개발을 검토하는 인근에 이미 광산이 설립되어 있거나 개발이 한창 진행 중이라면, 전력선이나 연결도로망 등의 사회기반시설에 들어가는 투자 자본이 상당히 절감될 수 있으므로 개발에 상당히 유리한 요소로 작용될 수 있다.

마지막 예로 '안전한 광산개발'의 경우를 살펴보자. 아무리 거대 광상이나 대규모의 매장량이 확인되었더라도 현재 기술로는 광산의 개발이 어려운 지형이나 지반이라면 건설에 소요될 자본의 규모를 산정하기 어려울 뿐만 아니라 건설과정에 발생할 리스크가 너무 높아진다. 또한 환경적인 면을 고려할 때, 주변에 국제적으로 보호를 받는 희귀 동식물들이 서식하거나, 주요 어종의 산란지가 위치하거나 또는 심각한 환경문제를 유발할 소지가 있는 곳이라면 개발이 지체되거나 아예 중단될 위험의 소지가 많다.

1.4. 광산의 개발단계

광산의 개발은 통상적으로 시장조사, 기초 탐사, 개발·건설, 생산 및 폐광·복구의 5단계를 거치게 된다. 목표로 하는 광물에 대한 기본적인 시장조사가 완료되면 목표지역 선정을 위한 자료수집의 첫 단계가 개시된다. 이 단계는 주로 실내에서 과거의 탐사기록이나 자료들을 수집하고 이를 분석하는데 그 결과가 긍정적으로 나타나 탐사의 가치가 있다고 판단되면, 이상대(anomalous zone)[7] 발견을 목표로 지구화학 및 지구물리 탐사[8]의 기초탐사 단계가 실시된다. 이상대가 발견되어 상세시추 탐사

---

7 **이상대(Anomalous Zone)** 원격 탐사나 지구화학 및 지구물리 조사를 실시할 때, 조사지역의 측정치가 전체적인 경향에서 벗어난 변이나 또는 광상의 존재를 나타내는 성분이나 수치가 높게 나타나는 것을 이상(anomaly)이라 하며 이러한 이상치가 나타난 지역을 이상대라 한다. 그러므로 이상대는 광상이 부존할 가능성이 높은 지역으로 정밀 시추조사의 대상지점이 된다.
8 **지구화학 및 지구물리(Geochemical & Geophysical) 탐사** 지구화학 탐사는 광상이 형성될 때 광상을 둘러싼 암석 내의 고농도 금속이나 원소들이 분출되는 현상인 후광(halo)을 감지하

그림 1-5 광산의 개발단계

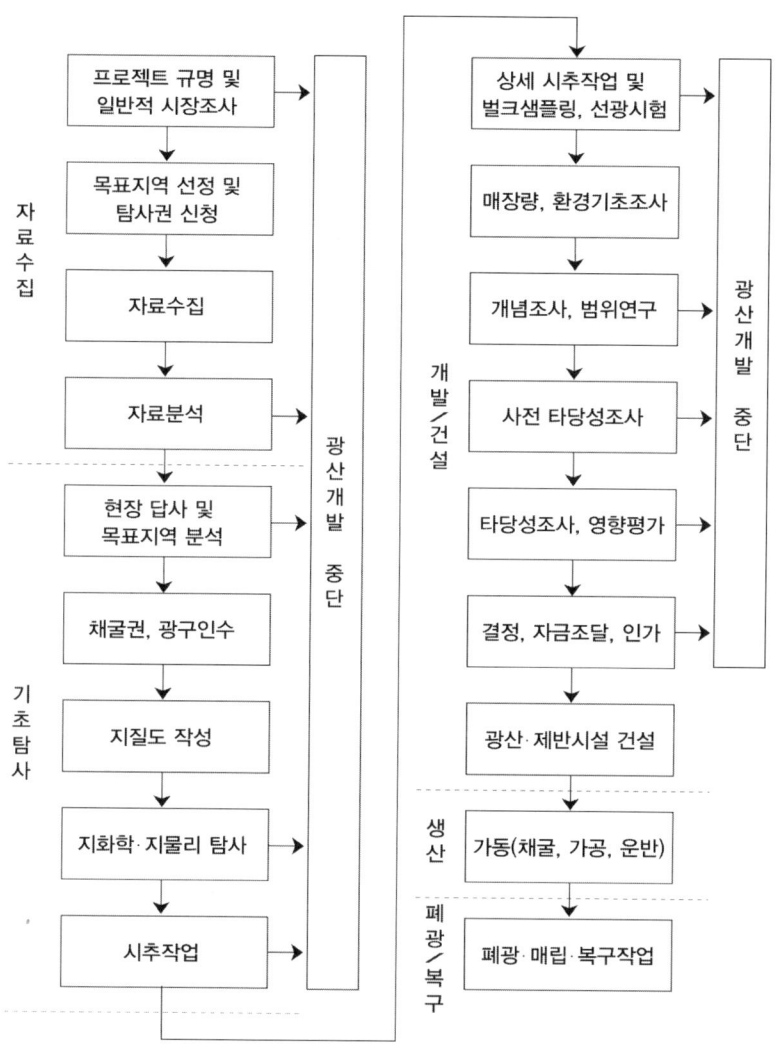

지역이 선정되면 프로젝트는 본격적인 개발 및 건설단계로 진입한다. 광산의 개발 단계에는 상당한 규모의 자금이 투여되고, 오랜 기간 광상의 분석과 매장량의 산출

여 광상의 부존 가능성이나 위치를 파악하는 탐사방법이다. 지구물리 탐사는 암석의 밀도, 자기성, 중력장, 전도성, 방사성 등의 물리적 특성을 이용하여 광상의 부존 가능성을 파악하는 탐사방법이다. 즉, 광상의 화학적·물리적 특성들을 측정하고 해석함으로써 이상대의 확인 및 광상의 존재 가능성을 탐지하여 시추작업 지역을 선정하는 데 그 목적이 있다.

그림 1-6 개발단계별 주요 활동 및 목표

단계	주요 활동	목표	결정	기간 & 비용*
자료 수집	시장조사 자료수집 및 분석 현장답사	목표지역 선정 탐사방향 수립	탐사의 가치?	1~2년
기초 탐사 단계	지화학·지물리 탐사 채굴권·프로퍼티 계약 시추작업	이상대의 발견 상세시추 지점선정	상세 시추의 가치?	2~3년 100만~200만 달러/년
개발 건설 단계	상세시추·벌크샘플링 매장량의 규명 및 산출 환경기초조사 정부·지역사회 협의 사전·은행용 타당성조사 프로젝트의 최종 분석 자금조달 광산 및 시설 건설	광상의 발견 매장량 산정 타당성보고서 완료 영향평가 완료 허가 및 면허취득 생산준비 단계	수익성 여부?	개발단계: 2~5년 300만~500만 달러/년 건설단계: 1~3년 총 1조
생산 단계	생산 및 가공 운송 및 판매 환경 모니터링 복구계획 논의·점검	생산계획 및 예상 수익성 달성	인근의 개발? 폐광?	5~50년
폐광 복구 단계	시설물 분해 및 해체 환경복원 작업 환경 모니터링(복구 후)	현장복구 및 환경복원		1~10년 총 1,000억~1,500억 달러

*기간 & 비용: 대략적인 참고용으로 광산의 개발규모나 조건에 따라 큰 차이가 남.

을 위한 상세 시추탐사와 벌크샘플링(bulk sampling)[9] 작업, 허가취득을 위한 환경기초조사(environmental baseline study)와 환경영향평가(environmental impact assessment),[10]

---

9 **벌크샘플링(Bulk Sampling)** 시추작업 기간에 샘플들은 다양한 용도로 채취되어 분석되는데, 이 시료들을 통해 광화대의 지질학적 특성을 이해하고, 광상의 형태나 위치 및 특성을 규명하며, 매장량 및 품위를 산출하고, 최적의 야금가공 방법을 선택한다.

10 **환경기초조사(Environmental Baseline Study) 및 환경영향평가(Environmental Impact Assessment)** 환경기초조사 및 환경영향평가는 자연 및 사회경제적 환경에 대한 현재 상태를 파악하여, 광산건설과 생산이 이루어질 때 이곳의 환경에 어떤 영향이 있을지를 사전에 예측, 규명, 평가 및 분석하는 것이다. 이를 통해 환경에 대한 부정적 영향을 예방하거나 최소화하여

투자 유치와 건설을 위한 타당성조사 작업들이 수행된다. 이를 통해 광산의 개발이 경제적 타당성을 가지는지 여부를 분석 및 판단하여, 경제성이 확보되면 광산의 건설을 결정한다.

최적의 광산설계 및 자금조달이 이루어지고 필요한 허가승인을 받게 되면 건설단계가 시작된다. 이 단계는 프로젝트의 진행에서 가장 짧은 기간에 가장 많은 투자와 노동력이 집중되는 시기다. 광산과 부대시설의 건설규모에 따라 많게는 10억 달러 이상의 비용이 소요될 수도 있으며 이때 테스트 작업이나 조사 및 허가 작업에만 1,000만 달러 정도의 비용이 들어가기도 한다. 추가 테스트 및 자료수집을 위해 현장에 특수 시설들이 필요한 경우도 있는데 다이아몬드 광산의 경우 이 시설물의 건설에만 1억 달러까지 소요되기도 한다.

건설이 완료되면 생산단계에 돌입하여 광물의 채굴과 가공 및 판매가 이루어진다. 생산기간은 광물의 종류와 매장량에 따라 크게 좌우되는데, 금 광산의 경우 대략 평균 8년의 가동연수를 보이는 데 반해 구리 광산은 거의 30년간 가동되는 것으로 나타나고 있다. 생산단계 동안, 주변 지역에 대한 탐사 및 시추조사가 별도로 이루어지기도 하는데, 추가 광상이 발견될 경우 이미 건설된 광산의 가공 및 부대 기반시설들을 이용할 수 있으므로 상당한 추가 수익을 얻을 수 있다. 생산단계 기간에 계속해서 환경 모니터링 작업을 수행하며 또한 지방정부 및 지역사회와의 협의를 통해 폐광에 따른 환경복원 및 지역경제 활성화 대책방안을 사전에 논의해 나간다.

광산 프로젝트는 조사부터 광산건설까지 대략 10년 이상의 긴 시간이 소요되는데 경제성 있는 매장량의 확인작업, 광산의 위치, 자금조달, 광산 및 부대시설의 규모, 지역의 개발규정 및 승인기간 등에 많은 영향을 받는다. 광산정보 전문회사인 Infomine.com의 광구자료에 따르면, 현재 전 세계의 개발단계별 광구들은 탐사단계 1만 2,711개(71.7%), 생산단계 3,140개(17.7%), 폐광복구단계 1,380개(7.8%), 건설단계 504개(2.8%) 순으로 나타났다.

그 피해를 완화하는 데 목적이 있다.

✱ 인내와 노력의 결실: 올림픽 댐(Olympic Dam) 광산

세계에서 가장 큰 규모의 우라늄 광상과 4번째로 큰 규모의 구리·금 광상이 함께 부존하는 호주의 올림픽 댐 복합광산이 개발된 사례는 지금까지 설명했던 광산개발의 전 과정을 잘 보여준다.

Western Mining Corporation(이하 WMC)사는 남호주(South Australia) 주의 애들레이드(Adelaide) 지역에서 북서쪽으로 580킬로미터 떨어진 사막지대에서 1969년부터 6년간에 걸쳐 자료수집 작업과 원격탐사 및 지구화학·지구물리의 기초 탐사작업들을 수행했다. 마침내, 지구물리 탐사기법인 '중력 및 자력탐사(Gravimetric and Magnetic Exploration)'를 통해 이상대를 찾게 되었다. 그러나 지표상에 아무런 광물의 흔적이 없는 상태에서 이상대의 확인만으로 시추탐사 작업에 들어가는 결정을 내리기에는 리스크가 너무 컸다. 경영진은 논의 끝에 상세 시추프로그램을 진행하기로 결정을 내렸다.

1975년 6월, 첫 시추공을 굴착한 지 한 달 만에, 9번째 시추공에서 광상이 발견되었다. 추후 이 광상은 계속된 시추작업을 통해 길이 약 7킬로미터, 폭 4킬로미터, 깊이 1킬로미터에 달하는 엄청난 크기의 광화대로 밝혀졌다. 이는 향후 60년간 채굴이 가능한 양이라고 예측되었다. WMC사는 이 거대광상의 평가와 개발에 필요한 자금조달을 위해 1979년 영국의 BP Group사와 51:49의 지분합작 계약을 체결했다(이후 BP Group사가 자금난에 봉착하자, WMC사는 1993년에 BP Group사가 소유한 올림픽 댐 광산의 지분 49%를 미화 4억 5,000만 달러에 재인수했다).

1980년 1월부터 광범위한 시추탐사 프로그램 및 환경기초조사 작업이 개시되었고, 1982년 10월 환경영향평가 보고서 초안이 작성되어 1983년 9월에 환경영향평가가 승인되었다. 1983년 여름에는 코카타(Kokatha) 지역 원주민들이 광구현장으로 가는 진입로에 바리케이드를 치며 광산건설 반대를 주장했는데, 3개월간의 협상 끝에 합작사가 향후 건설될 광산 진입로의 변경안을 수용하기로 동의했다.

1983년까지 상세시추 프로그램 및 벌크샘플링 작업이 계속 진행되는 동안, 채집된 암추(core) 샘플들의 총 길이가 250킬로미터에 달하는 방대한 작업이 이루어졌는데 11월에 발표된 매장량 보고에 의하면, 확정(proved) 및 추정(probable) 광량이 4억 5,000만 톤에 달했다. 이때까지 10년간의 탐사 및 개발에 사용된 비용은 호주화 1억 5,000만 달러가 넘었다.

1984년부터 테스트 시설물과 시험(pilot) 광산시설이 건설되기 시작했으며, 이후

1986년 3월부터 본격적인 심부광산의 건설이 개시되었다. 약 3년간에 걸쳐 호주화 50억 달러를 투자하여 광산건설을 완료하여, 마침내 개발이 시작된 지 20년 만인 1988년 11월부터 채굴이 시작되었다. 2007~2008년 기준으로, 이 광산에서는 연간 정제동(refined copper) 16만 9,000톤, 금 8만 517온즈 및 우라늄 4,144톤이 생산되고 있다.

참고로 세계최대 광산회사인 호주의 BHP Billiton사는 2005년 3월 호주화 92억 달러에 WMC사를 인수하여 올림픽 댐 광산을 함께 취득했다. 이어 인근에서 추가 탐사 작업을 진행한 뒤, 2007년 호주화 60억~70억 달러의 투자에 이르는 광산확장 계획을 발표하고 현재 인허가 작업을 진행 중이다. 추가 확장될 광산은 노천광산으로 현재의 생산규모를 3배 이상 증대시킬 것으로 예상한다. 확장계획은 향후 11년간 신규 노천광산을 건설하고 기존의 가공설비들을 확충 및 추가 건설할 계획이다. 또한 270킬로미터에 이르는 전력선 구축 및 가스 파이프라인 건설, 100킬로미터 길이의 철로 건설, 보잉 737-800이나 A320급의 항공기가 이착륙할 수 있는 신규공항 건설 등의 광산운영을 위한 사회기반시설 건설도 포함되어 있다.

자료: Keenan, Rebecca. 2009.5.1. "BHP May Decide on Olympic Dam Expansion Next Year." Bloomberg L.P.
The Sustainable Energy & Anti-Uranium Service. 2003. "Timeline of the Olympic Dam Project at Roxby Downs." Retrieved March 26, 2009, from http://www. sea-us.org.au/roxby/roxstory.html
BHP Billiton. "About Olympic Dam." Retrieved March 28, 2009, from http://www.bhpbilliton.com/bb/ourBusinesses/baseMetals/olympicDam.jsp

CHAPTER 2

자료수집 단계
Data Gathering

　지하에 부존하는 경제적 가치가 있는 광물이나 광상을 발견하는 일은, 아무리 광상이 거대하더라도 매장된 지역이 아주 작은 위치를 차지하기 때문에 이를 발견하고 탐사하는 작업은 여러모로 어려운 도전이 될 것이다. 서구 광산업자들 사이에는 "새로운 광산은 옛날 광산의 주변에서 찾아라(It's best to look for a new mine next to an old one)"라는 속담이 전해져 내려온다. 이 속담은 새로운 광산을 개발하려면 예전에 개발이 중단된 지역을 재탐사하거나 또는 광산의 주변을 탐사해보라는 말로 새로운 광산을 찾는 일이 그만큼 쉽지 않다는 의미이다.

　과거에는 탐사기술의 부족으로 비용 대비 경제적 가치가 없는 심부탐사보다는 개발이 용이한 지표 부근의 광물탐사에 주력했다. 그러나 최근에는 탐사기구 및 기술의 발달과 함께 자원 가격의 상승으로 지표 부근뿐만 아니라 깊은 심부에 부존하는 광상의 발견에도 많은 노력을 기울이고 있다. 현재로는 개발가치가 없는 저품위 광상도 향후 미래에는 기술개발과 광물가의 상승으로 인해 충분한 개발가치를 갖게 될 것이라고 많은 전문가들은 전망한다.

　프로젝트에 대한 규명 및 목표로 하는 광물에 대한 시장조사가 이루어진 뒤, 개발

표 2-1 자료수집 3단계

순서	자료수집 단계	대상후보지 면적	목표·결과
1	지역선정 (Area Selection / Screening)	100,000헥타르 ↑	과거 데이터 수집, 탐사방향
2	자료수집 (Data Gathering / Target Generation)	1000~10,000헥타르	이상대 탐지·지역선정
3	자료분석 (Data Evaluation / Target Testing)	1,000헥타르 ↓	시추후보지점 선정

자료: ICMM. "Case Study Exploration in a biodiversity hotspot." Retrieved Feb 20, 2008, from http://www.icmm.com/page/909/exploration-in-a-biodiversity-hotspot

의 첫 단계로 자료수집 작업이 시작된다. 이 단계에서는 지역 및 탐사후보 지점의 선정을 목표로 지역에 대한 자료를 수집하고 이를 분석한다. 과정은 지질학적 특성으로 볼 때 광물들이 매장되어 있을 것으로 널리 알려진 지역에 대한 지식을 바탕으로, 이와 유사한 지질학적 특성을 지닌 탐사후보 지역을 찾아 비교 분석하는 방식으로 이루어진다. 이러한 지질학적 특성에 따라, 일부 지역은 다른 지역들보다 광물들이 부존할 가능성이 높게 평가되고 우선탐사 후보지역으로 고려된다.

모든 자료수집 단계는 차이가 있을 수 있지만, 과정이나 결과를 얻는 데 쉽거나 빠른 절차가 따로 있지는 않으며, 다음과 같은 3단계의 기본 절차를 우선적으로 거친다.

2.1. 지역선정(Area Selection / Screening)

지역선정 작업은 광산개발의 실질적인 첫 단계로 광산 개발가치의 판단 요소들을 고려하여 검토한다. 작업은 약간의 현장답사가 병행되기도 하지만 대부분 사무실에서 이루어진다. 이 작업은 과거의 탐사기록이나 자료들을 수집하고 탐사 프로젝트의 기초 방향 설정을 목표로 한다. 올바른 지역선정은 광상의 발견 가능성을 높여줄 뿐만 아니라 개발의 시간 및 비용 절감을 좌우할 중요한 사항으로, 자료수집 단계에

그림 2-1 지역선정 요인

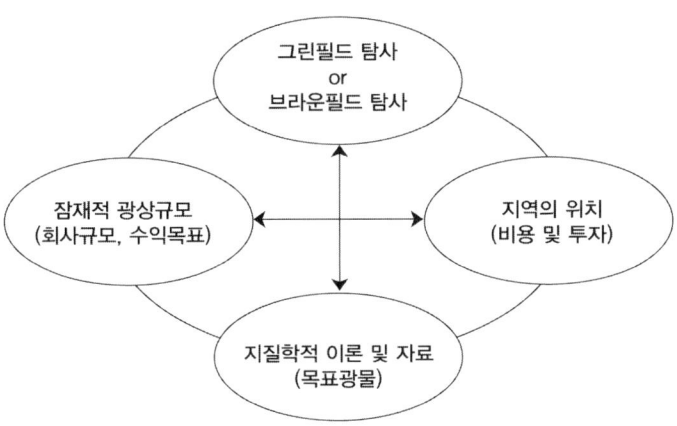

서 결코 소홀히 해서는 안 되는 매우 중대한 단계다.

지역선정은 우선 지금까지 탐사된 적이 전혀 없는 미지의 지역에 대한 탐사를 하는 그린필드(greenfield) 탐사와 과거에 탐사가 이루어졌던 지역에 대한 재탐사를 하는 브라운필드(brownfield) 탐사로 나누어진다. 그린필드 탐사는 광상이 발견된 적이 없는 새로운 지역에 대한 탐사이므로, 광상을 발견할 확률이 낮아 개발 위험성이 매우 높을 수밖에 없다. 그러나 새로운 대규모의 광상을 찾게 된다면 높은 수준의 개발이익을 기대할 수 있을 것이다. 이에 반해 브라운필드 탐사의 목적은 이미 탐사되었던 지역에서 과거에 인지하지 못했던 광상을 새로이 발견하여 매장량을 추가하거나 또는 등급을 상향조정함으로써, 개발 경제성의 규모를 확보하는 것이다. 즉, 브라운필드 탐사는 지역의 지질학적 특성이나 적절한 탐사방법들이 이미 많이 확인되었기 때문에 개발 위험성은 덜 하지만, 대규모의 광상이 새롭게 발견될 가능성은 매우 희박하므로 높은 개발이익을 기대하기는 어렵다. 경제용어에서 직접 신규투자를 뜻하는 그린필드 투자와 기존 사업을 인수하는 브라운필드 투자와 비슷한 맥락으로 이해할 수 있다.

지역선정 작업은 기본적으로 지역의 광상성인론(ore genesis),[1] 암석 및 구조분석

---

1 **광상성인론(Ore Genesis)** 광상의 형성 원인과 조건 및 분포 등을 연구하여 광상이 부존할 가능성이 있는 지역을 탐지.

(petrographic & structural analysis), 층서학(stratigraphy)2 퇴적학(sedimentology),3 지구화학(geochemical), 지구물리(geophysical), 연대측정(dendrochronology), 화산학(volcanology),4 분지해석학(basin analysis),5 수문지질학(hydrogeology),6 광상분석(metallogenic analysis) 등의 이론 및 자료들을 근거로 광상이 부존할 가능성이 있는 유사한 지역을 찾아내는 과정을 거친다. 이 작업은 찾고자 하는 광물의 특성과도 밀접한 관계를 갖는데, 이는 금이나 철광석 또는 다이아몬드 등의 광물들이 각기 다른 형성 원인에 따라 출현하는 지역 또한 다르게 나타나기 때문이다.

지질학적 특성 외에도 회사에 따라 광상의 규모나 또는 최저 광상의 크기를 고려하기도 한다. 이는 주로 대규모 광산회사의 경우로, 지질학적 자료수집 단계에서 대규모의 광상이 부존할 가능성이 없다면 지역 자체를 배제하거나 포기하는 경우가 있다. 이는 대규모 광상의 개발과 비교했을 때 소규모 광상의 개발에 들어가는 비용이 상대적으로 더 많이 소요되므로, 일정 규모 이하의 광상개발은 회사가 목표로 하는 수익달성에 적합하지 않기 때문이다.

마지막으로, 관심지역의 위치 또한 지역선정의 중요한 요인으로 작용한다. 지역의 위치는 광산개발의 전 과정에 걸쳐 비용 및 자본투자와도 밀접한 관계를 갖는데, 특히 목표광물과 주요 시장까지의 거리가 너무 멀거나 또는 오지에 위치하여 적절한 기반시설이 거의 갖추어지지 않은 지역이라면 자료수집 단계에서 검토가 중단될 가능성이 크다. 다만 전에 언급한 대로 관심지역의 위치는 개발하고자 하는 광물의 가치나 부피에 따라 달리 적용될 수도 있다. 광산정보 전문회사인 Infomine.com의 대륙별 광구위치 자료에 따르면, 북미 8,625개(45.9%), 호주·오세아니아 3,548개(19.7%), 남미 1,825개(10.1%), 아프리카 1,624개(9.0%), 아시아 1,584개(8.8%), 유럽 1,168개(6.5%)의 광구들이 위치하고 있는 것으로 나타났다. 이 수치는 탐사부터 복구

---

2 **층서학**(Stratigraphy) 지층의 형태, 분포, 배열 및 특히 퇴적암의 지층을 연구.
3 **퇴적학**(Sedimentology) 퇴적물의 형성과 퇴적과정 및 환경을 연구하여 퇴적광상을 예측.
4 **화산학**(Volcanology) 화산활동의 연구를 통해 황화금속 광상의 위치를 파악.
5 **분시해석학**(Basin Analysis) 분지 내의 퇴적층에 대한 연구를 통해 광상의 효율적 탐사.
6 **수문지질학**(Hydrogeology) 지질학적 관점에서 지하수의 이동, 성질 및 지질과의 관계를 연구.

에 이르는 모든 개발단계의 광구들을 의미한다.

대부분의 광업 선진국들은 탐사에 관심을 가지는 업체에 정부가 기초조사를 통해 확보한 지질학적 또는 지구물리학적 정보와 과거의 탐사기록들을 공개할 뿐 아니라 해당 기관의 전문인력들이 기초적 자문도 함께 제공한다. 그러므로 탐사업체는 관심지역에 대한 자료들을 재편집, 재가공 및 재분석하는 것만으로도 엄청난 양의 조사 및 평가 작업을 수행할 수 있다. 물론 대부분의 탐사 프로그램은 이 평가단계를 넘어서지 못하고 도중하차하지만, 경우에 따라서는 현장실사 없이 추가조사를 위한 원격탐사 단계로 바로 넘어갈 수도 있다.

이때, 해당 지역에 대한 탐사나 광산개발의 금지나 규제 여부도 함께 확인하는데 통상적인 개발금지 지역들로는 개발제한 보호지역(자연녹지, 생태계 또는 문화유산지, 공원 등) 및 원주민 보호지역이 있다. 일단 지역이 선정되면, 탐사업체는 정부에 관심지역에 대한 탐사권을 신청하고 탐사신청이 받아들여지면 현장답사를 통해 자료수집을 개시한다.

2.2. 자료수집(Data Gathering / Target Generation)

자료수집은 기초탐사 단계의 현장답사(reconnaissance exploration) 작업들과 중복되는데, 위성 이미지나 고정밀 항공사진 또는 헬리콥터나 비행기를 이용한 재래식·적외선 항공사진 및 항공지반 탐사 촬영 등의 원격탐사 방법들이 동원된다. 단, 이때의 작업들은 주로 항공에서의 원격탐사를 의미하며, 본격적인 지상 및 상공에서의 지구화학 및 지구물리 탐사작업들은 기초탐사 단계에서 본격적으로 수행된다.

이러한 기법들은 원천적으로 지표와 접촉이 전혀 없으므로 환경적으로 아무런 영향을 끼치지 않는다. 이 작업의 목표는 지역의 이상대를 탐지하여 향후 광역 및 정밀 시추탐사 등의 추가조사를 하게 될 가장 관심이 집중되는 특정 지점을 설정하는 것이다. 참고로, 지하에 부존하는 광물의 현존 여부는 시추작업에 의해서만 확인 및 윤곽이 파악될 수 있으며, 다른 방법들은 단지 광물의 현존 가능성만을 암시할 뿐이다.

   자료수집 작업의 성격에 따라, 정부로부터 작업허가증, 통과증(진입금지 지역의 경우), 사전통지(항공탐사의 경우) 허가들을 사전에 발급받아야 한다.

2.3. 자료분석(Data Evaluation / Target Testing)

   탐사 지질학자 등의 전문가들은 지금까지 사무실과 현장에서 수집한 결과들을 검토 및 분석하고 이를 토대로 본격적인 탐사작업을 진행하여 나갈 것인지 여부를 결정한다. 수집된 정보 및 자료들은 3차원적 데이터 이미징 및 처리, 3차원적 지질해석, 3차원적 지질 모델링 등의 진보화된 전산 및 소프트웨어 기술들을 통해 지역에 대한 좀 더 정확한 이해와 탐사지역에 대한 더욱 정밀한 예측이 가능해지고 있다.

   분석결과가 긍정적으로 나올 경우, 탐사 프로젝트를 구성하며 이에 대한 작업 계획 및 예산안을 수립한다. 향후 지상에서의 현장조사가 본격적으로 개시되며 이때 지질도 작성과 지표물에 대해 지구화학 및 지구물리 탐사기법들을 활용하여 좀 더 정확한 이상대 지역을 확인한다. 자료수집 단계부터 시작하여 광산으로 성공할 확률은 대략 5,000~1만 분의 1 정도로 추정된다.

✱ 리눅스로 찾은 금맥

캐나다의 매서운 겨울 어느 오후, 캐나다 GoldCorp사의 대표이사인 롭 맥어윈은 심각한 표정으로 회사의 선임 지질학자들과 회의실에 모여 앉았다. 캐나다의 토론토에 위치한 금광 개발회사인 GoldCorp사는 생산원가가 치솟고 빚에 파업까지 겹쳐 광산운영을 중단해야 할지도 모르는 사면초가에 몰려 있었다. 대다수 분석가들은 이 회사가 지난 50년간 금을 채굴했던 캐나다 온타리오(Ontario) 주의 Red Lake 광산이 곧 폐광될 것이며 회사도 이와 함께 쇠퇴의 길을 걸을 것이라고 전망했다.

회의실에 마주 앉은 사장과 참석자들 간에 긴장이 고조되고 있었다. 위기상황에서 GoldCorp을 인수한 맥어윈 사장은 뮤추얼 펀드 매니저 출신으로 채굴산업에 전혀 경험이 없음에도 GoldCorp사의 인수전에 참여하여 대주주의 자리에 올랐기 때문에 대부분의 참석자들은 맥어윈 사장을 어려움에 처한 회사를 이끌어 갈 적임자로 인정하지 않고 있었다.

그러나 그는 참석자들을 향하여 힘주어 말했다. "우리는 Red Lake 광산에서 더 많은 금을 찾게 될 것입니다. 우리가 금을 찾을 계획을 수립할 때까지는 우리는 이 회의실을 떠나지 않을 겁니다." 이 회의의 결과로, 맥어윈 사장은 1,000만 달러의 탐사계획을 수립하고, 지질학자들을 온타리오 주 북부로 보냈다. 놀랍게도 2주 뒤 시추를 떠났던 직원들이 지금까지 GoldCorp사가 채굴해온 양에 거의 30배에 달하는 새로운 금맥의 발견 가능성이 보인다는 탐사 결과를 보고했다. 그러나 몇 년간의 추가 탐사작업에도 금의 정확한 예상매장량이나 위치는 찾지 못했다.

1999년, 맥어윈 사장은 MIT에서 젊은 CEO들과 토론을 하는 자기계발의 시간을 갖게 되었는데 주제가 우연히도 '리눅스'에 관한 것이었다. 그는 강의실에 앉아 핀란드의 리누스 토발즈가 자신이 개발한 소스코드를 공개하는 것과 전 세계의 무수한 개발자들이 인터넷을 통해 리눅스라는 세계적 규모의 컴퓨터 운영체계를 구축한 내용을 진지하게 경청했다. 그는 여기서 대중의 지혜가 놀라운 힘을 발휘한다는 사실을 깨닫게 되었다.

맥어윈 사장은 "만약 GoldCorp사의 직원들이 Red Lake 광산에서 금을 찾지 못한다면, 다른 사람들이 찾을 수 있지 않을까? 그리고 이 사람들이 금을 찾을 수 있도록 리누스 토발즈가 했던 것처럼 우리도 모든 자료들을 그들에게 공개하면 되지 않을까?"라고 생각했다. 맥어윈 사장은 급히 토론토의 회사로 돌아와 자신의 생각을 선임 지질학자에게 설명하고 지금까지 지질학자들이 탐사한 모든 정보와 50년간의 금광 채굴자료들을 인터넷에 공개해야 한다고 했다. 맥어윈 사장은 "당시 저는 우리가 가지고 있는 Red Lake 광산의 모든 지질학 정보 및 데이터를 파일로 만들어 전 세계의 모든 사람들과 공유하고자 했습니다. 이를 통해 전 세계에 우리가 어디서 600만 온스의 금맥을 찾을 수 있는지를 물어보려 했습니다"라고 말했다. 맥어윈 사장과 달리 사내의 지질학자들은 이에 대해 회의적인 입장이었다. 코카콜라 회사의 콜라 제조법이 극비인 것처럼 광산업은 매우 보수적이며 비밀스러운 산업이어서 정보를 공유해서는 안 된다는 것이었다. GoldCorp사 직원들은 리눅스 토발즈와 소프트웨어 개발자들이 소통한 방식으로 전 세계의 지질학자들이 GoldCorp사의 요청에 응할지 의구심을 가졌다. 게다가 그들은 자신들이 발견하지 못한 금 광상이 이 방법을 통해 발견되면 자신들에게 어떤 불이익이 발생할까 우려했던 것이다.

2000년 3월, 총 50만 달러의 상금을 걸고 전 세계의 모든 사람들을 대상으로 '골드콥 챌린지(Goldcorp Challenge)'라는 대회를 개최했다. 5만 5,000에이커에 이르는 레드 레이크(Red Lake) 지역의 모든 지질 정보들이 GoldCorp사의 웹사이트를 통해 공개되었다. 인터넷을 통해 이 대회의 소식이 순식간에 퍼져 나갔고 1주일 사이에 방문자수가 47만 5,000명에 달했다. 몇 주 내에 결과물들이 GoldCorp사의 본사로 제출되기 시작하여, 5개월 동안 전 세계 50여 개국의 1,400여 명에 이르는 참가자들이 신청서와 분석자료들을 제출했다. 기대한 바대로 많은 지질학자들과 광산 컨설팅회사들이 대회에 참여했지만 놀랍게도 참가자들 사이에는 대학원생, 수학자 및 군인까지 포함되어 있었다. 예선을 거쳐 6개월간의 결선을 통해, 2001년 3월 호주의 광산 컨설팅회사인 Fractal Graphics사가 만장일치로 1등의 영예를 차지했다.

참가자들은 레드 레이크 지역에 110개의 타깃 지점을 선정했는데, 이 중 절반은 GoldCorp사가 전에 고려하지 않았던 새로운 지역들이었다. 탐사 결과, 새로운 타깃 지점의 80% 이상에서 상당한 양의 금맥이 확인되었고, 이 대회의 결과로 800만 온스의 금이 발견되었다. 맥어윈 사장은 이 대회를 통해 자체 탐사기간을 2~3년 앞당길 수 있었다고 추정했다.

이를 계기로 1990년 후반 1억 달러에 불과했던 GoldCorp사의 시가 총액은 2007년 90억 달러대로 급증했다. 맥어윈 사장은 인터넷에 탐사자료를 공개하는 혁신적 방법으로 대중의 지혜를 활용하는 '대규모 협업(Mass Collaboration)'에 성공했다.

자료: Goldcorp Inc. "Take the Challenge, Win the Gold" Retrieved Feb 9, 2009, from http://www.goldcorpchallenge.com/challenge1/homepage_static.html
Talscott, Don. and Williams, Anthony D. 2007.2.1. "Innovation in the Age of Mass Collaboration." *Business Week*.

CHAPTER 3

기초탐사 단계
Basic Exploration Stage

　사무실 내에서의 자료수집 및 분석이 완료되면, 개발 프로젝트의 실질적인 첫 발을 내딛는 탐사작업이 시작된다. 'Preliminary Exploration' 또는 'Grassroots Exploration'으로도 불리는 기초탐사 단계는 크게 광역탐사(현장답사, 지질도 작성, 지구화학 탐사 및 지구물리 탐사를 통해 이상대를 확인하여 정밀탐사 대상지역을 선정하는 작업)와 정밀탐사(시추작업을 통해 광상의 부존 가능성을 실제로 확인하는 작업)로 구분된다. 이때부터 오랜 기간 많은 난관을 헤쳐나가며 채굴이라는 목적을 달성하기 위해 투자

그림 3-1 기초탐사 단계

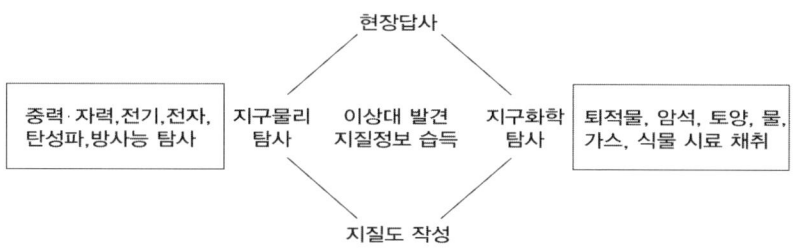

와 작업들이 이루어진다. 기초탐사 단계에서 상세탐사의 개발단계로 진입할 확률은 대략 5~10% 정도로 추산한다.

"인내와 시간은 뽕잎에서 비단 옷을 만든다(With patience and time the mulberry leaf becomes a silk gown)"는 중국 속담이지만 광산개발에 소요되는 오랜 시간과 노력의 의미를 잘 함축하고 있어 서구의 광산업자들도 즐겨 인용하는 문구이다.

3.1. 현장답사(Reconnaissance Exploration)

현장답사 또는 초기탐사 단계는 위성사진이나 다양한 형태의 항공사진 등의 원격탐사(remote sensing) 및 GIS 방법들을 활용하여 더 자세한 지상탐사의 가치가 있어 보이는 광화대(mineralized zone)[1] 가능성 지역의 발견을 목표로 한다. 특히 자기강도 및 방사능 데이터 등과 같은 지질정보들도 원격탐사 데이터로 활용되곤 하는데 이 정보들은 선정된 지역의 상공을 탐사하는 항공기에 의해 얻어진다.

3.2. 지질도 작성(Geological Mapping)

현장답사 단계에서 확보된 항공사진들을 통해 좀 더 자세한 분석을 필요로 하는 목표 지점에 대한 윤곽이 드러나면, 다음 단계로 지질도[2]를 작성한다. 이 작업은

---

1 광화대(Mineralized Zone) 경제적 가치가 있는 광물이 집중되어 있는 상태를 광상(ore-deposit)이라 하며 이러한 광상들이 모여 있는 지역을 광화대라 한다.
2 지질도(Geological Map)의 탄생 지질도의 창시자인 윌리엄 스미스(William Smith)는 1769년 영국 옥스퍼드셔(Oxfordshire) 지방에서 대장장이의 아들로 태어났다. 어려서부터 지질과 화석에 대한 관심을 보이던 윌리엄은 18세 되던 해에 측량기사로 취업하여 수년간 여러 지방을 다니며 운하건설현장에서 근무했다. 그는 업무를 통해 암석과 화석에 대한 좀 더 자세한 연구를 할 기회를 갖게 되었고 작업 현장에서 대규모의 화석과 암석을 수집하여 중요한 분석결과를 얻게 되었다.

그는 지층이 역전되지 않았다면 아래쪽의 지층이 더 오래된 것이고 위에 놓인 지층일수록

지질학자가 현장을 방문하여, 목표 지점에 위치한 다양한 암반들의 특성, 위치, 구조들을 정확히 기록하는 과정을 통해 이루어진다. 이때, 소량의 샘플들이 수집되어 추가적인 광물 또는 조직구조 조사가 이루어질 수 있다. 지질도의 작성은 다양한 목적으로 통상 각기 다른 시점에 각기 다른 지질학자에 의해 작성되어 수정 보완된다. 지질학자의 의견이나 해석들이 시간이 지남에 따라 달라질 수 있으므로, 이러한 반복적 지질도 작성을 통해 목표지역에 대한 좀 더 정확한 이해가 가능해진다.

적절히 작성된 지질도는 광맥 노출부의 위치, 암석의 형태, 변질작용, 단층·습곡·변형 패턴 및 지층의 경사각, 주향방향 등과 같은 구조적 데이터들을 정확하게 나타낸다. 이 정보들은 숨겨진 광상의 위치를 유추하는 데 매우 중요한 자료로 활용되기 때문에 지질도 작성은 결코 간과해서는 안 될 매우 중요한 과정이다.

3.3. 지구화학 탐사(Geochemical Exploration)

광상이 형성될 때, 고농도의 금속 및 원소들이 광상을 둘러싼 암석 내에서 분출되며 또한 지표 부근의 광상이 풍화할 때도 이와 비슷한 분출 현상이 발생한다. 그러므로 토양이나 암석 내에 금속이나 다른 원소들의 농도가 일반적 수준보다 높은 이상치(anomalous)라면 인근에 광상이 존재할 가능성이 높다는 것을 의미한다. 지구화학 후광(geochemical halo)으로 알려진 이러한 분출은 실제 광상보다 넓게 퍼져 분포하므

나중에 퇴적된 지층이라는 시간 개념의 지층 누증의 법칙과 각 시대를 나타내는 대표 화석 생물군을 통해 각 지층 간의 시대적 차이나 순서 및 대비할 수 있는 생물군 천이의 원리(Principle of Faunal Succession)를 깨닫게 되었다. 이 원리와 자신의 분석결과를 토대로 1815년에 최초로 잉글랜드와 웨일스 지방의 지질도를 작성했다.

그의 선구적 작업은 지질학회장인 조지(George Greenough)의 라이벌 의식 때문에 초기에는 인정을 받지 못했지만, 결국 1831년에 런던 지질학회로부터 지질학 분야의 현저한 업적을 이룬 사람에게 수여하는 울러스턴(Wollaston) 메달을 처음으로 받았고, 현재 영국 지질학의 아버지로 인정받고 있다[자료: University of California Museum of Paleontology, "William Smith(1769~1839)" Retrieved Apr 2, 2009, from http://www.ucmp.berkeley.edu/history/smith.html].

그림 3-2 지구화학 탐사방법

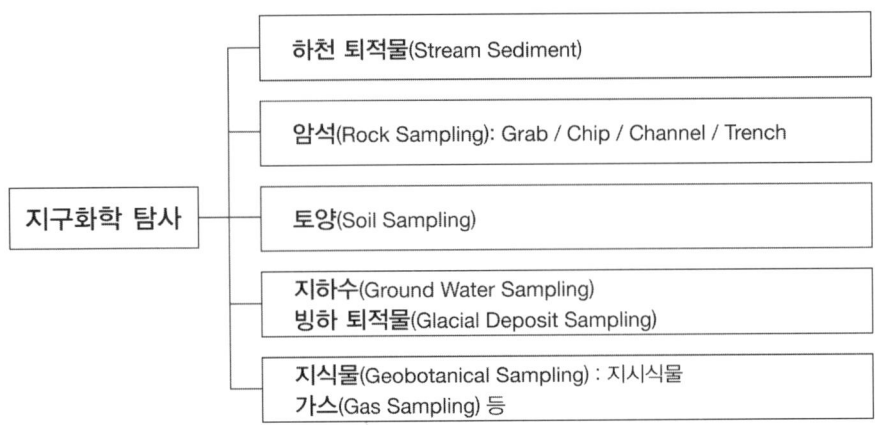

로 탐사자가 광상의 가능성이나 위치를 파악하는 데 도움을 준다.

지구화학 탐사는 계통추출법 및 암석·토양·물·식물 등의 화학적 분석을 통해 이러한 분출 후광이 발생한 지점을 파악하는 과학적 단계로, 일반적으로 광범위한 지역으로부터 시작하여 점차적으로 좁은 지역에 대한 조사가 이루어지는 일련의 단계들을 밟는다. 샘플링 결과 및 지질학적 평가를 통해 광상의 현존 가능성을 판독하며 또한 광상의 화학적 특성을 좀 더 정확히 이해하기 위해 지구화학 조사가 추가로 실시될 수도 있다. 수행되는 조사 방법은 지구화학적·지질학적 지식이나 탐사지역의 특성 및 탐사회사의 관점 등에 따라 달라진다.

1) 하천 퇴적물 조사(Stream Sediment Survey)

하천 퇴적물의 시료 채취는 강이나 지류의 활성층으로부터 퇴적물을 작은 샘플 형태로 계통 추출하는 것으로 통상적으로 지구화학 조사의 가장 첫 단계 작업이다. 이때 지질도 작성 및 현장 원격탐사 작업을 병행한다면 광물의 부존 가능성을 예측할 수 있는 정보를 더 많이 확보할 수 있다. 험한 지역의 경우, 시료 채취 지점을 선정하는 것이 쉽지 않지만, 고해상 항공사진이나 인공위성을 이용한 GPS 및 현장 경험이 풍부한 지상 작업자를 활용하여 문제를 해결토록 한다.

샘플은 통상 500그램 정도의 크기로 평방킬로미터당 2~4개 정도의 샘플들이 채취되지만 하천 밀도나 지형 상태에 따라 샘플링 숫자가 변동될 수 있다. 샘플들은 ppm 또는 ppb 단위원소로 분류되며 분석에는 그다지 많은 비용이 소요되지 않는다.

2) 암석 샘플링(Rock Sampling)

Chip Sampling이라고 불리는 암석 시료의 채취는 지상으로 노출된 암석에 대해 화학분석을 통해 암석 내에 분출된 지구화학 후광을 감지하는 것이다. 암석 시료의 채취는 암석에 따라 원소 및 광물의 분포가 균질하지 않을 수 있으므로 퇴적물이나 토양의 시료 채취보다 더 많은 주의가 요구된다. 암석 시료는 통상 1킬로그램 미만으로 손으로 쉽게 들 수 있는 크기의 시료들로 수집한다. 분석을 통해 목표로 삼은 광물의 이상 농축 현상이 감지되면 광상의 실제 위치 선정을 위해 인근에 대한 좀 더 자세한 시료 채취작업과 함께 정확한 지질도 작성이 요구된다. 광상과 연관된 일부 광물들은 동위원소 특성 내 변이를 나타내기도 한다. 탐사작업 중에서 동위원소 지구화학이라 알려진 이 변이들에 대한 조사는 필수 조사작업으로 인식된다.

3) 토양 샘플링(Soil Sampling)

광상의 지구화학 징후는 토양에 대한 시료의 채취 및 분석을 통해서도 얻어질 수 있다. 지표 부근의 광석 내에 현존하는 광물 원소들은 일부 풍화 조건하에서 토양에 광상의 근원보다 훨씬 크고 넓게 지구화학 후광을 분출한다. 이렇게 넓게 분포된 후광은 토양 시료 채취 프로그램의 중요 목표가 된다. 지구화학 토양 시료 채취작업은 통상 상대적으로 작은 지역에서 수행되며, 샘플 채취 위치는 장방형 격자 방식이나 임시 위치 선정기법에 의해 관리된다.

일반적으로 토양 시료는 식물 뿌리의 밑부분 토양에서 채취되는데 대략 10센티미터 깊이의 조그만 구멍을 파고 손으로 채취한다. 시료의 중량은 통상 200그램에서 1킬로그램 미만으로 평평한 상태로 채취한다. 좀 더 깊은 곳에서 시료를 채취할 때는 소형 수동장치나 또는 차량에 장착된 굴착기를 이용하기도 한다. 시료를 채취한 장소는 조사 뒤 적절하게 복구해놓고 시료들은 지구화학 분석을 위해 바로 연구소로 보낸다.

4) 시굴 및 시갱(Trenching / Pitting)

시굴·시갱 또는 도랑이나 수갱을 파는 작업들은 땅속에 묻혀 있는 암반을 노출시키거나 분석용 샘플들을 채취하기 위한 전형적인 방법들로 과거에는 대부분 수동 기구들을 활용하여 이러한 시굴작업들을 수행했다. 물론 지금도 인력으로 이러한 작업들을 수행하기는 하지만 그 범위가 매우 한정되어 있으며, 현재는 통상 굴삭기를 이용하여 암반의 시료 채취나 지도 작성을 위한 수갱을 파는 작업을 수행한다. 일반적으로 시굴작업은 이미 확인된 광상에서 벌크 시료를 채취하여, 좀 더 자세한 테스트를 실시하기 위해 활용한다. 이러한 굴삭작업은 사전에 반드시 승인을 취득해야 할 뿐 아니라, 엄격한 환경 규정하에 작업 후 원상 그대로 복구해놓아야 한다.

5) 기타 지구화학 탐사(Geochemical Exploration)

최근에는 특수 용도에 따라 다양한 지구화학 방법들이 개발되고 있다. 광상은 지표로 다양한 가스를 내뿜기도 하는데 이 중 일부는 토양 밑에 축적되어 있기도 하고 또는 극 저농축 상태로 대기에 분출되기도 한다. 이러한 특성을 이용하여 광상에서 분출된 가스들을 지상 및 상공에서 채집하여 분석하는 시도들이 이루어지고 있다. 물 시료에 대한 분석은 지하수에 인접한 암석들의 광물질이 오랜 기간 지하수에 용해되어 있는 점을 활용하여 지하수의 시료나 빙하의 퇴적물을 채취해 성분을 분석함으로써 광물의 부존 가능성을 추정한다. 또한 물 시료에 대한 직접 분석 방법을 적용한 유사 기법들도 복합적으로 개발되고 있다. 일부 식물들은 뿌리를 통해 토양에서 금속성분을 채취하여 이 성분들을 잎이나 껍질 등과 같은 여러 부위로 전달 및 농축할 수 있다. 이러한 지식물(geobotanical) 조사는 특정 원소의 함량이 어느 수준 이상일 때 성장이 활발한 지시식물(indicator plant)들로부터 직접 샘플을 채취하거나 또는 땅에 떨어진 잎사귀들을 통해 금속성분 여부를 조사하는 것이다. 이러한 기타 방법들은 토양으로부터 직접 샘플들을 채취하기 어려운 경우에 자주 활용된다.

다양한 방법의 시료 채취뿐만 아니라 최근 진보된 지구화학 분석법들을 통해 부존하는 광상의 탐사가 더욱 용이해지고 있다. 그 예로 캐나다 BC 주의 지구과학 연구소에서는 1978년도의 샘플시료를 새로운 유도결합 플라즈마 질량 분광기(Inductively Coupled Plasma Mass Spectrometry: ICPMS)[3] 분석을 통해 그 당시에는 감지하지 못했던 소량의 원소들까지 분석에 성공했다. 탐사업체들은 이렇게 더욱 발달한 분석 기법들을 통해, 광상의 성격을 더욱 잘 인식할 수 있는 추가적 기회를 제공받고 있다.

3.4. 지구물리 탐사(Geophysical Exploration)

지구물리 탐사는 광상이 주위를 둘러싸고 있는 암석들과 다른 물리적 특성들을 지니고 있는 점을 이용하여 지하의 지질구조와 이상대를 규명하는 작업이다. 탐사업체들은 물리탐사를 이용하여, 지표나 지하에 광상이 위치할 가능성이 있는 지점을 찾고자 암석의 밀도, 자기성, 중력장, 전도성, 자연적 방사성, 열용량 등의 물리적 특성들의 변이(anomalies)들을 측정하고 분석한다.

탐사는 지상과 상공에서 수행하는데 원격탐사로 알려진 상공탐사는 넓은 지역을 대상으로 실시하는 개략탐사로, 60~200미터 상공의 헬리콥터나 비행기 또는 1,000킬로미터 이상 높이의 인공위성에서 주 이상대의 발견을 목표로 실시한다. 반면에 지상에서 수행하는 탐사는 상대적으로 많은 비용이 들기 때문에 특별히 관심이 있는 아주 작은 지역에 한해서 정밀탐사를 실시한다. 지구물리 탐사는 다른 탐사방법들과 달리 땅속 그 자체를 관찰할 수 있는 기회를 제공하므로 탐사 프로그램들 중에서도 매우 중요한 위치를 차지한다. 광상을 발견하기 위한 탐사방법으로서의 지구물리 조사는 1940년대 말 이후부터 시도되었고 1950년대에 들어 실질적인 지구물리 조사가 이루어졌다. 1980년대 초 이래로 기술이 급격히 발전하여 탐사기법은 괄목할

---

[3] 유도결합 플라즈마 질량 분광기(Inductively Coupled Plasma Mass Spectrometry: ICPMS) 샘플 용액 내에 존재하는 극미량의 원소를 ppb, ppt 단위까지 분석하는 장비.

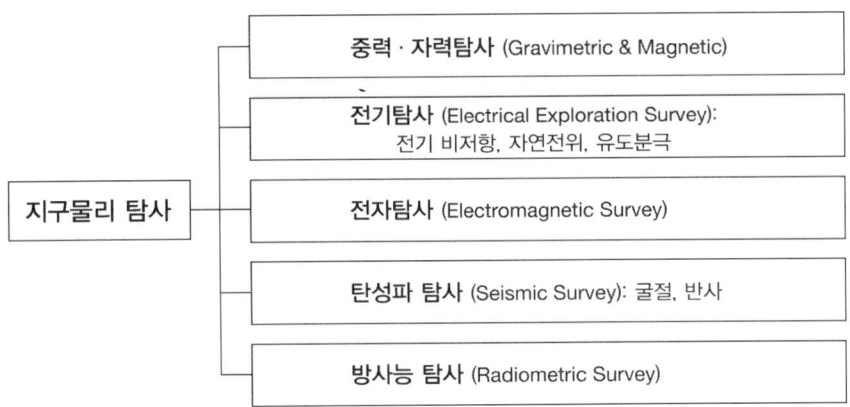

그림 3-3 지구물리 탐사방법

만한 성장을 이루어왔으며 현재는 탐사활동에 꼭 필요한 과정으로 인식되고 있다.

현재 수행되는 대부분의 조사나 지구물리 탐사활동들은 상공에서 실시된다. 지상에서 실시되는 탐사활동들 또한 작고 효과적인 기기들을 활용하기 때문에 환경에 미치는 영향이 매우 미미하며 일시적이다. 또한 인공위성의 네비게이션 장치로 지표 위치의 정확성이 증대되어, 추가적인 현장위치조사의 필요성이 대폭 감소했다.

1) 중력 및 자력탐사(Gravimetric and Magnetic Survey)

중력탐사는 대부분의 광석들이 주위의 암석들보다 고밀도 특성을 가지고 있는 점을 활용하여 암석과 광물의 밀도차에 의한 중력 이상을 측정하고 해석하는 방법을 말한다. 이 지역에 대한 지구 중력장 내의 변이를 측정함으로써 지하의 지질학적 특성 및 광상의 현존 여부를 탐지할 수 있다. 이 조사는 간혹 넓은 지역에 대해 실시되기도 하는데, 이를 통해 상당한 깊이의 암석 특성에 대한 지역 정보를 얻을 수 있다. 이러한 중력조사 기구들은 지표에 아무런 영향을 미치지 않을 뿐더러 특별한 진입 조건도 필요 없기 때문에, 조사지역의 환경에 아무런 영향을 끼치지 않는다.

자성체인 지구는 자성을 띠는 광상이나 또는 철을 함유하는 물체인 자철광 등의 물체들에 영향을 미치거나 이를 붙잡는 자기장을 생성한다. 자력탐사는 지구가 이렇게 자석과 같은 활동을 하는 특성을 이용하여 조사지역의 자화강도(intensity of magnetization)4를 측정함으로써 자기 이상체를 탐지하는 방법을 말한다. 자기장 조사는 지상이나 상공에서 모두 실시할 수 있으며, 자기력계를 통해 수집한 데이터들을 컴퓨터로 연산하여 자기도를 작성한다. 좀 더 자세한 지질조사나 또는 부존하는 광상의 현존 가능성을 목적으로 할 경우에는 지상에서 좁은 지역을 대상으로 자력탐사를 실시한다.

2) 전기탐사(Electrical Survey)

광상 및 지질학적 구조들은 전기 전도도 및 전하를 유지할 수 있는 능력 등의 매우 다양한 전기적 특성들을 지닌다. 전기 탐사는 이 특성들을 측정하는 것으로 여러 가지 방법이 있는데 그중 대표적인 전기 비저항(electrical resistivity tomography) 탐사는 조사지의 격자선을 따라 땅속에 조그만 구멍을 뚫고 황산 구리가 채워진 다공질 세라믹 포트 형태의 전극을 설치한 뒤 전극을 발전기에 연결하고 전류를 지하로 흘려보내어 지하의 전기 비저항과 전기전도도의 차이에 의해 발생하는 전위를 측정하고 해석한다.

이 외에도 광체 주변에서 자연발생하는 전기화학적 현상을 지표면에서 측정하는 자연전위(spontaneous polarization) 탐사와 지하에 전류를 흘려보내 분극 현상을 유도하여 이 현상을 측정하는 유도분극(induced polarization) 탐사법 등이 있다.

3) 전자탐사(Electromagnetic Survey)

전자탐사는 전기전도도가 높은 광상이 전기도체로서 자기장을 변형시키는 전자유도 특성을 이용한 탐사방법이다. 지면에 놓인 코일이나 전선에 교류전류를 흘려보내 전자기장을 발생시키면, 1차 전자기장에 의해 전자기적 물성이 다른 지하의 광체로 유도전류가 흐르게 된다. 이 유도전류에 의해 2차 전자기장이 발생하는데 이를 측정하여 지하의 전기전도도 분포를 파악하고 해석함으로써 광체의 부존 여부나 위치를 추정한다. 만약 탐사지역이 광범위하거나 외진 곳에 있다면, 초기 전자탐사

4　**자화강도(Intensity of Magnetization)**　강한 자성체 내에서 자성체의 힘이 작용하는 방향에 직각인 면의 단위면적을 통하는 자력선의 수.

는 원격탐사로 수행하는데 이는 항공전자 탐사로도 불린다.

4) 탄성파 탐사(Seismic Survey)

탄성파 탐사는 지표에서 발생시킨 소리나 이와 동일한 파동의 형태가 지하의 암석을 통과하면서 어떻게 파동이 변화되는가에 대한 연구이다. 형태가 다른 암석이나 지질구조들은 이러한 탄성파들에 특이한 영향을 미치게 되며, 이렇게 얻어진 결과들을 연구하여 지하층의 형태와 구조적 특성을 예측한다. 탄성파 탐사는 통상 석유나 석탄탐사에 활용되며 지질학적 복합체인 광화대 지역 내의 금속광맥 탐사에는 일반적으로 사용되지 않는다.

탄성파 탐사는 기본적으로 다른 지층 경계에서 굴절되어 돌아오는 굴절과 반사되어 되돌아오는 반사의 2가지 형태가 있다. 굴절법은 지표로부터 50미터 깊이 이내의 풍화나 단층과 같은 토양상태 연구에 활용되지만 현재는 광상탐사 용도로는 사용하지 않고 채석업 및 건설기초조사에 광범위하게 사용한다. 반사법은 주로 심부 침투와 지질학적 층위 및 구조 이해에 활용된다. 에너지원은 탄성파 탐사에서 가장 중요한 요소로 침투 깊이를 결정하게 되며 반사 탐사를 위해 통상 진동기나 폭약이 사용된다. 진동 시스템은 지표에 아무런 영향을 미치지 않지만 폭약의 경우, 지표에 얕게 구멍을 파고 폭약을 설치하기 때문에 4~10평방미터의 지역에 영향을 미치게 된다.

5) 방사능 탐사(Radiometric Survey)

방사능 탐사는 암석이나 광물들의 자연적 방사능 특성을 활용한다. 지표의 자연 방사능 변이를 측정할 수 있는 최신의 분광기(방사능 측정장비)는 예전에는 감지 못했던 낮은 수준의 방사능도 감지할 수 있게 되었다. 이러한 탐사는 통상 상공에서 실시되며 지상탐사는 작은 지역이나 또는 노출부가 확인된 지점에 한해 실시한다.

6) 공저탐사(Down Hole Exploration)

시추공에 대한 공저탐사는 시추공 속을 조사하여 자연 방사능, 밀도, 전도성 또는 기타 전기적·자기성적 특성과 같은 암석의 특성들을 측정하는 방법이다. 시추공들은 지구물리 탐사 목적으로 시추된 것은 아니지만, 이 조사를 통해 시추공의 이용가치를 극대화하고 시추탐사에서 간과했던 좁은 폭의 광상을 감지하기도 한다. 지표와 시추공 사이의 암석 특성들에 대한 측정을 위해 수신기를 시추공 내에 설치하고 송신루프를 지표에 설치하기도 한다.

3.5. 시추작업(Drilling)

지구화학 및 지구물리의 탐사방법은 이상대의 확인을 통해 광상의 부존 가능성을 감지하여 시추탐사 지점을 선정하기 위한 목적이지, 그 자체로 광상의 실제적 위치를 탐지하지는 못한다. 광역탐사 활동을 통해 모든 데이터들이 수집 및 분류되면 컴퓨터로 다양한 지질도들을 작성하여 이를 판독한다. 판독된 정보를 바탕으로 정밀 탐사 대상구역이 선정되면, 다음 단계로 시추작업을 통해 지하로부터 샘플들을 수집하여 광상의 부존 가능성을 확인한다. 지하에 부존하는 광물의 현존 여부는 오직 시추작업에 의해서만 확인하고 윤곽을 파악할 수 있으며, 다른 방법들은 단지 광물의 현존 가능성만을 암시할 뿐이다.

탐사단계의 시추작업은 통상 개략굴착이라는 첫 단계를 거쳐 결과가 좋게 나오면, 추가적인 굴착탐사 작업을 벌이는데 이 작업을 시추 1단계로 볼 수 있다. 만약 이 추가굴착 결과 또한 긍정적이라면 프로젝트는 개발단계에 돌입하여, 광상의 형태나 규모를 파악할 수 있는 상위의 상세 시추작업을 착수하게 된다. 시추방법이나 기구들의 선택은 시추장소와 비용 및 목표로 삼은 광상의 특성, 깊이, 위치, 진입요소들을 고려하여 결정한다.

1) 과거의 시추작업

초창기의 탐사작업은 지표로 노출된 광상이나 또는 얕은 지하에 광상의 부존 가능성이 명확하게 감지된 곳에 한정되었고, 광상의 크기나 등급은 시굴(test pitting)[5]

이나 터널 건설에 의해서 평가되었다. 증기 구동 방식의 초기 로터리 굴착 장치는 작업자들이 직접 장작을 수집하여 동력원으로 사용했기 때문에 많은 노동력을 필요로 했다. 1920~1930년대에 들어, 점차적으로 증기 엔진이 석유 엔진으로 교체되긴 했지만 시추용 굴착기는 오랫동안 크고 비효율적이었다. 대신 굴착기의 목재타워가 철제 삼각대로 교체되어 수직이 아닌 경사 시추공의 굴착도 가능해졌다.

 1950년대는 지면 시추기술이 진보적으로 발전한 시기였다. 와이어라인 시추작업을 통해 더 이상 모든 드릴로드를 들어 올려 시추공 하단의 암석 코어들을 끌어낼 필요가 없게 되었다. 이후 개발된 충격식 시추법은 압축공기를 주 동력원으로 사용하여 암석을 부숴버릴 수 있게 되었다. 시추법은 지난 30년간 새로운 시추 기구 및 기술들이 계속적으로 발전하여 빠른 속도로 진화했다. 이에 따라 시추공을 좀 더 깊고 빠르면서도 효과적으로 굴착하면서도 환경에 미치는 영향은 급속도로 감소되었다.

2) 오거 굴착공법(Auger Drilling)

 만약 상대적으로 얕은 깊이의 침전물이나 약한 지반 또는 연암층(soft rock)으로부터 비암추 샘플을 확보할 때는 오거 리그를 사용할 수도 있다. 이 오거 드릴은 농장에서 구멍을 뚫는 굴착기와 비슷하며 트럭이나 트랙터에 장착해 사용하기 때문에 이동이 편리하다.

3) 회전식 천공 굴착공법(Rotary Percussion Drilling)

 회전식 천공 굴착공법은 다양한 기술을 활용하여 굴착할 수 있는데, 가장 최근에는 압축공기를 시추공으로 불어 넣어 부스러기 형태의 샘플을 만든다. 생성된 샘플 칩들은 압축공기에 밀려서 지면으로 배출되며, 샘플성분조사를 위해 일정 간격을 두고 샘플들을 수거한다. 역순환 굴착공법은 샘플 칩들이 굴착로드의 중앙을 통해 지면에 배출되는데, 이는 샘플의 오염 및 시추공의 붕괴 가능성을 감소시킨다. 땅이

---

5 **시굴(Test Pitting)** 시료를 채취하거나 지층을 관찰하기 위해 구덩이나 굴을 파는 것으로 과거에는 시추공의 굴착이 어려웠기 때문에 시굴작업을 통해 광상의 존재를 확인했다.

부드러울 경우에는 작은 크기의 암석 채취를 위해 다이아몬드 코어와 유사한 회전식 천공 리그가 장착된 특수 비트(bit)[6]를 사용한다. 이 최근 공법은 공심 굴착법으로 알려져 있다. 모든 천공 굴착법은 리그를 작동하게 하고 샘플들을 지표로 끌어 올리기 위해 상당한 수준의 압축공기가 필요하다. 이때 사용되는 컴프레서는 통상 자동차에 장착되거나 궤도 운반차에 의해 이동된다. 트럭에 장착하는 리그는 초기 굴착단계에서는 중량이 적게 나가는 리그를 사용하지만, 일반적으로 시추장소까지 접근할 수 있도록 적정 수준의 진입로가 필요하다.

4) 암추 또는 다이아몬드 굴착공법(Core or Diamond Drilling)

이 공법은 유압 또는 기계적 압력으로 굴착 로드를 회전시켜 샘플들을 채취한다. 통상 다이아몬드 면을 지닌 드릴 비트가 암석의 중심을 원통형 코어 형태로 잘라나가며 더 깊은 심부로 진입하게 된다. 채취된 샘플 암추에 시추공 번호, 채취된 깊이 등을 기록한 뒤 세로 길이로 절단하여 한 단면은 분석을 위해 연구소로 보내고 나머지 단면은 참고용으로 보관한다. 시추공이 수 킬로미터 깊이까지 파고 들어갈 수 있는 데 반해 이 굴착공법은 1,000미터가 넘는 경우가 극히 드물다. 다이아몬드 굴착 리그들은 트럭이나 스키드에 장착되기 때문에 굴착 장소까지의 진입로가 필요하다. 진입로들은 굴착 장소, 굴착 리그의 형태 및 시추 프로그램의 예상 기간 등의 여러 요소에 의해 결정된다. 저중량 리그는 비포장 도로에서도 운반이 가능하며, 험한 산악지대의 경우에는 헬리콥터로 운송할 수 있는 경우에만 사용한다.

5) 재굴착(Recurrent Drilling)

진보된 탐사기법이나 채굴 방법에 따라 과거에는 개발이 불가능했던 지역들이 새롭게 조명된다. 경우에 따라서는 과거에 탐사되었던 지역에 대한 재탐사 및 재굴

---

[6] 비트(Bit) 지표나 암반을 시추할 때 시추파이프 끝에 부착되어 암석을 자르는 시추날로, 재질에 따라 크게 연암층(soft rock)에 사용되는 메탈비트와 경암층(hard rock)에 사용되는 다이아몬드비트가 있다. 암추 샘플의 채취 여부에 따라 코어 비트(core bit)와 논코어 비트(non-core bit)로도 구분된다.

착이 이루어지기도 한다. 1930년대에는 지하 100미터 밑으로는 시추탐사가 거의 불가능했기 때문에 얕은 지하에 부존한 광상만 발견할 수 있었으나 오늘날은 1,000미터 이내의 깊이까지 시추가 가능하게 되었다. 아마도 반세기 뒤에는 2,000~3,000미터 깊이까지 시추가 가능할 것이라고 예측하기 때문에 현재에는 탐사가 불가능했던 광상의 발견도 미래에는 가능해질 것이다.

3.6. 환경 및 탐사지원

모든 탐사 프로그램에서 가장 고려해야 할 사항 중 하나는 그 지역의 환경에 미치는 영향을 최소화하는 것이다. 과거의 탐사자료들을 잘 검토하고 효과적으로 계획을 수립한다면 불필요한 현장실사 및 탐사작업들을 최대한 줄일 수 있다. 이는 환경에 미치는 영향뿐만 아니라 시간과 비용도 함께 절감할 수 있다. 굴착이나 자세한 현장실사 작업들이 모두 완료되면, 관련 규정에 따라 영향을 받은 지역들을 원상복구해놓아야 한다.

현장이 외진 곳에 있지만 인근에 활주로가 있는 경우에는 소형 비행기를 이용하기도 하지만 대체로 특별한 착륙지가 필요 없는 헬리콥터를 이용하여 현장에 접근한다. 탐사 프로그램을 위해 파견된 현장작업자에 대한 지원은 매우 다양하다. 일부 대규모 탐사 프로그램들의 경우에는 매일 헬리콥터로 지원 물자를 보내주기도 하기 때문에 현장 접근성도 효과적인 비용절감 차원에서 고려되어야 한다. 인근에 타운이나 베이스캠프가 있는 경우에는 현장 작업자들이 이곳에 머무르다가, 필요하면 헬리콥터로 현장까지 이동하거나 빠져 나오기도 한다. 작은 규모의 탐사 프로그램의 경우에는 일반적으로 작업자가 현장에 텐트를 설치하고 일정기간 체류한다. 탐사업체나 정부 모두 진입로 건설보다는 헬리콥터를 통한 현장 접근을 선호한다. 하지만 헬리콥터의 이용 및 현장지원 비용이 비싸기 때문에 탐사업체는 경험이 풍부한 현장작업자를 파견하여 최대한 짧은 기간 내에 계획한 작업들을 수행해야 탐사 비용을 효과적으로 관리할 수 있다.

✱ 지구화학 샘플링이 찾아낸 세계 최대의 아연 광산

1987년 9월, 호주의 CRA사는 퀸즈랜드(Queensland) 주의 아이사(Isa) 산에서 북서쪽으로 250킬로미터 떨어진 버크타운 지역에 대한 2건의 탐사권을 승인받았다. 초기 현장작업은 탐사허가 지역 내에서 지질도 작성(geological mapping) 및 100미터 간격으로 지구화학 탐사인 토양 샘플링 작업과 지구물리 탐사인 중력 및 자력탐사 작업들을 계획했다. 만약 광상이 토양 내에 부존한다면, 토양 샘플링을 통해 아연-은-납의 이상대가 감지될 것이고, 만약 자력 광체나 농축 광체가 지표 부근에 현존한다면, 중력 및 자력 조사에서 이상대 수치가 감지될 것이라고 CRA사는 생각했다.

탐사팀은 북동·남서 방향과 북서·남동 2개 방향으로 나누어 조사를 수행했다. 1차로 수행한 중력 및 자력탐사에서는 아무런 이상대의 흔적을 찾을 수 없었다. 지구물리 탐사작업이 실패한 뒤 지구화학 샘플링 조사를 수행하던 중, 북동·남서 방향 측량선에서 아연-납 수치 이상대가 감지되었다. 이에 광화대의 확인 및 시추지점 선정을 위해 아연-납 이상대가 감지된 지역을 지구물리 탐사인 자력 및 전자탐사로 재조사했지만 이상하게도 조사작업은 다시 실패했다. 육안조사에서도 풍화된 아연이나 납들이 흔적을 발견할 수 없었으며 2차 광물(secondary mineral: 1차 광물이 변성작용 또는 풍화작용에 의해 변질되거나 또는 새로이 생성된 광물)도 확인되지 않았다.

결국, 초기 현장탐사가 개시된 지 18개월 후 1889년 10월에 주 이상대를 목표 지점으로 한 현장 시추탐사가 개시되었다. 그러나 우기 시즌으로 인해 시추작업이 연기되었고 결국 1990년 4월에야 3개의 시추공 작업이 이루어졌다. 이 작업으로 거대한 토양 이상대 내에서 채취한 샘플로부터 고농축 은을 확인하고 19세기경의 소규모 시갱을 함께 발견했다. 이어 LH4 및 LH6의 2개 시추공에서 광화대의 증거를 확인했지만, 이 시추공에서 나온 샘플들의 전반적인 품위는 경제성이 없는 저품위들이었다. 그러나 다음 달에 추가 실시된 9개의 시추공 작업 중 7개의 시추공에서 경제성이 있는 품위를 지닌 샘플과 함께 대규모 아연-납 광화대가 확인되었다.

결국 지구화학토양 조사를 통해 이상대를 확인하여 시추 목표지점을 설정하고 시추작업한 결과, 캐나다의 Red Dog 광산에 이은 세계에서 2번째로 큰 규모의 아연 광산인 Century 광산이 세워지게 된 것이다.

자료: Gallaway, Althea and Palmer, Nicolette. 2004. "The Science of Mining." Queensland: Queensland Resources Council and the Department of Natural Resources, Mines and Energy.

CHAPTER 4

개발 및 건설 단계
Development and Construction Stage

초기 탐사활동(현장답사, 지구화학 및 지구물리 탐사)를 통해 이상대를 발견하고, 이상대 지역에 대한 시추탐사를 통해 광상이 확인되면 이 지점에 대한 상세한 시추작업이 개시된다. 이제부터 프로젝트는 탐사단계를 넘어 상세 시추탐사와 벌크샘플링에 의한 광상의 분석 및 매장량을 산정하는 본격적인 개발단계로 진입하게 된다.

이 단계에서 광산회사는 광상개발의 가치 및 광산건설의 가능 여부를 판단하기 위해 상세시추프로그램, 벌크샘플링 작업, 환경기초조사, 영향평가 분석 및 타당성조사 등을 수행한다. 분석 및 계획이 완료되고 타당성조사에서 경제성이 확보되면 광산설립 결정이 내려지고 건설이 시작된다. 탐사 및 개발단계에서 광산의 건설단계에 진입할 확률은 대략 100~200분의 1 정도로 추산한다.

프랑스의 사업가인 리 세걸(Lee Segall)은 "하나의 시계를 가진 사람은 몇 시인지 알지만 두 개의 시계를 가진 사람은 결코 정확한 시간을 알 수 없다(A man with one watch knows what time it is a man with two watches is never quite sure)"라는 철학적 문구를 남겼다. 하나의 시계를 가진 사람은 선택의 여지가 없기 때문에 자신의 시계가 가리키는 시각을 보고 만족할 것이다. 하지만 두 개의 시계를 가진 사람은 두

그림 4-1 광산의 개발·건설 단계

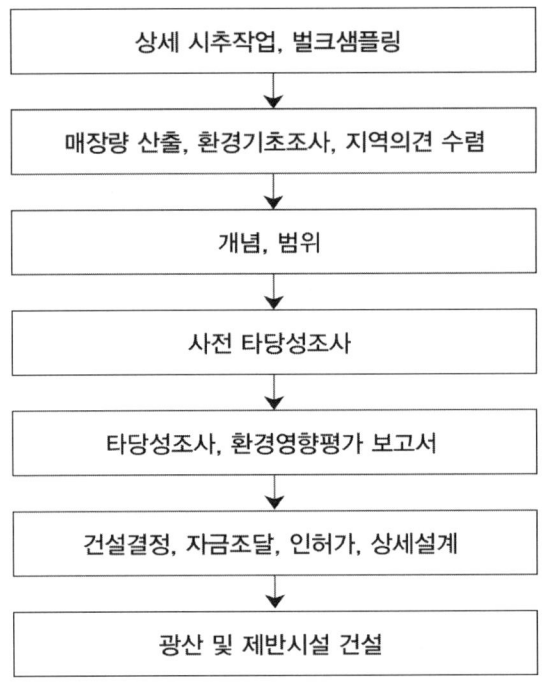

시계가 똑같은 시각을 가리킬 수 없는 것처럼, 여러 선택 속에서 완벽한 판단을 내릴 수 없어 결코 만족할 수 없다는 의미로 해석된다. 아마도 인생에서 욕심을 버리고 하나의 시계인 자신의 상황이나 판단을 믿고 그에 만족하라는 것으로 생각된다. 그러나 다양한 가능성(리스크) 속에서 좀 더 정확한 판단을 내려야 하는 광산개발의 관점에서 볼 때는 이와 반대의 의미로 해석하는 것이 타당할 것이다. 만약 하나의 시계가 전혀 다른 시각을 가리키거나 아니면 아예 멈추어버렸다면 어떻게 되겠는가? 광산의 개발은 결코 하나의 시계에 만족하지 않고 더 정확한 시계들을 찾는 노력을 통해, 좀 더 정확한 시각을 찾아나가는 과정이다. 이것이 바로 상세시추 탐사의 과정이며 광산개발을 성공으로 이끄는 원동력이다.

4.1. 상세 시추작업 및 벌크샘플링(Bulk Sampling)

　신중하게 계획을 세워 광상이 확인된 지점에 대한 상세시추 프로그램과 벌크샘플링 작업들을 실시한다. 이 작업들의 목적은 광상의 형태, 규모, 연속성 및 지질학적 특성 등을 규명하고 매장량 및 품위를 산출하며 광물의 야금 가공 성격을 확인하는 데 있다. 시추를 통해 얻고자 하는 데이터들을 효과적인 방법으로 달성할 수 있도록 상세하면서도 적절한 시추계획을 수립한다.

　3장의 시추작업에서 설명한 바와 같이 초기탐사의 시추단계에는 이상대가 확인된 지역에 대해 광상의 확인이나 지질학적 특징 및 광화대의 성격을 규명할 목적으로 굴착한다. 하위단계의 시추결과를 바탕으로 상위단계의 시추계획들이 수립되는데, 광화대의 확장 상태, 매장량의 규모, 상위 매장량으로 등급상향 조정, 추가광상 발견 등을 목표로 실행된다. 시추단계가 올라갈수록 굴착된 시추공의 수와 시추길이는 늘어나고 대신 시추공 간의 간극은 좁아지게 되어 좀 더 상세한 시추탐사가 이루어진다. 결국 시추결과인 매장량 및 등급도 단계가 올라갈수록 증대 및 상향 조정된다.

　시추작업 기간의 벌크샘플링은 여러 주요 광석형태를 대표하는 것으로 판단되는 샘플들을 채취한다. 이를 위해 광상의 각기 다른 부분들로부터 수 톤에서 수천 톤에 이르는 샘플들을 채취한다. 채취된 샘플들은 연구소로 보내 광상의 품위와 가치를 분석하고 야금 가공 성격의 확인을 위해 분쇄 및 시험 선광[1]한다. 분석결과의 내용으로는 시험목적에 대한 소개, 분석용 샘플준비 내용, 헤드샘플 분석, 분쇄 및 스크리닝, 부유선광 등의 시험방법 및 절차와 이에 대한 분석결과 및 권고사항 등이 포함된다. 이 결과를 바탕으로 적절한 가공법이 사전에 결정되고 향후 생산에 필요한 작업 공정도를 준비한다. 또한 광물 선광에 필요한 새로운 기법들을 시험해보기 위해 현장에 시험용(pilot scale) 설비시설들이 건설되기도 한다.

---

[1] 선광(Ore Dressing / Ore Processing)　채굴된 원광은 유용광물과 가치가 없는 맥석광물 및 유해성분으로 구성되어 있다. 이 원광을 그대로 용광로에서 제련작업을 하면 많은 손실이 발생하기 때문에 원광을 파쇄한 뒤 광물의 특성에 맞춰 물리적 또는 화학적 방법으로 목적광물의 품위(함유비율)를 높이는 작업을 선행하는데 이를 선광작업이라 한다.

4.2. 환경기초조사(Environmental Baseline Study: EBS)

아랍 속담에 "자신이 마시는 우물에는 돌을 던지지 마라(Into the well from which you drink, do not throw stones)"라는 말이 있다. 이 말은 자신의 생명을 존속하는 데 기반이 되는 자연환경을 훼손시키지 말라는 의미다. 광산개발을 통해 아무리 많은 경제적 이득을 얻는다 해도 이로 인해 회복할 수 없는 환경오염을 불러일으킨다면 광산개발은 인류에 더 큰 손실을 입히는 일이 될 것이다. 그러므로 광산개발은 경제적 측면과 함께 사회환경적 측면을 반드시 고려해야 한다.

현장에서 시추 및 벌크샘플링 작업들이 실시되는 동안 환경기초조사 작업도 개시된다. 이 기초조사는 토양, 대기, 기상, 소음, 수질 및 야생 생태계와 같은 자연환경뿐만 아니라 지역의 사회경제적 환경에 대해 현재의 상태를 자세히 파악하는 것이다. 그 결과를 토대로 향후 광산건설과 생산이 이루어질 때 이곳의 환경에 어떤 영향이 있을지를 사전에 예측하고 이를 최소화하기 위한 방안들이 수립된다. 조사내용은 향후 광산건설 승인에 필요한 환경영향평가 보고서(environment impact assessment report)의 기초자료로 활용될 뿐 아니라 차후 광산의 건설 및 생산과 복구단계에 이르기까지 계속적으로 진행될 환경 모니터링 프로그램의 일환으로 작업 계획이 수립되고 수행된다.

- 토양: 토양의 성분 분석
- 대지: 토지 이용분포(산림, 개간지, 미경작지, 불모지 등), 재배작물, 지형
- 수문지질학 환경: 하천, 강, 호수 등의 지표수 및 지하수의 수량 및 수질 분석
- 생태계: 초목, 동물 및 물고기의 생태현황 및 서식지 파악
- 기상환경: 기후, 강수량, 기온, 풍속, 습도, 바람, 등 측정
- 대기: 대기질의 성분 분석
- 소음: 소음도(오전 및 오후) 측정
- 사회경제적 환경: 지역의 인구 및 산업구조, 생활 거주환경, 문화유산, 유적지 등의 파악

작업은 조사지역을 중심지대(core zone)와 완충지대(buffer zone)로 구분하고 각 항목별로 상세한 작업기준과 절차에 의거하여 수행한다. 간략하게 소음의 경우를 예로 들어보면, 소음의 측정은 정해진 기간에 지정 장소별로 오전과 오후에 나누어 실시하여 평균 소음치를 구한다. 이를 기본 지역별(산업지역, 거주지, 상업지 등) 소음 기준치와 비교한다. 이후 개발과 생산단계의 폭발음이나 건설 및 운송작업의 소음이 야생동물이나 지역 거주자들의 생활패턴에 미칠 영향을 검토하고 모니터링 작업의 기초자료로 활용한다. 만약 조사지역 내에 희귀하거나 개체수의 감소로 국제적으로 보호를 받는 동식물이 서식할 경우 별도의 추가조사가 요구될 수 있다.

✱ 오렌지 배꼽앵무새를 찾아라!

호주의 6개 주 중 가장 작은 주인 타스마니아(Tasmania) 주는 호주 대륙의 동남쪽 방향으로 3킬로미터 정도 떨어진 곳에 위치한 섬으로, 약 47만 명의 주민들이 아름다운 자연환경 속에서 다양한 야생 동식물과 함께 현대 문명에 오염되지 않은 채로 살아가고 있는 곳이다.

이곳에 광물탐사 작업을 신청한 TasGold사에 주정부에서는 환경기초조사의 일환으로 오렌지 배꼽앵무새(Orange bellied parrot)의 서식 여부를 조사하라는 조건을 내걸었다. 오렌지 배꼽앵무새는 세계에서 가장 보기 어려운 멸종 위기 조류로 타스마니아와 빅토리아(Victoria) 및 남호주(South Australia) 주들을 이동하며 살아가는 것으로 알려져 있다.

탐사 예정지는 지금까지 한 번도 오렌지 배꼽앵무새가 관찰된 적이 없었던 지역임에도 TasGold사는 이 지역에서 3년간 3회에 걸쳐 앵무새에 대한 현장조사를 수행하도록 지시를 받았다. 뿐만 아니라 천공작업들이 일반 조류들이 둥지를 트는 서식지를 침범하지 않을 계획임에도 숲 외곽에서의 제한적 유도분극탐사(induced polarization survey) 작업들에 대해서만 허가가 발행되었다. 또한 TasGold사는 조사가 전혀 이루어진 적이 없는 인근 지역에 대해 이동식 소형 유압 오거를 가지고 환경에 거의 영향을 미치지 않는 토양 샘플링 작업을 계획했는데, 정부에서는 추가로 지구화학 샘플링 작업을 요청했다.

회사에서는 오렌지 배꼽앵무새의 관찰을 위해 1회 조사당 약 2만 달러의 비용을

> 예상하고 있는데 여기에는 조류 조사원의 18~20일간의 현장 체류와 현장 진입을 위한 헬리콥터 및 쿼드 바이크의 지원에 따른 것이다. 하지만 더 큰 문제는 이 조사로 인해 탐사작업이 매번 한 달가량씩 지체된다는 것이다. 이 지역은 기후 조건으로 인해 1년 중 5개월 정도만이 탐사작업이 가능한데, 이 중 20% 기간인 한 달을 공식적으로 관찰된 적이 없는 조류를 찾기 위해 소비하고 있는 것이다. 주정부 입장에서는 환경보호를 위한 사전 예방 차원의 조치겠지만 너무 엄격한 기준의 잣대로 인해 탐사업체의 소중한 시간과 비용을 낭비하는 사례로 지적된다.
>
> 자료: Minerals Council of Australia. 2006. "National audit of regulations influencingmining exploration & project approval processes." URS Australia Pty Ltd.

4.3. 타당성조사(Feasibility Study)

상세 시추탐사가 어느 정도 진행되면 광산개발에서 분석단계로 들어서는 타당성조사가 실시된다. 조사는 범위와 신뢰도에 따라 크게 개념·범위 연구, 사전타당성, 타당성조사의 세 가지 형태로 구분된다.

타당성조사의 신뢰도에 대한 통상적 오차 범위는 컨설팅회사나 전문가에 따라 약간씩의 차이를 보인다. 한 예로 2006년 국제 광산경영 컨퍼런스의 발표자료에 따르면, 개념·범위: ±30~50%, 사전타당성: ±20~25%, 타당성: ±10~15%의 오차범위를 보인다고 발표했으며, 영국의 타당성 전문 조사업체인 NBL International사의 자료에 따르면, 개념·범위: ±25~40%, 사전타당성: ±15~25%, 타당성: ±10~15%의 오차범위를 가지는 것으로 나타났다.

1) 개념 · 범위 연구(Conceptual / Scoping Study)

예비평가 형태인 개념·범위 연구는 프로젝트에 대한 가장 초기 분석보고서로, 사실적 데이터뿐만 아니라 가정치를 근거자료로 함께 사용하여 예비적 광산건설 및 엔지니어링 개념들을 분석한다. 하지만 자료 부족으로 가정과 경험치 자료가 포함될 뿐 아니라 예상매장량(inferred mineral resources)[2]이 매장량 분석의 근거가 되므

표 4-1 타당성조사 보고서의 종류

조사 형태	신뢰도	정확성(비용) 통상 오차 범위	최대 오차	프로젝트 자본 대비 보고서 작성 경비
개념·범위 (Conceptual / Scoping Study / Preliminary Assessment)	매우 낮음	±35 ~ 40%	<± 50%	0.1 ~ 0.3%
사전타당성 (Pre-feasibility)	중간	±15 ~ 25%	<± 30%	0.2 ~ 0.8%
타당성 (Full / Bankable Feasibility)	높음	±10 ~ 15%	<± 15%	0.5 ~ 1.5%

자료: Natural Resources Canada. "Table 17. generalized model of Mineral Resources development" Retrieved Mar 11, 2009, from http://mmsd.mms.nrcan.gc.ca/stat-stat/expl-expl/pdf/ 04e.pdf

로 경제적 타당성 자료로는 활용될 수 없다. 이 조사의 궁극적 목적은 프로젝트를 계속해서 추진해 나갈 가치가 있는지 여부를 판단하고 향후 필요한 추가 시추조사나 개발 작업사항들을 규명하는 것이다.

일부에서는 이 보고서가 광산건설의 경제적 타당성 자료로 판단될 오해의 소지가 있으므로 타당성조사의 종류에 포함시키는 것 자체를 제외해야 한다고 주장한다.

2) 사전 타당성조사(Pre-feasibility Study)

예비평가 후 추정매장량(indicated mineral resources) 및 추정광량(probable mineral reserve) 등급 이상 매장량 자료가 확보되면 사전 타당성조사가 이루어진다. 이 보고서는 타당성조사에서 중간단계로 광산설계, 채굴 방법, 생산량, 회수율(recovery rate),[3] 환

---

2 예상매장량(Inferred Mineral Resources) 가장 낮은 등급의 매장량으로 시추자료가 부족하기 때문에 데이터들을 추정하여 매장량을 산출하게 된다. 그러므로 예상매장량은 신뢰도가 떨어져 경제적 실현가치 평가에 필요한 자료로 사용될 수 없다. 좀 더 상세한 시추탐사를 통해 상위 등급인 추정매장량(indicated mineral resources)급 이상이 확보되어야만 경제적 타당성 자료로 활용될 수 있다.

경적 문제, 허가 진행사항, 자본 및 운영 경비 예상치 등을 검토하는 것이다. 여기에는 광산, 폐석장 및 광미(tailing)[4]시설의 설계방안과 이와 관련한 지반조사, 회수율과 관련한 선광(ore dressing) 및 야금 테스트(metallurgical test) 내용도 포함되며, 향후 타당성조사 보고서의 작성에 필요한 추가 작업사항들이 명시된다. 이 조사의 궁극적 목적은 프로젝트의 기술적·경제적 실행가능성을 분석하고, 광산설립과 관련한 여러 대안들을 검토 분석하여, 가장 최적의 건설방안을 규명해 나가는 것이다.

3) 타당성조사(Full / Bankable Feasibility Study)

타당성조사는 광산개발의 평가과정에서 가장 중심이 되는 마지막 과정으로 지금까지 습득한 모든 데이터를 지질학적·기술적·엔지니어링적·경제적·법적 요소 등을 고려하여 평가하는 것이다. 이때 허가 진행사항, 환경평가 분석, 폐광 비용 및 현재까지 교섭된 계약 내용들도 함께 검토된다. 평가는 자격인[5]의 판단으로 이루어지며, 추정매장량 및 추정광량 등급 이상의 매장량을 합리적 근거에 의해 재무 분석한 내용들이 포함된다.

본 조사는 프로젝트의 모든 사항들을 분석하고 계획들을 검토하며 위험성을 규명하고 비용 예상치를 상세히 구별하여 가장 효과적이며 능률적인 최적의 건설방안을 실증하는 것이다. 이를 통해 프로젝트에 대한 광산건설이 수익성이 있는지를 확인하고, 최종적으로 광산의 건설단계 진입 여부를 결정하기 위함이다. 즉, 본 프로젝트의 상업적 가치를 엔지니어링적·경제적으로 최종 평가한다는 말이다.

---

3 **회수율(Recovery Rate)** 채굴한 원광석을 분쇄, 선광 및 야금 처리하여 얼마만큼의 유용 광물을 회수했는가를 중량 백분율로 나타낸 것이다. 비용 대비 회수율을 극대화시킬 수 있는 최적의 방법을 찾는다면 광산개발의 경제성을 확보하고 이익률을 좀 더 증대할 수 있다. 이를 위해 상세 시추탐사 작업이 진행되는 동안 샘플들을 연구소로 보내 분석하고 시험하여 좀 더 나은 회수 기법들을 찾는 작업이 진행된다.
4 **광미(Tailing)** 채굴한 원광석에서 선광과정을 통해 유용 광물을 회수하고 남은 나머지로 흔히 폐석과 유사한 의미로 볼 수 있다.
5 **자격인(Qualified 또는 Competent Person)** 해당 국가의 규정에 따라 자격요건을 갖춘 광산관련 전문가로서, 탐사자료의 해석, 매장량의 산출, 기술보고서의 작성 등을 독립적이며 객관적으로 수행한다.

타당성조사의 결과가 긍정적이라는 것은 광산으로서의 개발이 수익성이 있을 가능성을 의미하지만, 그 결과가 회사가 원하는 수준의 투자수익이나 또는 은행 등의 금융조달 기관에서 선호하는 대여금 상환 기간의 현금흐름 기준에는 부합하지 못할 수도 있다.

타당성조사 보고서의 보고 항목별 세부 내용은 다음과 같으며 광산설계 및 경제성에 대한 좀 더 자세한 내용은 5장 '채굴 모델 및 광산건설의 경제성 검토'를 참조하기 바란다.

- 요약(SUMMARY)
  본 프로젝트 및 기술보고서의 전반적 개요

- 소개 및 참고자료 내용(INTRODUCTION and TERMS OF REFERENCE)
  프로젝트를 추진하고 있는 회사, 현재까지의 탐사작업 진행현황 및 작성된 보고서의 내용과 작성 기준 및 저자인 자격인에 대한 설명과 검토자료 등에 대한 소개

- 광구에 대한 설명 및 위치(PROPERTY DESCRIPTION and LOCATION)
  광구의 구성, 위치, 광구권 현황, 채광 임대권, 이와 관련한 계약 상황 등에 대해 서술

- 접근성, 기후, 자원(ACCESSIBILITY, CLIMATE, LOCAL RESOURCES)
  광구의 위치(인접한 도시, 물품 및 서비스 공급지 가능성), 현장까지의 도로, 진입로나 접근방안, 광구의 지형이나 지세, 현장지역의 기후 조건, 인근의 생태계 특성(식물 군락, 하천 등)에 대해 서술

- 기반시설 및 지형학(INFRASTRUCTURE and PHYSIOGRAPHY)
  기반시설의 현황 및 인근의 지형학적 특징 등에 대해 서술

- 내력(HISTORY)

  광구권 내력 및 과거에 수행되었던 탐사작업 내용에 대해 서술

- 지질학적 특징(GEOLOGICAL SETTING)

  인근 지역이나 광구 및 광화대의 지질학적 구조나 특징 및 확장 상태, 암석의 형태와 물리적 특성, 광상의 산화대 등에 대해 서술

- 광상의 형태 및 광화대(DEPOSIT TYPES and MINERALIZATION)

  광상의 크기 및 형태, 광상의 연속성, 광상이 부존하는 깊이와 위치, 광화대의 형태, 품위, 균일성 및 연속성 등에 대해 서술

- 탐사 프로그램(EXPLORATION PROGRAMS)

  현재까지 진행되어온 탐사 프로그램들을 지구화학, 지구물리 조사 및 시추탐사 작업별, 시추단계별 등으로 분류하여 자세히 설명하고 향후 필요한 탐사 프로그램에 대해 제안

- 샘플링 방법, 시험샘플 준비, 분석절차 및 보관(SAMPLING METHODS, SAMPLE PREPAERATION, ANALAYSES and SECURITY)

  현장에서의 샘플 준비 절차(샘플의 형태, 샘플링 간격), 샘플링 분석절차, 샘플의 품질관리(quality assurance) 등에 대해 서술

- 데이터 검증(DATA VERIFICATION)

  샘플링 결과의 객관적 타당성 확보 방법에 대해 서술

- 가공 및 야금테스트(MINERAL PROCESSING and METALLURGICAL TESTING)

  최적의 회수율 확보를 위해 확보한 샘플의 분쇄, 선광 등의 테스트를 통한 현재까지의 테스트 작업내용, 결과 및 권고사항 등에 대해 서술

- 매장량 및 광량(MINERAL RESOURCE and RESERVE ESTIMATES)

  현재까지의 시추결과 데이터베이스, 지질학적 모델, 매장량 산출 근거자료의 준비 및 구성, 합리적인 매장량 및 등급 산출에 필요한 시추샘플의 대표성 확보를 위해 자료의 분할(declusterting),6 공간동향 분석(spatial trend analysis), 고품위 샘플의 처리(high grade treatment),7 다중기록법(variography), 품위 보간(grade interpolation), 블록모델 매개변수(block model parameter), 밀도할당(density assignment) 등의 분석법들에 대한 설명과 산출된 매장량 및 광량을 등급별, 컷오프(cut off)별로 구분하여 서술

- 광산건설계획(MINE PLAN)

  가장 적절한 광산모델, 설립방안 및 건설작업 일정 등에 대해 서술

- 가공처리시설의 디자인 및 광석처리(PROCESS DESIGN and MATERIAL HANDLING)

  가공처리시설의 규모나 시설물, 채굴과정의 형태, 원석의 운반, 분쇄, 선광 등의 작업 공정도, 처리물량과 회수 및 품위사양 등에 대해 서술

- 폐석 및 광미처리(WASTER and TAILINGS MANAGEMENT)

  폐석처리 및 광미적치장의 설립 위치, 규모, 처리될 폐석의 양, 폐광 시 처리방안 등에 대한 서술

- 용수공급 및 관리(WATER SUPPLY and MANAGEMENT)

  활용 가능한 용수의 근원, 양, 질 및 시설 설치 비용과 갱내수의 양, 질, 깊이

---

6 **자료의 분할**(Declusterting) 시추공이 한 곳에 집중되어 있을 때 좀 더 대표성 있는 통계치의 확보를 위해 자료들을 공간적으로 분할하는 것을 의미.

7 **고품위 샘플의 처리**(High Grade Treatment) 일부 고품위 샘플로 전체적 품위가 고평가되는 것을 방지하기 위한 처리.

및 배수방안과 처리 등에 대해 서술

- 전력공급(POWER SUPPLY)
  가설되어 있는 현 전력선까지의 거리, 활용가능 여부 및 추가 전력시설 설치 비용, 천연가스 활용가능 여부 및 추가시설 설치 비용, 전력선이나 천연가스의 활용이 불가능할 경우에는 현장 내 발전시설 설치 및 비용에 대해 서술

- 기반시설 건설(INFRASTRUCTURE)
  도로, 가설활주로 등의 사회기반시설 건설 여부 및 비용에 대해 서술

- 조직 및 인력(ORGANIZATION and WORKFORCE)
  작업 직종별 소요노동력, 조달 여부 및 방안, 인건비 및 근로조건, 근로자 숙박시설 및 운송방안(출퇴근 근로자) 등에 대해 서술

- 생산품의 운송 및 판매(PRODUCT LOGISTICS and MARKETING)
  생산품의 형태(정광 또는 원석 등), 생산품의 운송방안(거리, 도로, 운송 비용), 예상 판매가 수준 및 가격추세(광물의 수요 및 공급 전망, 경쟁 가격대), 생산되는 광물이 활용되는 산업, 사전 판매계약(계약진행현황, 계약 조건, 시장가격 변동시의 판매가 변동조건, 샘플링·시금·중재 등의 절차 및 조건), 수요처의 위치나 판매대안(잠재 수요처, 직판) 등에 대해 서술

- 폐광계획(CLOSURE PLAN)
  광미적치장 및 폐석처리장의 복구, 주변 복토, 하천이나 지류 및 생태계 복원 방안 등에 대해 서술

- 자본 비용(CAPITAL COSTS)
  광산설립에 들어가는 모든 총자본 비용으로 기반시설, 현장기초공사, 광산설립

(선광장, 폐기물 처리장, 광미적치장, 변전소, 정비소, 창고, 현장사무실, 작업자 합숙소 등)의 규모, 소요공간 및 내역에 대해 서술

- 운영 경비(OPERATING COSTS)
  채굴, 가공시설 및 광미적치장의 운영 및 유지관리, 종업원이나 관리·감독자의 인건비나 수당 및 지원혜택, 부품 및 보급품 각각에 들어가는 모든 운영 경비 및 초기 운전자본 등에 대해 서술

- 경제성 분석(ECONOMIC EVALUATION)
  경제성 분석의 기준(생산개시 시점, 환율, 광물가, 정광시설, 과세기준 등), 순현재가치, 내부수익률, 감도분석을 근거로 경제성 분석결과를 감도 항목별로 서술

- 해석 및 결론(INTERPRETATION and CONCLUSIONS)
- 권고사항(RECOMMENDATIONS)
- 참고 자료(REFERENCES)

4.4. 광산 폐광 및 복구계획(Mine Closure Plan)

광산의 폐광 및 복구계획은 광산건설의 계획 및 허가절차에서 반드시 필요한 보고서로 광산의 건설단계 전에 준비되어야 한다. 이 계획은 광산이 건설되고 운영되는 동안에 환경에 미칠 영향과 최소화 방안뿐만 아니라 채굴작업이 완료된 뒤에, 현장을 어떻게 복구하고 복원할 것인가에 대한 상세한 내용을 담는다. 이를 위해 건설 및 생산과정과 폐광 뒤에 광산지역이 입게 될 직접적인 영향들을 엔지니어링 설계단계와 설계기준의 필수 고려 요소로 검토한다. 광산 폐광 및 복구계획에는 다음과 같은 내용들이 포함된다.

- 일반사항
  - 현장의 위치, 광구의 범위, 현재의 토지 지목 및 상태, 현장 전반에 대한 설명
  - 광산건설에 의해 영향을 받을 지역의 지형(지표수, 지하수, 야생동식물)
  - 현장작업 중 환경에 영향을 끼쳤던 과거활동에 대한 내역
  - 계획 중인 광산개발 내역에 대한 일반적 서술
  - 건설·운영·폐광에 따른 생태계 및 사회경제적 영향에 대한 서술
  - 허가 과정에 대한 보고

- 광산 및 개발·건설·운영활동에 대한 상세한 서술
  - 지질학적 특성(지역의 지형, 지질학적 특징, 산성암반배수의 가능성)
  - 광산건설방안 일정에 대한 서술(시설물 및 기반시설 건설)
  - 광산의 운영방안(채굴 방안, 사용될 중장비, 생산량 등)
  - 폐수 및 폐기물 처리(수질 관리, 폐수·폐석·폐기물 처리, 유류·화학물·폭발물·유해물 보관 및 처리 등)
  - 광산건설 및 운영에 따른 환경보호 대책방안(환경피해 예상, 최소화 방안, 응급대처 방안 등)
  - 광산운영 기간의 현장복구 일정 및 단계
  - 광산개발이나 생산이 중지될 경우의 위험방지 대책 및 모니터링 방안

- 폐광에 따른 광산매립 및 현장복구·복원 방안에 대한 상세한 서술
  - 채굴장 및 갱의 폐쇄와 건물 및 구조물(선광장, 전력선, 파이프라인 등)의 해체 또는 철거 방안 및 단계
  - 현장복구에 활용될 기술 및 방안
  - 심부 작업지, 광미적치장, 경사지의 매립 및 안정화 작업
  - 잔류물, 폐수 및 폐기물 처리 및 처분
  - 현장의 복원 및 재녹화 방안과 일정

- 건설·생산기간의 시설물과 생태계에 대한 모니터링 및 환경보호 방안
- 모니터링과 폐광시의 복구·복원에 대한 예상경비내역
- 복구 및 복원을 위한 재정보증 담보 형태와 금액

정부는 업체의 복구 및 복원 불이행을 대비하여, 담보와 같은 형태의 재정 보증금을 광산설립 전에 요구한다. 만약 광산의 폐광이나 복원 작업에 드는 비용이 너무 많이 들 경우, 광산설립이나 생산단계로의 진입이 연기되거나 취소될 수도 있다.

✱ 폐광이 리조트로 변신

캐나다 브리티시 컬럼비아(British Columbia) 주의 북서쪽 록키 산맥 내의 킴벌리(Kimberley) 지역에 위치한 Sullivan 광산은 가장 성공적인 폐광의 복구·복원의 모범사례로 자주 소개되는 곳이다. Teck Cominco사가 소유했던 이 광산은 2001년 폐광되기까지 92년간 운영되어 1,700만 톤 이상의 아연과 납 그리고 2억 8,500만 온즈 이상의 은을 생산하여 26조 이상의 매출을 올렸다. 한때, 캐나다 최대의 심부광산 중 하나였던 이 광산은 운영되는 동안에 그 지방의 주요 고용원이자 세수원이었기 때문에, 폐광 오래전부터 환경복원뿐만 아니라 폐광이 지역경제에 미칠 여파를 우려할 수밖에 없었다.

당시 인구 5,000명의 소도시였던 킴벌리 시는 광산생산이 중단되기 20년 전인, 1980년대 초부터 이 문제를 고민해오며 지역경제의 다변화를 위해 적극적으로 방안들을 모색하기 시작했다. 킴벌리 지역은 캐나다에서 두 번째로 고도가 높은 해발 1,100미터에 위치하여 오랫동안 아름다운 관광지로 알려졌지만 관광산업에 대한 투자가 이루어지지 않은 관광 낙후지역 중 하나였다. 고민 끝에 관광산업으로 목표를 정한 시정부는 10여 년간 지역사회 및 광산업체와 협력하에 개발안을 마련했고 1990년 초, 킴벌리 시는 광산 측과 파트너 계약을 맺고 투자 및 개발을 추진한다고 발표했다.

계약에 따라 광산회사는 자신들이 소유하고 있던 대지에 스키장을 건설하고 또한 골프장 개발이 가능한 용지를 저가로 시정부에 제공했다. 시정부는 광산회사에서 건설한 스키장을 매입하고 자체 개발로 건설한 골프장을 통해 사계절 내내 관

광객을 유치할 수 있는 리조트의 구색을 갖추게 되었다. 이는 리조트 개발업체의 구미를 당기기에 부족함이 없는 관광환경이 조성된 것이었다. 또한 광산업체는 시 정부와 함께 은퇴자를 대상으로 하는 주택건설 개발을 추진했으며, 지역사회와는 폐광에 따른 환경복원 문제를 다루기 위해 설리번 공공 연락 위원회(Sullivan Public Liaison Committee)를 설립하여 복구 및 복원사업을 투명하게 추진해 나갔다.

이 결과로, 오랫동안 광산도시로만 알려져 왔던 킴벌리 시는 천혜의 자연환경과 자연과 조화를 이루도록 조성된 스키장 및 골프장 리조트들을 바탕으로 이젠 각광받는 유명 관광도시로 모습을 탈바꿈해 나가고 있다. Sullivan 광산의 경우와 같이 광산을 관광산업으로 전환하는 것은 거의 불가능할 것이다. 그러나 이 사례의 본질은 지방정부와 지역사회 및 광산회사가 오랜 기간 폐광과 복구뿐만 아니라 이후의 지역경제 활성화에 대한 문제 해결을 진지하게 논의하고 상호 협력하여 서로에게 이득이 되는 결과를 이끌어냈다는 것이다.

자료: Marsland. Rob et al. "Closure of the Sullivan Mine tailings facility." Retrieved May 1, 2009, from https://circle.ubc.ca/bitstream/2429/8713/1/06+Marsland+Paper.pdf

4.5. 환경영향평가(Environmental Impact Assessment: EIA)

광산건설의 최종 승인 과정인 환경영향평가(EIA 또는 EA)는 환경기초조사 자료를 바탕으로 광산건설과 생산이 환경에 미칠 영향에 대해 규명하고 평가 및 분석하는 과정을 거친다. 이는 환경에 어떤 부정적 영향이 발생하기 전에 문제를 예방하거나 또는 최소화해 환경 피해를 완화하는 데 그 목적이 있다.

기초조사와 분석, 공청회를 통한 지역의견 수렴 및 완화 프로그램과 모니터링 방안 수립 등을 거쳐 보고서가 작성된다. 정부기관은 체계적이고 포괄적인 검토과정을 거쳐 건설의 승인 여부를 결정한다. 환경평가 과정에 대한 정부의 역할은 단순히 프로젝트의 승인 여부를 결정하는 것이 아니라, 책임기관에서 주체적으로 환경영향에 대해 이해하고 환경에 미치는 영향을 최소화하려는 것이다. 이를 위해 정부기관은 개발업체가 의사결정 초기단계부터 자연환경문제와 사회경제적 환경문제들을 검토할 수 있는 방안을 제시하고 효과적인 환경친화적 개발의 목표를 달성할 수

그림 4-2 환경평가 과정 및 광산개발방안 절차

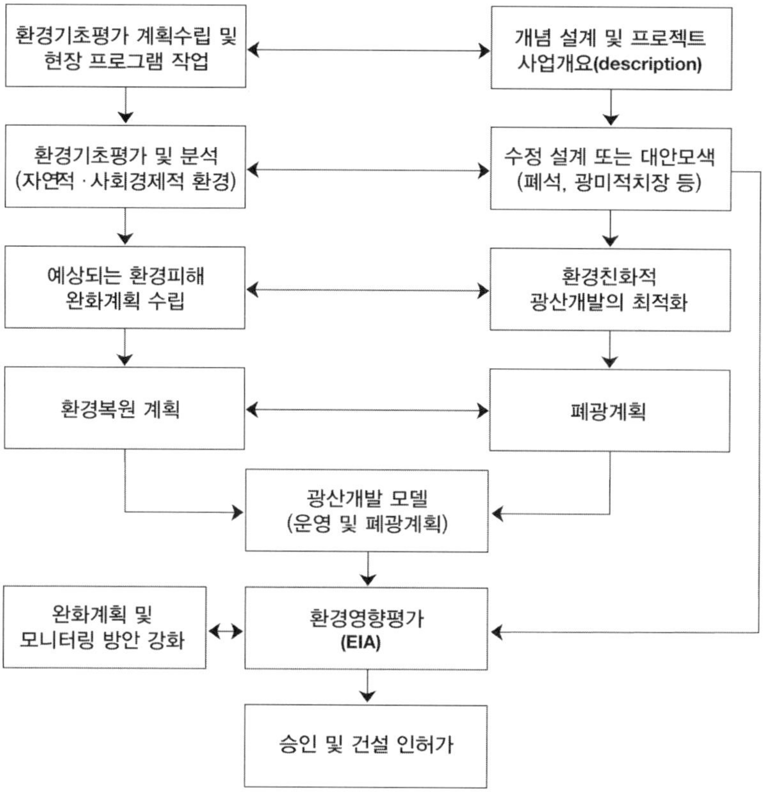

```
┌─────────────────────┐         ┌─────────────────────┐
│ 환경기초평가 계획수립 및│ ◄────► │ 개념 설계 및 프로젝트 │
│   현장 프로그램 작업   │         │  사업개요(description)│
└──────────┬──────────┘         └──────────┬──────────┘
           ▼                               ▼
┌─────────────────────┐         ┌─────────────────────┐
│  환경기초평가 및 분석  │ ◄────► │  수정 설계 또는 대안모색│
│ (자연적·사회경제적 환경)│         │  (폐석, 광미적치장 등) │
└──────────┬──────────┘         └──────────┬──────────┘
           ▼                               ▼
┌─────────────────────┐         ┌─────────────────────┐
│   예상되는 환경피해   │ ◄────► │     환경친화적      │
│     완화계획 수립     │         │    광산개발의 최적화   │
└──────────┬──────────┘         └──────────┬──────────┘
           ▼                               ▼
┌─────────────────────┐         ┌─────────────────────┐
│     환경복원 계획     │ ◄────► │       폐광계획       │
└──────────┬──────────┘         └──────────┬──────────┘
           │          ┌──────────────┐     │
           └────────► │  광산개발 모델  │ ◄──┘
                      │(운영 및 폐광계획)│
                      └───────┬──────┘
   ┌──────────────┐           ▼
   │  완화계획 및  │ ◄────► ┌─────────┐
   │ 모니터링 방안 강화│       │ 환경영향평가│ ◄──┐
   └──────────────┘        │   (EIA)  │    │
                           └─────┬────┘    │
                                 ▼         │
                           ┌──────────┐    │
                           │승인 및 건설 인허가│
                           └──────────┘
```

있도록 지원한다.

　환경영향 평가서의 준비과정은 건설초안을 마련해 나가는 데 상호 보완적 기본 방향을 제시해준다. 환경분석 과정을 통해 환경에 심각한 영향을 줄 가능성이 있는 사항들을 미리 인지하여 이를 건설초안 작성과정에 반영한다는 의미다. 예를 들어, 분석과정을 통해 폐석적치장으로 고려한 장소의 인근에 그 지역의 발원지 또는 중요 어종의 산란지라는 사실이 확인되었다면, 개발업체는 건설초안의 폐석적치장 후보지를 다른 곳으로 변경하거나 대책을 마련할 것이다. 결국 분석과정을 통해 사전에 문제점들을 찾아내고 해결방안을 마련함으로써 승인과정을 좀 더 수월하게 통과할 수 있다. 또한 지역사회와 연계하여 환경영향평가 작업을 수행하고 상세한 환경자료들을 지역사회에 제공함으로써, 막연하게 환경피해를 우려하는 지역사회의 걱정이나 반대를 사전에 차단할 수도 있다.

4.6. 최종 투자결정 및 광산건설

타당성조사를 통해 광산건설의 경제적 타당성이 확인되고 최종 투자 규모가 밝혀지면, 이제 개발업체는 광산설립 여부를 결정할 시기에 놓이게 된다. "이 프로젝트가 과연 광산으로 건설될 가치가 있는 것인가?(Should the project be developed into a mine?)"라는 물음에 대한 최종 결정을 내려야 한다. 이 시점까지 오는 동안 들어간 노력이나 비용 및 시간을 고려할 때 상상하고 싶지 않지만, 시장의 불확실성으로 인해 광산의 건설을 일시 중단하거나 포기하는 결정이 내려질 수도 있다. 참고로, 이 시점까지 교섭된 모든 계약들은 회사의 프로젝트 진행 여부에 따른 조건부 계약을 의미한다.

광산을 건설하기로 최종 투자결정이 내려지면, 개발업체는 프로젝트 파이낸싱을 위해 금융기관에 타당성조사 보고서를 제출한다. 투자처인 금융기관이 실사를 통해 대출을 승인하면 업체는 향후 광산운영을 통해 발생하는 수익으로 원리금을 상환한다. 소형광산(Small Mine)[8]을 건설할 경우, 업체에서 직접 은행으로부터 자금을 차입하거나 주식시장에서 주식을 발행하여 자금을 조달하기도 한다. 간혹 광산설립 여부에 대한 최종 결정을 프로젝트에 대한 자금조달이 확보되고 허가승인을 모두 받은 뒤에 내리기도 한다.

건설이 확정되면 광산업체는 건설 전반을 대행할 엔지니어링사와 EPC[9] 또는 EPCM[10] 계약을 체결한다. 엔지니어링사는 팀을 구성하며 타당성 보고서의 광상,

---

8 **소형광산(Small Mine)** 노천채굴의 경우 일일 생산량이 2,000톤 미만, 갱내채굴의 경우 500톤 미만을 생산하는 광산을 일컬어 통상 소형광산이라 한다.

9 **EPC(Engineering, Procurement and Construction)** 건설시공 계약자가 광산건설에 필요한 모든 설계, 구매 및 시공업무 전반에 대해 종합적 책임을 지고 프로젝트를 수행에 나가는 단일계약의 체결을 의미한다.

10 **EPCM(Engineering, Procurement and Construction Management)** EPC와 달리 EPCM 계약

매장량, 채굴 모델, 생산량, 가공과정, 필요설비 자료들을 검토한다. 결과를 근거로 프로젝트 범위(scope), 건설일정 및 예산, 조직 구성안, 설계 기준, 조달정책 및 계약전략 표준 등을 마련한다. 이후 설계, 상세 작업내역 및 일정, 프로젝트 관리, 인력계획 및 업무 지침서들을 준비해 나간다. 한편, 개발경험이 많은 광산회사들은 프로젝트 매니저, 건설책임자, 회계담당, 야금기술자, 기계설비 기술자 등으로 구성된 자체의 프로젝트 관리팀을 운영하기도 한다. 이 팀은 개발 초기부터 엔지니어링사와 건설 계획안을 함께 준비해 나가기도 한다. 이 팀의 주된 역할은 건설계획과 일정관리, 계약서나 기술 도면 관리, 예산집행과 모니터링, 인력사용 관리, 자재조달 및 입고관리, 계약관리, 구매 및 엔지니어링사와의 교류채널 등을 담당한다. 세계적인 광산회사인 Barrick사의 부사장인 토머스(Thomas)는 "발주사와 엔지니어링사 양사의 두 조직이 효과적으로 운영되지 못하면 프로젝트는 절대 성공할 수 없다. 성공을 위해서는 반드시 두 조직이 하나의 조직처럼 역할을 수행해 나가야만 한다"라고 강조했다. 특히 대형 광산회사들은 오랜 기간 같은 엔지니어링사와 여러 프로젝트들을 함께 수행해온 경험이 풍부하다. 양사가 서로 간의 기대와 목표를 분명히 이해하고 상호 교감할 수 있다는 것은 안정적인 광산건설에 꼭 필요한 자산으로 여겨진다.

    광산의 건설은 광산, 선광장, 광미적치장, 숙박시설뿐만 아니라 광산운영에 필요한 사회기반시설을 포함한 모든 제반 시설물들의 설립을 의미한다. 광산의 건설은 프로젝트 전반에 걸쳐 단기간 내에 가장 대규모의 자금과 노동력이 소요된다. 건설은 통상적으로 모든 관련 허가를 획득하고 규정사항들을 확인한 뒤에 작업을 시작하는데 그 작업들은 다음과 같다.

- 건설 캠프장, 광산건설 작업자용 캠프 및 현장 준비
- 광산설립을 위한 장애물 제거 및 기초 지반공사
- 가공처리장(파쇄, 분쇄, 선광 및 제련시설) 건설

자는 상세설계와 시공관리를 책임지고 나머지 개별 계약들은 발주자인 광산업체가 직접 기자재 공급업체나 시공업체 등과 개별 계약들을 체결한다. 대신 EPCM 계약자는 발주자의 계약체결이나 구매를 지원하고 발주자를 대신하여 건설 전반을 감독한다.

- 사회기반시설(현장진입로, 도로·고속도로와의 연결로, 가설활주로, 철로, 전력선, 용수시설, 항만 등) 건설
- 현장 부대 시설물(관리사무실, 작업자 훈련소, 의무실, 폭발물 보관소, 연료창고, 정비소, 창고, 변전소, 수위실 등) 건설
- 근로자들을 위한 숙박시설
- 광미적치장 및 폐석처리장 건설
- 환경보호 시설물 설치

건설단계에서는 많은 문제들이 야기되는데 특히 예산초과(cost overrun), 건설일정의 지체, 장비 선택의 오류와 부족 및 예상치 못했던 건설상의 어려움들이 주로 발생한다. 영국의 광산 컨설팅회사인 AMC Consultants사에 따르면 프로젝트 전반에 걸쳐 발생하는 문제 가운데 대략 32%가 건설단계에서 발생한다고 한다. 주요 광산회사 및 엔지니어링사들이 손꼽는 건설 프로젝트의 주된 실패 이유들로는 예산 편성의 오류, 광산업체 관리팀의 경험부족, 양사 팀 간의 목표에 대한 이견 및 충돌, 건설작업의 계획 및 일정의 비현실성, 허가 문제의 비적절한 반영, 기술 문제의 이해나 규명 부족, 계약상 프로젝트의 규명이나 목표의 불명확성과 마지막으로 관리팀의 건설계획 참여가 초기에 이루어지지 않았다는 것이다.

이러한 문제점 중 예산초과는 프로젝트의 수익성 여부에 직접적으로 영향을 미치는 심각한 문제다. 세계적 광산 컨설팅회사인 Runge사에 의하면, 예산 및 작업일정 내에 건설을 완료하는 프로젝트는 10%가 채 안되며 대부분의 프로젝트가 이를 초과한다고 밝혔다. 물론 여기에는 허용할 만한 수준의 초과분이 많이 포함되어 있지만, 심지어는 예산과 일정을 두 배 이상 초과하는 경우도 조사되었다. 예산초과의 주원인으로는 예산 절감과 일정 단축을 위해 처음부터 이를 너무 빠듯하게 편성한 경우와 광산건설의 요인들에 대한 이해 부족으로 설계와 예산 자체가 잘못 편성된 경우가 대부분인 것으로 나타났다. 여기에 개발지가 오지에 있는 경우에 필요한 설비나 보급 물품의 공급 문제와 새로운 공법의 시도에 따른 어려움들도 있다. 특히 지반조사와 토지측량 조사가 사전에 충분히 이루지지지 않아 지반공사와 도로건설 등의

예산이 실제보다 낮게 책정된 것을 들 수 있다.

예산오류와 관련하여 데이비스(Davis) 교수와 재스퍼(Jasper) 애널리스트는 상당히 흥미로운 내용을 주장했다. 그들이 잡지≪엔지니어링 이코노미스트(Engineering Economist)≫에 공동 기고한 "광산 프로젝트의 자본경비 예산안의 오류 성향"이라는 기사를 살펴보자. 기사에 따르면, 타당성조사 보고서의 건설 및 운영자본 예산안이 실제로 소요된 자본경비보다 낮게 책정된 경우가 많은 것으로 나타났다. 인용된 자료에서 프로젝트가 완료된 60곳의 광산들 중 절반 이상이 예산을 20% 이상 초과했고 단지 25%의 광산들만이 예산보다 적게 지출을 한 것으로 나타났다. 데이비스와 재스퍼는 조사된 결과를 가지고 두 가지의 흥미로운 의견을 제시했다. 첫 번째는 대규모 프로젝트의 예산안이 소규모 프로젝트와 비교했을 때 좀 더 정확하며, 두 번째는 금광 개발 프로젝트의 예산안이 다른 광물의 프로젝트들보다 예산 신뢰도가 높아 보인다는 것이었다.

광산회사들은 프로젝트 파이낸싱을 통해 건설자금을 확보하려고 타당성조사 보고서를 금융기관이나 투자처에 제출한다. 금융기관은 자금 여력을 고려하여 많은 프로젝트들 중에서 리스크는 낮고 수익성은 높은 프로젝트를 선택할 것이다. 광산회사는 자금을 확보하기 위해 다른 회사들과 경쟁할 수밖에 없는 상황에 놓이게 된다. 그러므로 광산회사는 금융회사에 제출하는 보고서의 수익성이 좋아보이게 하기 위해 가능하면 건설예산안이 작게 편성되기를 희망한다. 물론 타당성 보고서는 광산회사가 아닌 컨설팅사에 의해 객관적으로 작성되지만, 발주처인 광산회사의 바람이 아주 무시될 수는 없다는 것이다. 데이비스와 재스퍼는 여기서부터 보고서의 예산안이 낮게 책정되는 오류가 발생한다고 주장했다. 자금을 확보하려는 광산회사들 간의 경쟁이 오랜 기간 암묵적으로 예산안을 낮게 편성하는 관행을 만들어왔다는 가설이다. 다만, 대형 프로젝트들은 자금 규모 때문에 금융기관의 정밀 실사를 받게 되므로 예산안을 줄이는 시도가 어려울 것이다. 또한 금융기관들이 대형 광산회사의 재정 안정성과 프로젝트 처리 능력을 더 신뢰하기 때문에 대형 프로젝트를 선호한다는 점도 예산안 감축 시도를 불필요하게 했다. 즉, 정밀실사 조건과 대형 프로젝트에 대한 선호도가 좀 더 정확한 예산안을 편성케 하는 조건을 제공한다고 추정했다.

다음으로 금광 프로젝트의 예산안이 다른 광물 프로젝트들보다 신뢰도가 높다는 의견을 살펴보자. 데이비스와 재스퍼는 자료가 부족해 보완조사가 필요하다는 전제 하에, 금융기관이 금이라는 자원에 대해 가지고 있는 선호도를 그 이유로 추정했다. 이런 이유 때문에 금광 프로젝트는 다른 광물 프로젝트보다 자금 확보가 용이하여 예산안을 낮춰보려는 시도가 적다는 가설이다.

광산회사와 엔지니어링사가 권고하는 내용을 종합해볼 때 건설 프로젝트의 성공은 크게 세 가지로 요약할 수 있다. 첫째, 광산회사는 자신들이 기대하는 예산이나 일정 및 목표를 명확히 규명하고 이를 엔지니어링사와 건설사가 함께 공감할 수 있어야 한다. 이를 위해 광산회사는 건설계획의 시작부터 적절한 프로젝트 범위, 예산준비, 실현성 있는 작업일정 등을 엔지니어링사와 함께 적극적으로 준비해 나가야 한다. 둘째, 발주사, 엔지니어링사 및 건설사들이 성공적인 파트너십 관계를 유지해야 한다. 성공적인 파트너십은 회사는 달라도 한 조직처럼 공동의 목표를 위해 업무를 수행해 나가는 것이다. 셋째는 광산회사가 작업 전반과 예산을 관리한다는 의미는 단순한 Reporting이 아니라 Control이라는 점을 분명히 이해해야 한다.

✱ 적극적 주도만이 살길이다.

건설예산과 관련하여 Canyon사는 적극적이고 주도적으로 광산건설을 추진하여 캘리포니아 데스밸리의 Briggs 광산 프로젝트를 성공적으로 수행했다. Briggs 광구는 시추탐사 결과 2,190만 톤의 광량에 평균 품위 0.03온즈/톤으로 대략 65만 온즈의 금이 매장되어 있는 것으로 조사되었다. 다른 광산업체들과 달리 Canyon사는 자체적으로 타당성조사를 완료하고 대신 외부 컨설팅회사로부터 조사내용의 문제점들을 검토받았다. 경제성이 확보되자 건설 결정이 내려졌고 3개 은행들로부터 금 담보 대출로 3,400만 달러의 자금을 확보했다. 또한 광산에 캐터필라 장비를 리스하는 조건으로 캐터필라 파이낸셜사로부터 1,000만 달러의 신용공여를 제공받았다.

Canyon사는 건설계획 초기단계부터 엔지니어링사에 자사 인력을 투입하여 설비의 선정, 설비배치, 개괄적 광산설계, 건설일정 마련을 협력하도록 했다. 특히 설비선정과 건설일정 및 절차와 관련해서는 먼저 Canyon사의 관리팀이 자체적으로 분석하여 안을 마련한 뒤에 엔지니어링사와 이를 합의해 나가는 형식을 택했다. Canyon사의 프로젝트 책임자인 벤보우(Benbow)는 엔지니어링사가 건설보증(construction guarantee)의 책임 때문에 자신들의 리스크를 줄이고자 통상적으로 과잉설계나 과잉건설을 하는 경향이 있으며, 이로 인해 광산회사는 부적절한 설비를 도입할 위험이 있다고 언급했다. 협의 끝에, 노천채굴 방식에 퇴적침출(heap leach) 설비와 1일 9,500톤의 광석을 처리할 수 있는 3단계 분쇄 공정의 건설안을 수립했다.

Canyon사는 건설의 실패는 광산회사만이 책임질 몫이며, 성공 또한 광산회사만의 몫이라고 생각하고 있었다. 벤보우는 Briggs 프로젝트가 저품위 금광을 개발하는 것이기 때문에 적극적으로 건설 비용을 관리할 수밖에 없었다고 말했다. 건설예산의 철저한 관리만이 Canyon사가 살길이었으므로, 설비의 선정이나 설계 및 운영 모두가 회사의 존립을 결정할 문제였던 것이다. Canyon사는 건설보증을 요구하지 않고 공격적으로 예산을 편성해 나갔다. 그는 광산을 건설할 때 예산에서 우발손실 충당금을 10% 이상 책정해놓고 이를 당연한 듯이 모두 써 버리는 경향이 많다고 지적했다. Canyon사는 이를 방지코자 충당금을 각 항목별로 배정하여 최소한도의 충당금만 지출되도록 관리했다. 고정 비용이 지출될 항목에는 아예 충당금을 책정하지 않고 불확실성이 있는 항목들에는 최대 10%선의 충당금을 배정했다. 그 결과, 충당금이 3% 추가된 2,930만 달러의 예산으로 건설을 개시했다. 7개월 만에 예산을 불과 3% 미만만 초과한 2,990만 달러로 건설을 완료했다. 물론 Briggs 광산은 외부 전문기관의 많은 도움이 필요할 정도로 큰 규모의 광산은 아니었다. 또한 건설보증이 반드시 있어야 할 정도로 리스크가 높은 프로젝트도 아니었던 것이 사실이다. 하지만 규모가 크고 리스크가 높다고 해서 외부에 일을 맡겨놓고 뒤만 따라간다면 프로젝트는 실패하거나 절반의 성공밖에 이루지 못할 것이다.

연간 7만 5,000온스의 금을 7년간 생산하는 것으로 목표했던 Briggs 광산은 8년간 성공적으로 운영되어 55만 온스의 금을 생산하고 2004년에 폐광했다. 2008년, Canyon사는 밴쿠버에 소재한 Atna Resources사에 인수되었으며, Atna사는 현재 Briggs 광산의 인근에서 새로운 광산 프로젝트를 개발 중이다.

자료: Martin, Cheryl A. 1996.7.15. "Canyon Resources commences operations at Briggs Gold Mine ahead of schedule and on budget." *Business Wire*.
White, Lane. 1999. "Mine Project Development: Managing for success." *Engineering and Mining Journal*.
Canyon Resource Corporation. "Briggs Mine." Retrieved Jan 11, 2009, from http://www.canyonresources.com/projects/briggs.php

4.7. 환경 모니터링

환경 모니터링은 탐사단계부터 시작하여 건설 및 생산단계를 거쳐 복구단계에 이르기까지 광산개발의 전 과정 동안 계속적으로 작업이 수행된다. 모니터링 작업은 유량 및 수질, 대기질, 기상 상태, 소음, 어종 서식지 및 야생식물의 변화에 대해 관찰한다. 또한 회사의 환경관리 계획이 제안된 대로 제대로 이행되고 있는지를 확인하는 것이다. 야생식물의 모니터링을 예로 든다면, 외래종 식물이 발생하거나 토종식물이 사라지는 경우와 같은 직접적 변화를 주시한다. 또한 금속 광산의 경우, 채집된 식물들을 분석하여 야생식물에 금속이 전이되는지 여부를 확인한다.

유량계, 지하수정 및 기상관측소 등을 설치하고, 작업별로 샘플이 채집되어야 하는 곳이나 환경에 부정적 영향을 미치는 사항들을 초기에 감지할 수 있는 장소에서 모니터링 작업을 수행한다. 모니터링의 간격은 매일, 매주, 매월, 격월, 6개월, 1년 등 작업특성에 따라 정해진 기간에 정기적으로 실시한다. 간혹 우기이거나 폭발물 사용 후에는 추가 작업을 실시하기도 한다. 개발업체는 모니터링을 수행하고 그 내용을 분석하여 정부기관이나 때때로 지역사회의 모니터링 기관에 결과를 보고해야 한다. 환경에 심각한 변화가 감지되었을 때에는 개발이나 생산작업을 중지하거나 작업과정을 보완하여 문제를 해결한다.

4.8. 지역사회(원주민)와의 협의

개발업체는 환경영향평가나 폐광계획의 수립을 위해 개발 및 건설단계 전에, 개발하고자 하는 광산의 위치, 규모, 관련작업의 특성 등에 대한 프로젝트의 개요(description)를 지역사회에 공지해야 한다.

업체는 공지기간 동안 공청회, 연구집회, 오픈하우스, 토론그룹, 컨설팅 등의 방법을 통해 프로젝트에 대해 설명 및 홍보하고 지역사회는 이때 자신들의 의견을 표출하거나 문제점들을 제기한다. 지역사회에는 원주민 대표 또는 지방정부의 시장, 원

그림 4-3 지역사회의 참여방식

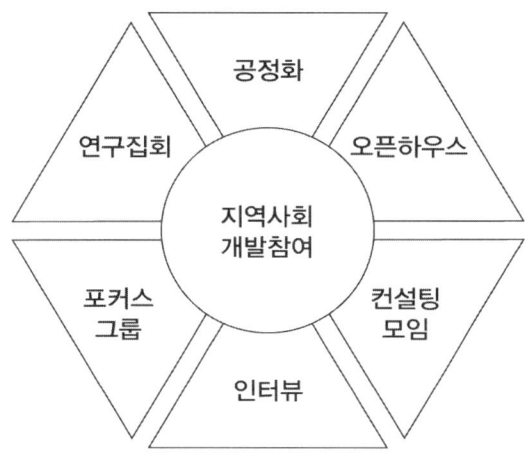

주민 위원회나 단체 및 지역사회 구성원, 비정부 기구 등이 모두 포함된다. 정부와 업체는 지역사회 또한 개발 프로젝트의 일원임을 인지하고 상호 간에 긍정적 결과에 도달할 수 있도록 참여를 허가하고 독려한다.

이러한 모임과 더불어 지역여론에 영향을 미칠 수 있는 지역대표나 원로들에게 광산개발 예정지역에 대한 현장방문을 주선하여, 자신들의 지역에 어떠한 개발이 제안된 것인지 또 자신들이 무엇을 고려해야 될지를 확인하게 한다. 개발과 관련하여 지역사회에서 제기한 질의나 의견들은 환경영향평가 보고서나 광산 폐광계획에 포함되어 정부에 제출된다. 통상적으로 개발업체는 공지기간 전인 탐사단계부터 주민대표나 원로들과 수시로 만나 협의하며, 지역사회와 우호적인 관계를 맺기 위해 노력한다. 특히 이런 모임을 통해 지역사회나 원주민들이 가장 우려하는 사항들을 사전에 인지하여, 환경영향평가 분석 보고서의 준비 및 시설물 건설 후보지의 선정에 이를 반영하도록 한다. 광산업체가 지역사회나 지주 또는 원주민들과 체결하는 계약들로 토지사용계약, 보상계약, 사회경제 개발참여 협정 및 환경영향 및 개발이익 협정 등이 있다.

✱ 축복인가? 저주인가?

솔로몬 군도의 서쪽 끝자락에는 프랑스 탐험가에 의해 발견된 이후 독일, 일본, 호주, 미국 등의 열강들에 의한 통치를 받다가 현재는 파푸아뉴기니아령의 자치 정부가 들어선 부갱빌(Bougainville) 섬이 있다. 평화롭던 이 섬은 세상에 알려진 뒤 제2차 세계대전에는 미국과 일본의 격전지가 되었고, 1960년대 중반에는 막대한 양의 구리와 금이 발견되어 자원약탈과 환경파괴에 이어 많은 원주민들이 죽임을 당하는 최악의 결과를 맞이하게 된다.

세계적인 다국적 광산회사인 Rio Tinto Zinc사는 부갱빌 섬에 광산건설을 하기 위해 Bougainville Copper사를 설립하고 호주의 식민지 통치를 받던 파푸아뉴기니아 정부의 지원하에 1967년에 부갱빌 섬의 지주들과 토지보상 계약을 체결한다. 하지만 광산 및 기반시설의 건설을 위한 토지 수용에서 낮은 보상가 문제와 파푸아뉴기니아 정부의 협조로 협박과 폭력이 난무하여 원주민들과의 마찰이 생기기 시작했다. 우여곡절 끝에 부갱빌 지방정부 및 지주들은 자신들에게 좀 더 유리한 조건으로 기존 계약을 갱신했으나, 끝까지 부갱빌 섬 자체의 환경문제는 전혀 고려되지 않았다.

1971년 Panguna 구리 광산이 건설되고 이듬해부터 생산이 이루어졌으나, 광산건설로 인한 자연 생태계의 파괴가 매우 심각하자 지주 및 지역주민들의 염려가 커져만 갔다. 그러던 중 세계적으로 사용이 금지된 화학물이 Panguna 광산에서 사용된다는 사실이 알려지자 그들의 분노는 마침내 폭발했고 이를 계기로 부갱빌 섬의 분리 독립 운동이 전개되는 계기가 되었다. 1988년 말 마침내 무장한 원주민 지주들이 전력선을 폭파하고 사보타주 캠페인을 전개하여 광산 종업원들의 생산활동을 방해하기 시작했다. 이에 파푸아뉴기니아 정부는 임시로 광산활동을 중지시키고 치안 유지를 위해 주요 도시 및 광산지역에 야간 통행 금지령을 내렸다. 잠시 소강상태를 보이던 소요 사태는 1989년 3월에 파푸아뉴기니아 본토의 이주 노동자에 의해 부갱빌 여인이 살해당하고 이에 대한 보복으로 본토인 2명이 살해당하며 폭동으로 이어졌다. 사실상 원주민 지주들과 광산회사는 이 사건과는 별개의 문제였지만 이로 인해 분리 독립운동 그룹 및 무장 지주들이 대중의 지지를 받게 되었다. 파푸아뉴기니아 정부는 협상을 추진하기도 했지만 치안유지를 위해 바로 군대를 파견하여 폭동을 무력으로 진압했다.

삼엄한 경찰 및 군대의 경계하에 폭동은 수그러들었지만 광산시설 및 종업원들에 대한 게릴라 활동이 전개되었고 결국 1989년 5월 광산은 완전히 폐쇄되었다. 하지만 이때부터 10여 년간에 걸쳐 부갱빌 혁명군과 정부군 간의 내전이 이어졌고 광산재개를 원하는 호주까지 여기에 가세하게 되었다. 1998년 종전에 합의할 때까지 1만여 명 이상의 부갱빌 주민이 사망했는데 이는 섬 전체 주민의 10%에 해당하는 숫자였다.

1980년대 당시 세계 최대의 구리·금 광산 중 하나였던 Panguna 광산은 폐광 전까지 6억 8,000만 톤의 광석이 생산되었으며 아직도 10억 톤의 광석을 더 채굴할 수 있을 것으로 예상하고 있다. 생산 마지막 해였던 1988년도에는 생산방해의 어려움에도 16만 6,000톤의 구리와 44.5만 온스의 금이 생산되었는데 이는 2009년 현재 가치로 약 1조 원이 넘는다. 그 당시 Panguna 광산의 광물 수출이 파푸아뉴기니아 국가 전체 수출물량의 40%에 육박했으며, 국가수입의 20%가 이 광산에서 지불하는 세금과 배당금 수익으로 이루어졌으니 파푸아뉴기니아 정부가 이 광산의 폐광을 막고자 얼마나 노력했는지 미뤄 짐작할 수 있다.

2006년 초 Panguna 광산의 소유 기업인 Rio Tinto Zinc사와 파푸아뉴기니아 정부 사이에 광산재개를 위한 논의가 시작되었으며, 지금까지 파푸아뉴기니아 정부와 부갱빌 자치정부 고위 관계자 간에 이에 대한 논의가 계속 이어지고 있다. 심지어 원주민 지주들마저도 광산의 복귀를 원한다는 입장을 밝히고 있어 조만간 광산활동이 재개될 수 있을 것이라는 소문이 나돌고 있다. 수많은 생명을 앗아가고 자연환경을 오염시켰던 Panguna 광산이 21세기에는 어떠한 모습으로 다시 나타날지 귀추가 주목된다.

자료: Regan, James. "Plenty of copper still in deserted Rio mine in PNG." Reuters. 2009.2.11.
　　　Lydersen, Karl. "Fighting Corporate Copper in Bougainville." In These Times. 2007.5.31.

CHAPTER 5

채굴 모델 및 광산건설의 경제성 검토
Economic Evaluation of Mining Project

    지금까지 설명한 대로 광산업은 다른 여타 산업들과 달리 독특한 특성들을 많이 지닌다. 광산업은 장기간의 불확실한 개발 기간에 비해 채굴 기간(mining life)은 한정되어 있다. 게다가 환경적 저항으로 어려움에 처하기도 하고 사람이 거의 살지 않는 외진 지역에서 개발됨에도 복구 및 복원 계획까지 사전에 제출해야 한다. 또한 자본 투자가 집중됨에 따라 상세한 경제성 조사가 이루어지지만 환율이나 광물 가격 등에 의한 외적 요인들에 의해 이익의 주기적 순환이 발생할 가능성이 있다.

    광산개발의 경제성 검토는 프로젝트가 진행되는 전 과정에 걸쳐 수행되는데, 이를 통해 프로젝트의 상위단계 진입 여부를 판단하고 어떤 작업들이 필요하고 얼마만큼의 자금조달이 이루어져야 하는지를 결정하는 근거자료로 활용한다. 탐사초기에 개념·범위 조사를 통해 프로젝트를 계속해서 추진해 나갈 가치가 있는지 여부를 판단한 후, 사전 타당성조사에서는 프로젝트의 기술적·경제적 실행 가능성을 가늠한다. 가능성이 있으면 타당성조사를 해서 프로젝트에 대한 광산건설이 수익성이 있는지 여부를 최종적으로 판단하고 최적의 채굴 방안과 계획 및 예산안을 마련한다. 타당성조사의 경제성 검토는 지금까지 수행해왔던 모든 탐사작업의 결과들을 광물

그림 5-1 광산업의 특성

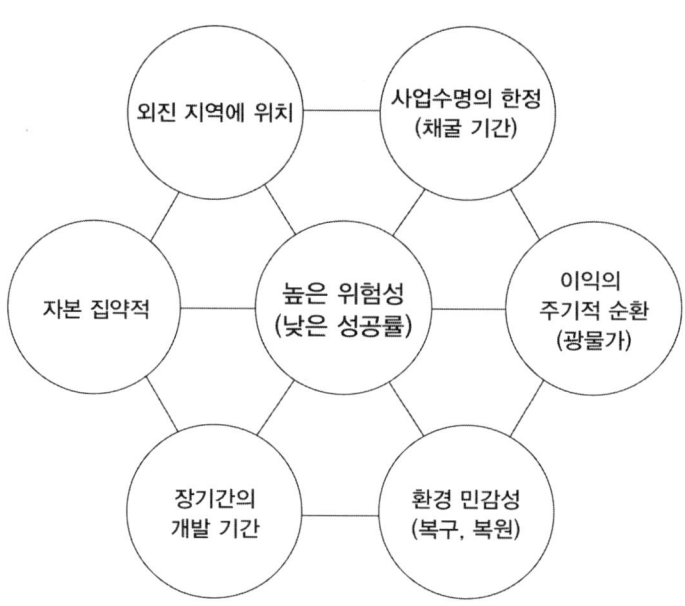

의 생산과 판매 및 환경적 보호와 기타 변수 등의 관점에서 광산건설이 경제적 실효성이 있는지 여부를 검토하고 분석하여 이를 전망하는 것이다.

광산건설을 위해 적정한 채굴 모델을 설정하고 이에 따른 건설 비용을 산정하기 위해서는, 광상의 형태와 위치에 대해 제대로 규명하고, 기하학(geometry)적 특성 및 지역의 지질학적 특성에 대해 올바로 이해하며 더불어 매장량의 산출과 품위 분포를 잘 분석하여야 한다. 이를 토대로 매장량과 컷오프 품위(Cutoff Grade),[1] 채굴 방법, 생산률과 가동연수 및 가공과정 등을 적절히 검토하여 광산설계 및 투자비용을 산출하고 경제성 분석을 하게 된다. 다만, 본 장의 경제성 검토는 현금흐름분석

---

[1] **컷오프 품위(Cutoff Grade)** 컷오프란 광상으로부터 광물을 채굴할 때, 기준이 되는 임의로 선정한 가장 낮은 수준의 품위로서 통상 광석 존의 경계를 한정짓는다. 예를 들어, 반암 광상의 구리의 평균 품위가 0.5%이지만 컷오프 품위를 0.2%로 정한다고 가정하면, 0.2% 이상의 구리는 채굴되고, 이하의 암석은 폐석으로 간주된다. 비용 측면에서 볼 때, 컷오프란 손익분기점(BEP)가 발생되는 품의로 생산 비용을 초과하는 낮은 품위는 채굴의 의미가 없고, 비용 대비 높은 품위는 채굴의 가치가 있다. 다시 말해, 컷오프 품위란 광석과 폐석을 구분하기 위한 목적으로 지정한 특정 품위다.

방식을 통한 재무적 개념의 경제성 분석이 아니라, 광산개발의 요소가 투여자본이나 현금흐름에 미치는 관계들에 대한 설명이다.

오래된 영어 속담에 "잔과 입술 사이에도 많은 미끄러짐이 있다(There is many a slip between the cup and the lip)"라는 표현이 있다. 비슷한 우리 속담으로 "입에 든 떡도 넘어가야 제 것이다"라는 말로, 다 된 일 같아도 한 순간의 실수로 일을 그르칠 수 있으니 마지막까지 방심해서는 안 된다는 의미다. 광산개발 과정에서 채굴 모델과 건설 비용을 검토한다는 것은 이제 프로젝트가 건설과 생산이라는 목표에 상당히 근접했음을 알 수 있다. 하지만 검토사항 어느 하나라도 소홀히 한다면 향후 건설과 생산목표를 그르칠 수 있으니 마지막까지 신중하게 검토와 분석작업을 수행해야 한다.

5.1. 매장량(Mineral Resource) 및 컷오프 품위(Cutoff Grade)

매장량은 지각이나 심부에 매장되어 있는 광상의 질량을 말하는데, 지질학적 신뢰도와 채굴의 경제성에 따라 매장량과 광량으로 구분된다. 시추프로그램들을 통해 확보된 자료와 정보를 바탕으로, 규정에 따라 정확히 해석해 매장량과 광량 및 품위를 산출한다. 매장량 및 광량은 프로젝트의 추진 및 광산건설의 경제성과 광산의 설계 및 현금흐름 검토에서 가장 기본적 근거가 되는 데이터이다. 이에 대한 자세한 설명은 6장의 '매장량 및 광량에 대한 국제 표준'을 참조하기 바란다.

적절한 컷오프 품위의 선정은 광물의 생산경비와 처리 능력, 폐석혼입 및 회수율 등을 광물의 예상 가치(가격)와 비교하여 손익분기점 개념에서 고려한다. 앞서 설명한 바와 같이 컷오프 품위란 광석과 폐석의 기준이 되는 채굴 품위를 의미한다. 컷오프 품위를 낮출수록 채굴되는 생산량과 회수율은 늘어나는 데 반해 이를 처리하기 위한 생산 비용 또한 증가하게 된다. 그러므로 컷오프 품위를 너무 낮추면 광물의 생산 비용이 회수 이익을 초과하게 된다. 반대로, 생산 비용을 낮추기 위해 컷오프 품위를 높이면 반대로 생산량과 회수율이 적어질 뿐만 아니라 광산의 가동연수 또한

표 5-1 광물별 평균 존재율

광물	지각 내 평균 존재율	농축계수	경제성 품위
금	0.0000004%	1250	0.0005%
구리	0.0056%	180	1%
니켈	0.0075%	130	1%
아연	0.0070%	700	5%
철	5.6%	9	50%

자료: Laurence J. Robb. 2005. "Introduction to ore-forming processes." Blackwell Publishing

줄어들게 된다. 컷오프 품위는 광산 가동기간에 일률적으로 적용하는 고정 컷오프 품위나 또는 광산의 순현재가치를 고려한 변동 컷오프 품위가 있다.

참고로 경제성 있는 광물의 품위에 대해 한번 살펴보도록 하자. 지각에 매장되어 있는 모든 광물들은 그 종류에 따라 지각 내 평균 존재율(average crustal abundance)이 다르게 나타난다. 예를 들어 가장 풍부한 철은 지각 내에 평균 5.6%가 존재하는데 반해 희소가치가 있는 금은 0.0000004%가 존재한다. 채굴의 가치가 있는 경제성 품위를 산정하기 위해 평균 존재율에 농축계수(concentration factor)를 곱하면 각 광물들의 경제성 품위 기준을 구할 수 있다. 구리의 경우를 살펴보면, 구리는 0.0056%의 평균 존재율을 가지는데 여기에 180의 농축계수를 곱하면 대략 1%의 경제성 품위가 나온다. 즉, 구리를 채굴하려면 적어도 1%의 품위가 나와야 경제성이 있다는 것이다. 존재율과 농축계수 수치들은 조사기관이나 이론에 따라 차이가 있기 때문에 경제성 품위 수치 또한 많은 편차를 보인다.

한국의 경우는 광업업무처리지침의 '광업권 허가 광체의 규모 및 품위'에 따라 광물별로 허가를 위한 경제성 품위와 맥폭 및 연장 기준치를 별도로 마련해놓고 있다. 구리를 예로 들면, 기준 품위 1% 이상과 맥폭 및 연장길이가 각각 30센티미터와 10센티미터를 넘어야만 개발 허가를 내준다. 환경을 고려하여 무분별한 개발을 억제하고 분명한 경제적 가치가 있어 보이는 광상에 한해 개발을 허가해주는 것이다.

하지만 경제성 품위는 고정된 수치가 아니라 채굴에 드는 비용과 광물시세의 절대적 영향을 받는 변동 수치라는 점을 명심해야 한다. 1880년대부터 1960년대까지 채굴 가치가 있는 구리의 품위는 기술의 발달로 3%대에서 계속 하락하여 1%까지 도달했다. 하지만 1960~1980년대에는 채굴에 소요되는 에너지 가격의 증가로 품위는 1% 선을 넘기도 했다. 현재는 기술의 발달과 가격 상승으로 0.5% 이하의 구리도 충분한 경제성을 가지는 경우가 많다. 금의 경우는 남아프리카에서 갱내채굴이 통상 톤당 4~10그램에서 개발되는 데 반해, 다른 세계 여러 나라에서는 노천채굴로 톤당 3~4그램 심지어는 1그램 이하에서도 개발되는 경우가 있다.

경제성 있는 품위의 광물이 모두 고갈된다면 광물의 가격은 상승할 것이다. 그러면 채굴 가능한 품위가 내려갈 것이고 현재로서는 개발 가능성이 없는 저품위 광상도 미래에는 개발이 가능하게 될 것이다. 이렇듯 채굴이 가능한 일반적 평균 품위는 고정 수치가 아니라 해당 광물의 경제적 가치에 따라 변동되는 것이다.

5.2. 채굴 방법(Mining Method)

채굴 방법은 크게 직접적 요소인 광상의 물리적·지질학적 특성 및 지반상태에 대한 검토와 간접적 요소인 채굴에 따른 자본 비용 및 환경문제 등의 다양한 요소들을 검토하여 결정한다.

❶ **광상의 물리적 및 지질학적 특성**(Physical and Geological Characteristics)
광상의 특성에 대한 올바른 이해는 채굴 방법을 결정하는 가장 기본 요소다. 세부 항목들로 광상의 형태(shape), 기원(orientation), 지구역학(geomechanic)적 특성, 부존 깊이(depth), 방향(orientation), 연속성(continuity), 두께(thickness), 품위 분포(grade distribution) 등을 분석하여 적절한 채굴 방법을 선정하는 기본 자료로 이용한다.

❷ **지반상태**(Ground Condition)
광상의 근거리 및 장거리 영역(near & far field)의 암반들에 대한 지반적 특성은 암반분류법(rock mass classification)을 통해 분석한다. 이 분류법은 암석이나 지층의

그림 5-2 채굴 방법의 결정 요소

강도, 암반이 일정한 방향으로 갈라진 틈인 절리면의 간격, 지하수의 상태 및 지반의 공간변수(spatial variability) 등을 파악하여 암반 상태를 이해하는 것이다. 암반의 상태를 검토하는 것은 채굴 방법의 선택뿐만 아니라 지반침하로 발생할 수 있는 사면붕괴 또는 갱붕괴 사고들을 방지하기 위한 설계 작업에도 중요한 자료로 활용된다.

❸ 채굴 자본비용(Mining Capital Cost)
채굴은 광상의 특성도 중요하지만 광산에 투여된 자본의 가치를 우선적으로 고려해야 된다. 이는 광산건설에 투여된 자본이 클수록, 빠른 시일 내에 자본 회수가 가능하도록 고품위 광상을 우선적으로 채굴하는 방안을 고려할 수밖에 없다는 의미다. 결국 채굴 방법이나 순서 및 광산의 설계는 자본 비용과 현금흐름을 감안하여, 최적의 투자 수익을 가져다 줄 수 있는 방안들을 바탕으로 검토된다.

❹ 환경적 고려(Environmental Consideration)
개발 인근에 주거지나 농업용지 및 호수 등이 위치하여 노천채굴이 제한되는

경우와 같이 환경적 요소, 배수, 향후 복구 및 복원 문제들도 채굴방식을 검토할 때 고려 대상이 된다. 특히 노천채굴 방식은 갱내채굴 방식에 비해 폐석 및 폐기물의 양이 매우 많이 발생한다. "Mine and Energy Information Administration"(2000) 자료에 따르면, 노천채굴의 경우 채굴되는 암석의 73%가 폐석이고 갱내채굴의 경우는 단지 7%의 폐석만이 발생하는 것으로 나타났다. 여기에 노천채굴의 생산량을 고려한다면 폐석의 양은 갱내채굴의 폐석량과는 비교할 수 없을 정도로 많이 발생한다. 그러므로 노천광산은 필히 폐석을 충분히 처리할 수 있는 적치장이나 광미댐과 같은 장소가 우선적으로 확보되어야 한다. 환경기초조사 단계에서부터 가능 후보지역들에 대한 검토가 이루어지며, 적절한 후보지를 찾지 못할 경우 심각한 문제에 봉착할 수도 있다.

노천채굴이 가능하지만 광산 인근에는 대규모의 적치장이나 광미댐 건설이 불가능한 경우를 예로 들어보자. 수십 킬로미터 떨어진 곳에 후보지가 있지만 노천채굴에서 나오는 엄청난 양의 폐석을 그 장소까지 운송하는 데 드는 비용이 너무 높아 채산성이 없다. 결국, 폐석 처리문제로 가장 적절한 노천채굴 방식을 포기하고 폐석 혼입(dilution)[2]이 적게 발생하는 갱내채굴 방식이나 노천과 갱내채굴을 병행하는 방식을 선택할 수밖에 없다.

1) 노천채굴(Surface / Open Pit Mining)

노천채굴은 채굴기법에 따라 몇 가지로 분류될 수 있는데 그중 가장 대표적인 오픈 피트(open pit) 채굴방식을 흔히 노천채굴이라 말한다. 이 방식은 광상이 지표에 노출되었거나 지표 가까이에 부존되어 있어 표토 제거작업이 용이할 때 주로 200미터 깊이까지 계단식 채굴을 한다. 설계는 사면설계(slope design), 계단배열(bench configuration), 경사로 설계변수(ramp design parameter), 굴착능력(excavatability), 운송차량들의 주행 하중성(trafficability) 및 작업 효율성(operating efficiency) 등의 기준을 고려한다.

---

2 **폐석혼입**(Dilution) 광석을 채굴할 때 함께 혼입되는 저품위 광석이나 가치가 없는 일반 암석을 말한다.

노천채굴 방식은 대체로 갱내채굴 방식보다는 건설기간과 비용 및 운영 경비가 적게 들고 회수율과 생산성이 높으며 좀 더 안전한 작업 환경의 장점들이 있다. 대체로 노천채굴의 생산율은 갱내채굴 방식에 비해 적어도 10배 이상 높게 나타난다. 노천채굴은 대규모의 중장비로 대량 생산과 함께 일일 24시간, 연중무휴로 작업이 가능하기 때문에 생산성뿐만 아니라 장비의 이용 효율성도 매우 높다. 통상적으로 광산규모가 커질수록 생산성도 더욱 높아지며, 중장비의 대형화 및 좀 더 유연한 장비들의 개발로 생산률이 증대된다. 다만 노천채굴 방식은 갱내채굴에 비해 폐석이 많이 발생하고 주변 환경에 미치는 영향이 더욱 크기 때문에 광산 주변의 안전지역 설정에 더욱 유의해야 한다. 노천광산의 안전 문제로는 경사면이 무너져 버리는 사면붕괴(slope failure) 현상이 있는데, 그 대부분 지하수면의 윗부분이 지표 인근에 위치하거나 또는 점토 퇴적층이 풍화 기반암에 겹쳐 높은 공극 유체 압력(pore fluid pressure)[3]을 유발하여 발생한다. 또한 배수처리 건도 갱내채굴보다 노천채굴에서 더 심각한 문제가 발생할 소지가 있다.

개발 비용은 광상까지 진입하기 위해 제거되어야 할 폐석의 양인 박토비와 안전한 경사도의 옹벽 건설, 광석 및 컷오프 품위, 지하수의 현존 여부 등에 의해 영향을 받는다. 노천채굴이 깊어져 제거해야 할 폐석의 양이나 이를 처리하는 비용이 너무 많이 들 경우에는 이후 갱내채굴 방식으로 전환하여 채굴을 계속하기도 한다. 노천채굴은 채굴과 정련과정에 소요되는 운영 경비가 거의 동일한 수준이다. 그 과정들 중에서도 엄청난 양의 폐석을 운송하고 분쇄하는 데 드는 비용이 전체 생산 비용의 거의 60%를 차지한다. 그러므로 광산개발 초기 단계에서부터 폐석 처리장의 위치를 환경적 문제뿐만 아니라 경제적 요소로 검토해야 한다. 노천채굴 광산은 자원시장의 영향에 따라 생산량을 감소시키고 운영 경비를 절감하고자 할 때도 유리하다. 노천채굴 광산의 중장비는 다른 산업 분야에도 활용될 수 있는 범용 중장비가 대부분이

3　**공극 유체 압력(Pore Fluid Pressure)** 공극 유체는 토양이나 암석의 공극 공간을 차지하고 있는 유체로 이 공극 내에 높은 유체압력이 발생하면 암석이 벌어져 틈이 생기는 열극(fracturing) 현상이나 암석의 균열면이 상대적으로 이동하는 단층(faulting) 작용을 유발하여 암석이나 지층이 불안정한 상태로 변한다.

어서 장비의 매도가 용이하기 때문이다.

오픈 피트 방식의 노천채굴 외에도, 평평한 지역에서 한 구역의 흙과 암석을 파내 광상을 채굴한 뒤 이를 메우고 동일한 방법에 의해 다음 구역을 채굴해 나가는 지역선형채굴(area strip mining) 방식과 이와 유사한 방식으로 산악지대에서 수행되는 등고선형채굴(contour strip mining)이 있다. 또한 사광광상이 지표 인근에 약한 표토로 둘러싸여 있을 때에 강한 수압을 채굴 하단면에 분사하여 광석이 물과 함께 흘러내리게 한 뒤 유용광물을 회수하는 수력채굴(hydraulic mining) 방식도 모두 노천채굴에 포함된다.

현재 전 세계 광산들 중 노천광산에서 채굴되는 광물이 차지하는 비중은 가치 기준으로 거의 80%를 차지한다. 광산엔지니어인 하트만(Hartman)과 무트만스키(Mutmansky)가 출간한 *Introductory of Mining Engineering*에 따르면, 미국의 경우, 금속광산 98%, 비금속광산 97%, 석탄 광산 61%가 노천채굴 방식으로 개발되어, 총 85%의 광산이 노천채굴 방식으로 개발되는 것으로 나타났다.

2) 갱내채굴(Underground Mining)

노천채굴과 반대로 광상이 너무 깊은 위치에 부존하여 노천채굴 방식을 이용하기에는 채산성이나 기술적 어려움이 있을 경우에, 갱도를 뚫어 지하의 광상에 도달하여 광석을 채굴하는 갱내채굴 방식을 선택한다. 설계는 채굴 방법(예: 주방식,[4] 충전식,[5] 붕락식[6] 등)의 선택, 주 진입로인 수직갱(shaft)과 같은 광구의 진입갱도 디자인, 갱도에서의 채굴 안정성과 지지대 설치, 채굴된 광석의 처리시스템, 환기시스템, 암석을 발파하는 파쇄도(fragmentation) 등의 기준들을 고려한다.

---

[4] **주방식(Room and Pillar Method) 채광법** 일반적으로 평평한 광상의 채굴에 활용되는 갱내채굴법으로 잔주식 채탄법이라고도 한다. 일정 구역의 암석층을 가로, 세로로 갱도를 파서 광상을 채굴하되 일부를 기둥처럼 남겨놓아 바둑판과 같은 형상이 된다. 기둥에 남게 되는 광상의 손실이 있으나 생산성이 높고 비용이 적게 드는 장점이 있다.

[5] **충전식(Cut and Fill) 채광법** 광석을 채굴하고 그곳을 폐석이나 광미로 메우는 채광법

[6] **붕락식(Caving) 채광법** 광석이 붕괴되기 용이한 광석일 때, 하단을 채굴한 뒤 그대로 두어 자연적으로 상단을 붕괴시키는 채광법으로 Block Caving과 Sublevel Caving 등이 있다.

갱내채굴의 생산률은 고품위의 소규모 광체를 갱내에서 채굴함에 따라 암반의 상태나 공간상의 제약을 받게 된다. 이러한 문제 때문에 대규모의 중장비를 사용하는 데 많은 어려움이 있어 생산률이 매우 낮을 수밖에 없다. 또한 갱내 환기, 시설정비 및 발파 작업을 위해 채굴작업을 중단하는 경우가 많아 장비 이용의 효율성도 함께 떨어진다. 갱내채굴의 생산률은 채굴 방안, 광물의 종류, 암석의 상태 및 설비의 자동화 등에 많은 영향을 받게 된다. 또한 갱내채굴의 비용은 광상의 깊이, 처리되어야 할 폐석의 양, 지하의 지질 상태, 지하수의 현존 등에 의해 영향을 받는다. 일단, 지하의 목표지점까지 경사나 수직으로 2개의 진입루트(작업자·물자 운송과 광석 운반용)를 개척하고 난 뒤 수평으로 광상이 있는 지점까지 터널을 구축한다. 갱내채굴 방식의 특징으로는 광체의 규모가 작지만 고품위이며, 지반 지지나 기반시설 건설에 시간과 자본이 많이 투여되며, 노천채굴에 비해 생산성이 현저히 떨어진다.

건설투자가 초기에 집중되는 갱내채굴의 경우는 광산의 설계나 활용 중장비의 용량 선택에 신중을 기해야 한다. 채굴 전까지 장기간의 건설기간이 필요하기 때문에 배치나 사양이 잘못되어 나중에 심각한 문제가 발견되면 시기상 이를 수정하기 매우 어렵다. 이러한 문제들은 채굴 및 생산에 영향을 미치게 되어 광산 존립 자체가 힘들어질 수도 있다. 통상적으로 갱내채굴 개발은 노천채굴 개발과 비교했을 때 예상치 못한 어려움을 겪을 가능성이 크다. 특히 지하의 지반 상태가 예상보다 좋지 않을 경우에 지지대 설치, 환기장치, 노동력 및 목표 생산 달성을 위한 필요 설비에 예산보다 많은 비용이 소요될 수 있다. 이 외에, 갱내채굴 광산은 자원가격의 변동에 따른 시장 움직임에 탄력적으로 대응해 나가는 데 어려움이 있다. 자금의 상당 부분이 광산의 갱 건설, 운송 및 환기시스템에 투자되는 데 사용되는 중장비들이 광산의 설계에 맞춰 제작된 장비들로 처분이 어렵기 때문에 매출이 변동비를 넘는 한 생산을 계속 진행할 수밖에 없다.

3) 기타 채굴 방법

노천 및 갱내채굴 외에 기타 채굴 방법들로는 얕은 강에서 준설선(dredging ship)을 이용해 강바닥의 토양을 준설하여 사금이나 다이아몬드를 채취하는 준설(dredging)

방식이 있다. 또한 동광상이나 우라늄광상 등에 직접 침출액으로 불리는 용매를 주입해 유용한 금속성분을 화학적으로 녹여 이를 용액과 함께 용출시켜 회수하는 용매침출(In situ Leaching Mining) 방식 등이 있다.

5.3. 생산률(Production Rate)과 가동연수(Mine Life)

적정한 생산률과 광산의 가동연수는 광산의 운영 경비와 자본투자경비와의 상관관계를 고려하여 선정해야 한다. 예를 들어, 생산률을 낮게 잡을 경우에는 채굴기간이 길어져 운영 경비와 자본경비가 함께 증가한다. 반면에 생산률이 높아지면 채굴 기간이 짧아져 운영 경비는 감소하나, 적정 수준을 넘어서면 오히려 짧은 기간 안에 많은 생산을 올려야 하므로 설비에 대한 자본투자가 많아진다. 그러므로 운영경비와 자본경비를 최소화할 수 있는 최적의 생산률을 선정하는 것이 중요하다. 간혹 프로젝트의 재정적 난관을 극복하고 좀 더 나은 현금흐름을 제시하고자, 광산의 설비 대비 실현하기 어려운 수준의 생산률을 설정하는 오류를 범하는 경우가 있다. 이럴 경우 향후 실제 생산이 이루어졌을 때, 생산목표를 달성할 수 없게 되어 결국 광산운영 및 자금회전에 문제가 발생할 소지가 있다.

5.4. 가공과정(Process Engineering)

광산에서 채굴된 원광들은 채굴의 목표가 되는 유용광물과 가치가 없는 맥석광물로 구성되어 있다. 채굴된 원광을 그대로 제련하면 제련에 들어가는 비용 손실이 너무 크기 때문에 사전에 반드시 정련과정을 거치게 된다. 정련과정은 운송된 원광을 분쇄 및 파쇄한 뒤에 광물의 물리적 또는 화학적 특성을 이용하여 광물입자를 따로 분리하는 선광작업으로 구성된다. 즉, 정련과정은 광석에서 불필요한 부분을 사전에 제거하여 제련과정의 효율성을 높이기 위한 일련의 과정이다. 생산률이 결정

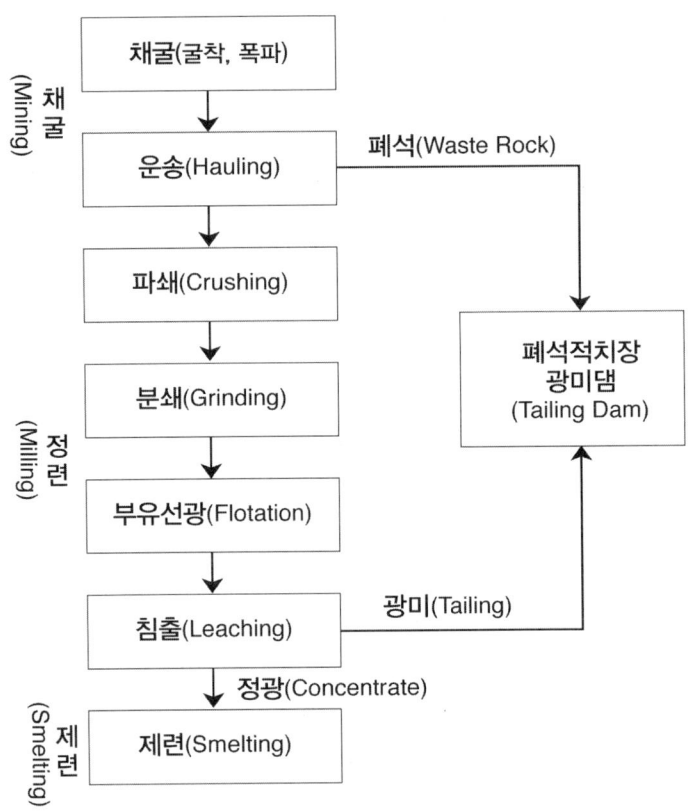

그림 5-3 광석의 가공과정

되면 채굴한 광석을 어떤 상품으로 가공하여 시장에 판매하는 것이 가장 가치가 있는지, 현장에 시설물을 건설하는 데 드는 자본 비용과 현장조건 대비 광석을 어떤 단계까지 제련 및 정련하는 것이 가장 경제적 타당성이 있는 것인지, 또는 인근 광산의 제련시설이나 타지의 제련공장을 이용하는 방법 등의 여러 안들을 검토한다.

현재까지 실험실에서 진행해왔던 야금테스트(Metallurgical test)7 결과와 광산이 건설될 현장 조건을 바탕으로 가공과정 대안들을 작성하고 이를 비교 평가한다. 선택

---

7 야금테스트(Metallurgical Test) 야금테스트란, 상세시추 탐사과정에서 채취한 암추 샘플들을 실험실에 연구 분석하여, 가장 최적의 광물 회수율(recovery rate)을 확보할 수 있는 가공과정 및 선광법을 사전에 마련해놓는 것이다. 이 결과를 토대로 작업공정 및 가공설비들이 결정되며 또한 현장에 시험용 가공설비들이 미리 건설되기도 한다.

한 안에 대한 기본 설계안과 가공작업 공정도 및 가공시설 배치안을 준비한다. 이를 근거로 설비들의 규모와 사양을 결정하고 필요한 자본 및 운영 경비를 산정한다.

참고로, 광산건설의 승인이 이루어지면 가공설비 기본 설계안을 바탕으로 현장시험(pilot scale)용 규모의 공정이나 시설물을 설치하고 분석결과를 최종 확인한다. 현장시험이 성공하면 선택한 안에 대해 상세 설계 전 광산업체 및 설계팀 모두가 공감하는 설계 기준(design criteria)을 마련한다. 설계는 현장의 기후나 환경조건, 지반이나 경사도, 적절한 설비의 선택, 가공공정의 단순화, 예비 설비들의 최소화, 광산 가동연수에 적합한 설계, 향후 광구확대 계획 때 공장 증설 가능성, 가능한 모듈방식의 건설에 의한 최저의 건설 비용, 건설현장 및 공장의 공간 효율성 극대화, 건설작업의 순서 및 작업의 용이성, 건설일정의 최소화, 자본이나 건설기간의 민감성 등을 바탕으로 비용 최적화의 가공시설 설계안을 작성한다.

광산 기술자인 제프리 레인(Geoffrey Lane)에 따르면 가공시설의 건설에 들어가는 비용은 크게 설비 24~35%, 일반 건축자재 29~36%, 인건비 15~20%, 기타 직접비 5~10%, 설계와 시공감리인 EPCM 비용 12~15% 및 기타 간접비 4~10%로 구분된다. 건설에 소용되는 비용과 관련하여 흥미로운 점은 선진국이나 개발도상국이나 건설 비용 자체는 큰 차이가 나지 않는다는 점이다. 노동자의 임금은 선진국이 절대적으로 높지만 개발도상국은 노동 생산성이 현저히 떨어지므로 인건비 총액 자체는 별 차이가 나지 않는다. 예로 대규모 구리 선광장의 건설시간이 선진국은 대략 100만 시간(man hour) 소요되는 데 반해 아프리카나 아시아에서는 대략 4~5배의 시간이 더 소요되는 것으로 나타났다. 설비나 건축자재 또한 가격이나 세금 및 건설일정에 맞추어 가장 효율적인 곳에서 구매가 이루어지기 때문에 일부 건축자재 외에는 큰 차이가 발생하지 않는다. 결국 건설 비용은 국가의 차이보다는 현장이 얼마나 오지에 위치하고 있는가와 기후 및 건설규정에 의해 더 큰 영향을 받게 된다.

최근의 가공설비 시설 중 가장 효율적으로 건설된 프로젝트로는 호주의 PanAust 사가 2008년에 라오스에 건설한 Phu Kham 광구를 들 수 있다. 총 광산 건설 비용 2억 4,000만 달러 중 약 1억 5,000만 달러가 소요된 본 설비는 연간 1,200만 톤에서 1,600만 톤의 광석을 처리할 예정이다. 이 선광장은 건설자본 비용뿐만 아니라 정련

비용 또한 예전의 모범사례였던 1998년에 건설된 Cadia 선광장보다 훨씬 효율적인 것으로 알려졌다.

5.5. 채굴 계획(Mine Plan) 및 투자비용 산출 요소

광상의 지질학적 특성과 산출된 매장량 및 컷오프 품위에 따라 생산률과 가동연수 및 가공작업 공정에 대한 검토가 완료되면 이를 바탕으로 상세한 광산 설계안을 마련한다. 다음의 세부사항별 건설에 필요한 모든 수치들을 종합하여 투자비용 및 운영 경비를 산정한다. 최적의 채굴 계획 및 광산설계는 투자자본과 운영 경비의 절감을 가져와 개발의 이익과 가치를 최대화할 뿐만 아니라 안전사고를 미연에 방지하고 환경에 미치는 영향을 최소화한다.

1) 생산 및 개발관련
- 채굴될 총 매장량, 가동연수, 자원시세 기준
- 생산률: ~톤/일(기준)
- 회수율
- 노천채굴의 경우 박토비, 계단의 높이, 제거할 표토 규모
- 갱내채굴의 경우에 접근방법(갱도: 수평갱, 수직갱, 사갱) 및 채광법
- 광석 및 폐석의 운반거리, 운송방식, 건설되어야 할 운송도로 길이
- 인건비: 작업시간(일), 교대, 연간 작업일수

2) 기반시설 관련
현장진입로, 도로·고속도로와의 연결로, 가설활주로, 철로, 항만, 전력선, 배수시설 등

3) 건물 관련
현장 사무실, 합숙소, 정비소, 변전소, 창고, 폭약 보관소 등의 면적

4) 장비 관련
- 노천채굴장비: 굴삭기, 굴착기, 불도저, 프론트엔드로더, 스크레퍼, 그레이더, 로더, 벌크트럭, 워터탱크, 정비차 등의 필요 수량 및 사양
- 갱내채굴장비: 시추기, 착암기, 드릴, 권양기(capstan), 믹서, 드라이어, 스크린, 로드헤더, 갱 또는 터널 설치 장비, 갱내 기관차, 공기압축기와 같은 환기시스템 등의 필요 수량 및 사양
- 밀링(Milling)장비 및 가공설비: 파쇄기, 분쇄기, 분급기(cyclone), 필터, 피더, 지그(jig), 요(klin), 시크너(thickener), 볼밀(ball mill) 또는 콜로이드밀(colloid mill), 드라이어, 선광장, 침출설비, 제련시설 등의 필요 수량 및 사양. 단, 제련시설의 경우는 광산의 규모 및 경제성을 고려하여 광산 내에 설치할 수도 있고 또는 외부 제련시설을 이용할 수도 있다.
- 기타 장비: 덤프트럭, 스태커(stacker), 드레지(dredge), 켄베이어 시스템, 펌프, 전기모터, 발전기, 컴프레서, 변전소 등의 필요 수량 및 사양

5) 인원 관련
각종 장비의 운영인원, 갱내인원(갱내채굴), 보수관리 인원, 관리감독 인원, 사무관리 인원의 숫자, 인력별 임금체계, 인력투입 계획

6) 보급품 관련
장비의 연료, 부품, 오일, 타이어, 시약, 드릴 날, 분쇄매체, 퇴적침출 물품, 부선제, 원목, 전기, 천연가스 및 기타 소모품의 필요 용량 및 수량

7) 운영 경비 관련
경비를 노무비, 관리비, 재료비(장비·물품), 운송비, 전력비, 용수 및 기타 모든

비용별로 구분하여 광석의 생산(톤당)에 소요되는 비용 산출

8) 투여자본 관련

건설에 필요한 항목들을 장비, 도로, 건물 및 시설물, 전력선, 운영자본, 엔지니어링 비용, 예비비 별로 구분한다. 특히 투여자본은 개발지가 외진 곳에 위치할수록 비용이 기하급수적으로 상승한다.

9) 환경 및 폐광계획 관련

광산이 운영되는 동안의 환경 모니터링 및 보고 비용, 환경완화(소음, 공해, 폐수) 관련 시설물, 폐광에 따른 복구 및 복원 계획과 예상 비용

5.6. 경제적 타당성 변수 항목

광산건설 및 운영과 관련한 모든 예상 비용을 산정하고 분석한 뒤에는, 프로젝트의 타당성에 민감한 영향을 미칠 수 있는 변수 항목들에 대한 검토가 이루어진다. 이를 통해 경제성 분석이 완료되고 예산안이 확정된다.

그림 5-4 경제적 타당성 변수 항목

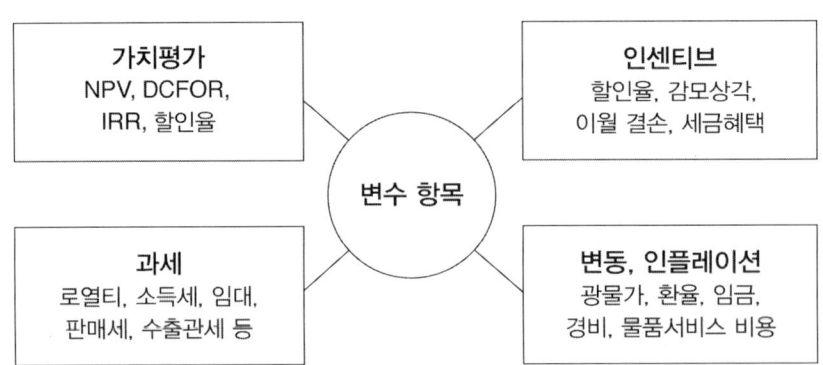

- 순현재가치(net present value: NPV), 할인현금흐름 수익률(discounted cash flow rate of return: DCFOR), 내부수익률(internal rate of return: IRR), 할인율(discount rate), 프로젝트의 자본조달 방식 및 경비
- 예상되는 가격, 임금, 경비, 서비스 비용 등의 에스컬레이터식 수정 및 인플레이션
- 예상되는 광물 가격 및 환율 변동 추이
- 과세: 로열티, 소득세, 임대, 판매세 및 수출관세
- 인센티브: 가속상각, 감모상각, 이월결손, 세금면세 및 공제 등

✱ 경제성 분석의 해석 오류가 불러온 엄청난 손실

1996년 말, 호주의 Equatorial Mining North America(이하 EMNA)사는 네바다(Nevada) 주의 토노파(Tonopah)에 위치한 구리 광구의 인수를 고려하고 있었다. EMNA사는 이를 위해 노르웨이에 본사를 둔 국제적 명성의 엔지니어링사인 Kvaerner US Inc.(이하 Kvaerner)사와 계약을 맺고 광구에 대한 타당성조사를 의뢰했다. Kvaerner사는 1997년 1월부터 8월까지 현장 및 관련 자료들에 대한 조사와 평가 작업을 수행하고 이를 EMNA사에 보고했다. 보고서에 따르면 광구는 회수가 가능한 충분한 양의 구리가 부존하므로, 구리 광산으로 개발하고 운영함에 경제적 타당성이 있다고 조언했다. EMNA사는 1997년 9월 이 보고서를 근거로 광구의 매입을 결정했다. EMNA사는 1,500만 달러를 지불하고 광구를 매입한 뒤 Kvaerner사에게 약 4,400만 달러 예산의 광산 가공설비 건설을 의뢰했다. 또한 EMNA사는 향후 생산물의 판매를 위해 여러 구매처들과 확정가로 3년간의 헤징계약(hedging contract)을 체결했다.

2000년 초에 생산이 개시된 뒤, 예상과 달리 Tonopah 구리 광산은 Kvaerner사가 기대한 수익을 낼 만큼 충분한 회수율 확보가 불가능하다는 사실이 분명해졌다. 실제 회수율은 대략 37% 수준으로 전혀 경제성이 없다는 것이었다. 하지만 EMNA사는 미리 체결해놓았던 선물계약의 이행을 위해 부족한 생산량만큼 시장에서 구리를 구입할 수밖에 없었다. 결국 회사는 폐광에 이르렀고 광구의 매입과 건설, 선물계약이행 및 폐광으로 거의 1억 4,000만 달러의 손실을 입게 되었다.

이에 EMNA사는 Kvaerner사를 상대로 계약 위반과 사기, 신의 성실의 조항 위반, 허위진술, 업무상 과실 및 네바다 주의 기만 거래법 위반 등의 사유로 손해배상 소송을 제기했다. 원고 측은 Kvaerner사가 타당성조사에 필요한 조사 및 분석을 제대로 수행하지 않았으며 광산건설 계약을 추가로 따내기 위해 광산운영에서 잠재적 문제점을 인식했음에도 이를 숨겼다고 주장했다. 피고 측은 타당성조사가 전문적 표준에 의거해 수행되었으며, 운영이 실패로 돌아간 것은 합리적 예측이 불가한 사항들로 인해 발생된 것이라고 주장했다.

2003년 7월, 배심원들은 약 1억 4,000만 달러의 배상액을 결정했고 법원은 여기에 소송 비용을 추가해 Kvaerner사는 총 1억 6,000만 달러를 EMNA사에 지불하도록 판결했다. Kvaerner사는 판결에 오류기 있다며 판결면제 신청과 함께 새로운 소송을 제기했지만 네바다 주 대법원은 Kvaerner사의 항소를 모두 기각했다. 이에

Kvaerner사는 다시 일부 배상액에 대한 강제집행의 유예명령을 신청했지만 법원은 이를 받아들이지 않았다. 결국, 2004년 1월에 양사는 합의를 통해 Kvaerner사가 약 1억 달러의 현금 배상을 지급하고 또한 1,500만 달러의 부채상각을 받아들이기로 결정했다. Kvaerner사는 보험을 통해 손실액의 절반 정도를 보존했지만 자료에 대한 잘못된 해석으로 엄청난 손실을 입게 되었다.

자료: "Faulty assessment blamed for failure of copper mine." *The National Law Journal*. 2004. Retrieved Apr 06, 2009, from http://www.yetterwarden.com/news/00511040007yetter.pdf

CHAPTER 6

매장량 및 광량에 대한 국제 표준
International Code for Mineral Resource & Reserve

　매장량이나 광량은 광산의 개발이나 광산회사에 투자를 원하는 투자자들의 의사 결정에 가장 기본이 되는 중요한 요소다. 이에 선진국이나 광산개발이 발달한 국가들은 오래 전부터 매장량의 분류나 표기에 대한 표준을 제정하여 이를 엄격히 관리해오고 있다. 광산회사들은 보도자료나 기술보고서(범위 연구, 사전타당성, 타당성 보고서 등)들에 이를 적용하여 해석하고 보고 및 발표한다.

　매장량에 대한 개념, 분류 및 표기 방식은 대부분 국가들이 캐나다의 CIM(Canadian Institute of Mining, Metallurgy and Petroleum) 표준이나 호주의 JORC(Joint Ore Reserves Committee) 표준을 도입하여 이를 일부 개정하여 사용하고 있다. 1994년에 국제 표준의 제정을 위해 호주의 JORC, 캐나다의 CIM, 미국의 SME(Society for Mining, Metallurgy and Exploration), 칠레의 IIMCH(Institution of Mining Engineers of Chile), 남아프리카의 SAMREC(South African Mineral Resource Committee), 영국의 IMMM(Institute of Materials, Minerals & Mining), 서유럽의 EFG(European Federation of Geologists) 및 IGI(Institute of Geologists of Ireland) 등 8개 기구의 대표들이 모여 CRIRCO(Committee for Mineral Reserves International Reporting Standard: 매장량 보고 표준을 위한 위원회)를

구성했다. 이 위원회의 활동으로 현재 각국의 기본 표준들이 서로 90~95% 정도까지 호환성을 가지게 되었다.

한국의 경우, 자국의 표준은 제정되어 있지만 선진국과 달리 증권거래소의 규정이 명확하지 않은데다가 영어 용어들에 대한 국문 표기의 표준이 정해져 있지 않아 해외 광산개발과 관련한 보도기사나 자료를 발표할 때, 투자자들의 판단에 혼선을 불러 일으킬 소지가 많다. 그러므로 해외 광산개발의 매장량 등급이나 수치를 확인할 때는 국문 표기가 아닌 영문 표기가 어떻게 되어 있는지를 반드시 살펴보아야 한다.

본 장의 매장량과 광량에 대한 설명은 캐나다의 CIM 규정을 근거로 한다. 하지만 상기 언급된 8개국을 포함하여 뉴질랜드, 필리핀, 페루 등 전 세계 대부분의 국가에서 이와 거의 동일한 기준으로 사용하고 있으므로 국제 표준으로 이해해도 무방하다. 이 외 한국과 러시아 및 CIS 일부 국가들의 표준은 '기타 국가들의 표기 규정'에 따로 설명되어 있다. 'Mineral Resource' 및 'Mineral Reserve(또는 Ore Reserve)'의 영문 용어는 이 책에서 각각 '매장량' 및 '광량'으로 표기한다. 참고로 다이아몬드는 광물 특성상 별도의 표준 탐사보고 지침을 따르며 여기에는 따로 설명하지 않았다.

6.1. 매장량 및 광량 분류

흔히 말하는 매장량은 크게 매장량과 광량으로 구분된다. 매장량은 지질학적 정보를 바탕으로 단순히 부존자원의 확실성을 기준으로 산출 및 분류한다. 이에 반해, 광량은 매장량을 대상으로 실제 채광이 가능한지를 경제적·사회적·법적 요소 등을 고려하여 산출 및 분류한다. 즉, 시추작업이 계속 진행되어 확보된 지질정보가 늘어나면 매장량의 양이나 등급이 상향 조정되며, 여기에 경제적 기타 요소들을 고려하면 매장량은 수평 이동하여 광량으로 분류된다.

광량은 <그림 6-1>에서 보다시피 매장량에 경제성·채산성 채굴에 영향을 미치는 요소들인 광산, 가공, 야금, 경제적·마케팅적·법적·환경적·사회경제적 및 정부

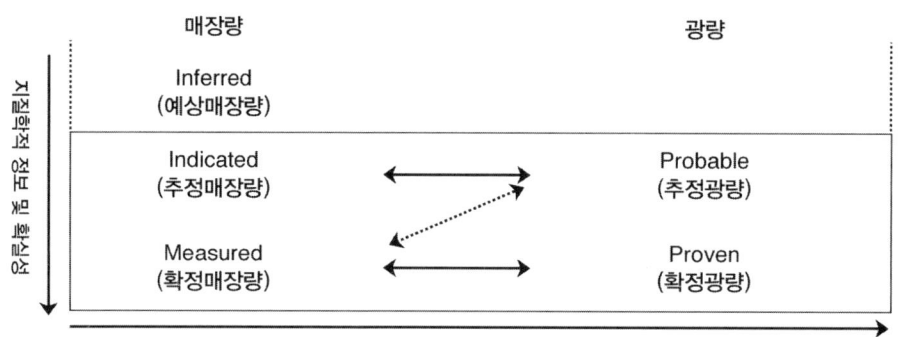

그림 6-1 매장량과 광량의 관계

자료: Postle, John et al. 2000. "CIM Standards on Mineral Resources and Reserves; Definitions and Guidelines." Canada: CIM Standing Committee.

관련 항목들을 고려한 것이다. 즉, 매장량을 광량의 범주로 이동시키는 결정은, 지질학적 정보를 근거로 한 추정 및 확정매장량에 대해 경제성 있는 채굴에 영향을 줄 수 있는 기타 다른 요소들을 반영한 결과다. 단, 신뢰도가 낮은 예상매장량은 자료의 불확실성 때문에 타당성조사 등의 보고자료나 광량 산출에 반영될 수 없다.

간혹 확정매장량을 확정광량으로 전환하기 위한 고려사항들 중, 불확실성이 있는 경우에 한해, 확정매장량은 확정광량이 아닌 추정광량으로 전환될 수도 있다. 하지만 어떤 경우라도 추정매장량이 확정광량으로 직접 전환되는 경우는 있을 수 없다. 또한, 파업이나 광산 문제들로 인해 일시적인 광물가의 단기 상승이나 하락이 발생했다고 해서 확정광량을 확정매장량으로 재산정하지는 않는다.

6.2. 매장량(Mineral Resource)

매장량은 지각이나 심부에 광물이 자연적·고체적·무기적·화석화된 유기적 물질의 형태로 농축되거나 출현한 것이다. 이 매장량의 위치나 양, 품위 및 지질학적 특성과 연속성은 시추탐사에 의한 지질학적 자료와 지식에 의해 밝혀지고 추정되며

표 6-1 매장량 등급별 오차 수준

매장량 · 오차	예상(inferred)	추정(indicated)	확정(measured)
예상오차범위	±100%	±0~±50%	±10~±20%

자료: M. Vallée. 1992. "Guide to the Evaluation of Gold Deposits." *CIM Special* Volume 45, CIM

해석된다. 시추작업에 의해 확인된 매장량은 지질학적 신뢰도에 따라 가장 낮은 등급의 예상(inferred), 중간 등급의 추정(indicated) 및 가장 높은 단계의 확정(measured) 매장량으로 분류한다.

앞의 분류와 별도로, 초기 탐사작업을 통해 확인된 이상대 지역 내의 아직 확인되지 않은 유사 광체에 대해 'Hypothetical resource' 또는 'Speculative resource'라는 열외등급 개념의 매장량 분류를 하기도 한다. 하지만 이 등급들은 시추작업에 의해 확인이 될 때까지는 절대로 매장량 자료로 활용될 수 없다.

> **매장량(Mineral Resources) 등급의 국문표기**
> Inferred, Indicated 및 Measured 매장량을 각각 예상, 추정 및 확정매장량으로 국문 표기한 것은 한국의 매장량 분류 등급 방식을 따른 것으로 가능하다면, 국문표기 대신 영어 단어 그 자체로 이해하는 것이 바람직하다.

1) 예상매장량(Inferred Mineral Resource)

'예상매장량'은 가장 낮은 등급의 매장량으로 제한된 지질학적 자료와 샘플링 데이터를 합리적으로 추정하여 광물이 매장된 품위 및 양에 대해 해석한 것을 의미한다. 하지만 품위 및 지질학적 연속성이 입증되지 못했기 때문에 경제적 실현가치 평가에 필요한 자료로 활용되기에는 신뢰도가 충분하지 않다. 그러므로 타당성조사나 다른 경제성 조사의 기초자료로 활용될 수 없다. 또한 계속적으로 시추탐사를 수행한다고 해서 예상매장량의 일부나 전부가 향후 추정 또는 확정매장량으로 등급이 상향 조정될 것이라고 전제할 수는 없다.

2) 추정매장량(Indicated Mineral Resource)

'추정매장량'은 중간 등급의 매장량으로 광물의 매장량, 품위, 밀도, 형태 및 물리적 특성에 대해 해석한 것을 의미한다. 추정매장량은 노출부, 도랑, 갱, 시추공들의 지질학적 및 품위의 연속성에 대해, 합리적 추정이 가능할 정도로 충분히 가까운 간격으로 시추된 시추공 등에서 적정기법을 통해 얻어진 자세하고 신뢰성 있는 탐사 및 테스트 정보를 근거로 한다. 그러므로 추정매장량의 신뢰도는 광상의 경제적 실현가치 평가 및 광산개발 계획에 필요한 기술적·경제적 매개변수에 필요한 자료로 활용되기에 충분하다. 이에 추정매장량은 대규모 개발계획을 위한 근거로 활용되는 사전 타당성조사에 이용될 수 있다. 지질학적 구조에 대해 확실한 해석이 가능하고, 광화대의 연속성을 합리적으로 추정할 수 있는 데이터의 본질, 가치, 양 및 분포를 근거로, 자격인은 광화대를 추정매장량의 등급으로 분류할 수 있다.

3) 확정매장량(Measured Mineral Resource)

가장 높은 등급의 '확정매장량'은 광량, 품위, 밀도, 형태 및 물리적 특성이 매우 잘 입증된 매장량의 등급을 의미한다. 확정매장량은 노출부, 도랑, 갱, 시추공의 지질학적 및 품위의 연속성에 대해, 확인이 가능할 정도로 충분히 가까운 간격으로 시추된 시추공 등에서 적정기법을 통해 얻어진 자세하면서도 신뢰성 있는 탐사, 샘플링 및 테스트 정보를 근거로 한다. 그러므로 확정매장량의 신뢰도는 광상의 경제적 실현가치 평가 및 광물생산(광산설립) 계획에 필요한 기술적·경제적 매개변수에 자료로 활용되기에 충분하다.

충분히 인접한 범위 내에서 산정된 광화대의 광량과 품위, 그리고 이 산정치의 바탕이 되는 데이터의 본질, 가치, 양, 분포 등의 특성을 고려할 때, 산정치의 변동수준이 경제적 실현 가능성에 별다른 부정적 영향을 미치지 않음을 근거로 자격인은 광화대 또는 경제적 가치가 있는 광물들을 확정매장량의 등급으로 분류할 수 있다. 이 등급은 광상의 지질학적 특성에 대해 가장 높은 수준의 확실성과 이해 수준이 요구된다.

4) 매장량 발표 보고에 대한 이해

매장량과 광량에 대해 제대로 이해했다면 외국 광산회사에서 발표하는 보도자료를 보고 해당 프로젝트가 프로젝트의 어떤 단계인가를 바로 인지할 수 있어야 한다. 통상적으로 시추결과에 대한 보도자료는 과거의 탐사 및 시추기록과 이번에 완료된 시추결과의 요약과 함께 각각의 시추공들에 대한 시추공의 번호, 위치, 광화대 교차 길이, 함유광물 등에 대한 발표가 이루어진다. 이후 매장량 산정작업이 완료되면, 매장량 집계 결과와 함께 향후 시추계획에 대해 추가 발표한다. 만약 뉴스자료에 매장량의 하위등급인 예상이나 추정매장량 수치만 표시되어 있다면 해당 프로젝트는 상세시추의 초기 또는 중간단계로 볼 수 있을 것이다. 시추 프로그램들이 진행될수록 예상과 추정 등급을 각각 추정이나 확정 등급으로 상향시키기 위한 자료수집이나 또는 매장량 증대를 목적으로 광화대의 확장이나 새로운 광화대를 찾기 위한 추가 작업에 시추계획의 초점이 맞추어질 것이다.

<표 6-2>는 초기 시추탐사의 예로, 영국의 Rio Tinto사가 2006년부터 2008년 사이의 18개월 기간 동안 페루의 라그란자(La Granja) 지역에서 총 길이 4만 6,000미터의 시추탐사를 마치고 지난 2008년 5월에 발표한 시추결과다.

상당한 규모의 예상매장량이 확인되어, 남미에서 가장 큰 규모의 구리 갱내채굴 광산으로 개발될 가능성이 엿보인다. Rio Tinto사는 이번 시추결과에 새로운 광화대 발견을 목표로 2009년에 총 길이 3만 9,000미터의 시추작업을 계획 중이다.

또 다른 탐사 예로, <표 6-3>의 캐나다 Adanac Molybdenum사가 BC 주의 북부에서 개발 중인 몰리브덴 Ruby Creek 프로젝트를 살펴보기로 하자. 이 프로젝트는 1960년대에 광화대의 발견으로 탐사가 진행되다가 회사사정 및 자원 시세의 영향에 따라 작업이 중단되었다. 그 뒤 1970년대에, 새로운 인수회사들이 두 차례에 걸쳐

표 6-2 라그란자(La Granja) 지역의 시추탐사 결과

매장량 분류	톤(metric ton)	구리 품위(%)	아연 품위(%)
예상(Inferred)	2770,000,000	0.51	0.1

자료: RioTinto. "Inferred Mineral Resource at La Granja, Peru." Retrieved Mar 13, 2009 from http://www.riotinto.com/whatweproduce/17056_inferred_mineral_resource_la_granja_peru.asp

표 6-3 루비크릭(Ruby Creek) 지역에 대한 회사별·연도별 시추탐사

개발회사	연도	시추길이	시추공수
Adanac Mining and Exploration	1960년대	18,401m	127
Climax Molybdenum	1973/1974년	2,672m	9
Placer Development Limited	1978년	10,886m	76
Adanac Molybdenum Corp.	2004년·2006년	17,888m	71
	2007년·2008년	21,444m	60
총계		71,291m	343

자료: Adanac Molybdenum Corp. "Ruby Creek Molybdenum Deposit." Retrieved Mar 13, 2009 from http://www.adanacmoly.com/our_business/exploration/

표 6-4 루비크릭(Ruby Creek) 지역의 2007년·2008년 시추탐사 결과

매장량 분류	톤(metric ton)	몰리 품위(%)	몰리 함유(lbs)
확정(Measured)	43,642,000	0.078	75,361,000
추정(Indicated)	231,712,000	0.065	332,550,000
추정 및 확정 총계	275,354,000	0.067	407,911,000
예상(Inferred)	39,076,000	0.062	53,719,000

자료: Adanac Molybdenum Corp. "Reserves & Resources." Retrieved Mar 13, 2009 from http://www.adanacmoly.com/our_business/reserves_resources

시추작업을 재개하여 사전 타당성조사 작업까지 완료했으나 수익성이 확보되지 않아 개발이 또 다시 중단되었다.

2000년대에 들어 몰리브덴의 가격이 급상승하자 현재의 Adanac Molybdenum사가 광구권을 취득하여 2004년부터 2008년에 걸쳐 두 차례의 본격적인 시추탐사를 수행했다. 시추결과를 토대로 타당성조사까지 완료하여 광산설립을 목전에 두었으나 2008년 말부터 시작된 경제여파로 몰리브덴의 가격이 급락하자, 현재 광산설립 계획이 일시 보류된 상태다.

<표 6-4>의 예와 같이, 보고자료에 추정이나 확정 등급의 매장량 수치가 주로 나오게 되면, 프로젝트는 개발이 상당히 진행된 단계로 사전타당성이나 타당성조사 단계에 도달한 것으로 이해할 수 있다. 단, 전에 언급한 대로 예상매장량은 신뢰도 때문에 절대로 다른 범주들과 혼합되어 총계의 수치로 보고될 수 없다. 이후 추정과 확정매장량에 경제적 기타 요소들이 고려되면 추정(probable)과 확정(proven) 광량 수

표 6-5 Casa Berardi 금 광산의 매장량 및 광량 보고

광량 분류		2006년			2005년		
		톤(mt)	품위(g/t)	온즈(oz)	톤(mt)	품위(g/t)	온즈(oz)
확정 (Proven)	심부	622,000	10.7	213,000	-	-	-
추정 (Probable)	심부	4,091,000	7.3	956,000	4,908,000	7.7	1,213,000
총계		4,713,000	7.7	1,169,000	4,908,000	7.7	1,213,000

매장량 분류		2006년			2005년		
		톤(mt)	품위(g/t)	온즈(oz)	톤(mt)	품위(g/t)	온즈(oz)
확정 (Measured)	심부	38,000	7.3	9,000	-	-	-
	노천	291,000	4.3	41,000	-	-	-
추정 (Indicated)	심부	2,151,000	5.6	385,000	1,894,000	5.4	328,000
	노천	6,015,000	2.1	400,000	827,000	4.5	119,000
총계		8,495,000	3.1	835,000	2,721,000	5.1	447,000

자료: Aurizon Mines Ltd. "Casa Berardi Project." Retrieved Mar 16, 2009 from http://www.aurizon.com/s/CB-Project.asp

치들도 함께 나타난다.

마지막으로, <표 6-5>는 캐나다 Aurizon Mines사가 퀘벡 주에 건설한 Casa Berardi 금 광산의 과거 2006년의 매장량 발표 수치다. Casa Berardi 프로젝트는 2005년에 이미 타당성조사를 완료했으나 일부 지역에 대한 추가 탐사를 진행하여 그 결과를 발표했던 것이다.

광량의 경우 확정(proven)광량의 수치가 2005년 대비 증가했지만 광량 총계는 오히려 약간 감소했다. 그러나 추정 및 확정매장량이 확대되어 전체 매장량 규모는 크게 증가한 것을 알 수 있다.

5) 한국의 광산개발 뉴스기사 리뷰

이미 언급한 대로 한국에서는 매장량의 영어 용어들에 대한 국문 표기 또는 이것의 공시나 발표에 명확한 규정이 제정되어 있지 않기 때문에, 해외광산의 개발이나 계약 기사에 언급된 매장량들은 회사별로 잠재, 예상, 추정, 확정, 실매장량 등이

사례 1

A사가 최대지분을 보유한 남미 광산의 탐사 결과, 최대 3,500억 원이 넘는 경제성이 있는 것으로 나타났다고 밝혔다. A사는 전문 평가기관에 의뢰한 광산의 1차 탐사 분석결과, 매우 성공적인 결과를 거뒀다고 발표했다. 이번에 평가 받은 G광산은 금, 은, 구리 등의 여러 광물이 복합적으로 매장되어 있는 것으로 밝혀졌다.

전문 평가기관에 의해 이루어진 이번 평가는, 1,500여 개의 샘플을 대상으로 지구화학 결과와 광맥의 깊이 등을 참고하여 유사한 구조의 인근 광산들의 자료와 비교하는 방식으로 평가과정이 진행됐다. A사에 따르면 평가 결과 평균 품위는 금 환산 1~8g/t이고 추정매장량은 금 환산 기준으로 최소 5톤에서 최대 10톤의 잠재 가치가 있다고 평가되었다.

A사의 관계자는 "이번 결과는 전체 광구 중 일부에 대한 평가이기 때문에 다른 지역에 대한 탐사작업을 진행할 경우 잠재가치와 매장량을 높일 수 있을 것으로 판단된다"며 "내년까지 추가 탐사작업을 마무리하고 2년간의 개발단계를 거쳐 본격적인 생산을 시작할 것이다"라고 말했다.

*회사의 프라이버시를 위해 지역 및 수치 등 일부 내용을 임의로 편집했음.

별다른 구분 없이 사용되고 있는 실정이다. 이로 인해 발생할 수 있는 문제점들을 지금까지 설명한 광산개발 절차 및 매장량 가치를 토대로 검토해보도록 한다. 참고로 <사례 1>의 기사 내용은 자세한 탐사내용을 확인할 수 없어 실제와 해설의 차이가 있을 수 있으며, 문제점으로 언급하는 내용들은 해외국가들의 규정에 따른 지적사항임을 사전에 주지하기 바란다.

위의 기사 내용에 '지구화학 결과와 유사 구조의 인근 광산과 비교 내용'이 나왔다는 것은 이 프로젝트의 단계가 자료수집과 초기 탐사단계의 작업들로 아직 시추단계에 도달하지 않은 개발 초기 수준이라는 것을 가늠할 수 있다. 그러므로 이 단계의 작업 결과는 아직 매장량을 언급할 수준의 작업에 도달하지 못했으므로 매장량이나 경제성에 대한 내용이 보도자료에 포함될 수 없다. 다만 프로젝트의 초기 탐사 결과가 긍정적이고 이상대를 발견했다는 수준의 발표가 적정할 것이다.

개발단계를 좀 더 넓게 해석하여 일부 시추작업이 이루어졌다고 가정한다 하더라

사례 2

> 동원은 12일 자사가 개발 중인 충북 제천 몰리브덴 광상의 총 매장량이 385만 톤으로 나타났다고 공시했다. 이는 대한광업진흥공사의 탐광시추 결과에 따른 것이다. 이 중 확정매장량은 131만 톤, 추정매장량은 119만 톤, 예상매장량은 135만 톤이다.
> 1. 제목: 몰리브덴 광산 탐광시추·조사 결과
> 2. 주요 내용: 동원은 충북 제천시 금성면 일대에서 몰리브덴 광산개발과 관련하여 대한광업진흥공사의 탐광시추·조사 결과가 발표되었음을 알려드립니다.
> 3. 광석 총 매장량: 385만 톤(평균 품위 MoS_2 0.4%)
>   1) 확정매장량: 131만 톤(평균 품위 MoS_2 0.4%)
>   2) 추정매장량: 119만 톤(평균 품위 MoS_2 0.41%)
>   3) 예상매장량: 135만 톤(평균 품위 MoS_2 0.4%)
>
> 자료: 김익태, "동원, 충북 몰리브덴 광산 총 매장량 385만 톤", 《머니투데이》 2007.01.12

도, 본 작업결과는 예상(inferred) 매장량 수준을 넘어설 수 없다. 예상매장량의 특성으로 볼 때 경제성에 대한 언급이 나오려면, 상세시추 작업이 어느 정도 완료되어 추정(indicated) 및 확정(proven) 매장량 등급이 산출되고 이에 대한 기초 타당성조사가 이루어져야만 가능하다. 기사에서는 추정매장량이라고 언급했지만, 기사 내용을 보았을 때 예상매장량의 상위 등급인 추정매장량을 언급하는 것이 아니라 '추정하는 매장량'이라는 의미로 단어를 선택한 것으로 여겨진다. 또한 '1~8g/t의 평균범위나 금 환산 기준으로 5~10톤의 가치의 매장량'이라는 내용은 적절한 표현이 될 수 없다. 평균 품위와 매장량은 정확한 수치로 표현되어야 하며 본 기사와 같이 최소와 최대의 표현치로 발표될 수 없다.

또 다른 예로, <사례 2>의 2007년 1월에 동원에서 발표한 충북 제천 몰리브덴 프로젝트의 공시 내용을 살펴보기로 하자.

한국에서는 대부분의 매장량 보도가 매장량에 대한 정확한 등급분류나 품위 구분 없이 발표되는 데 반해, 동원사는 대한광업진흥공사의 조사결과를 인용하여 매장량을 등급별로 정확히 분류하고 각각의 평균 품위와 매장량을 발표했다. 다만 한가지 사항을 지적한다면 '총 매장량이 385만 톤으로 나타났다'는 내용이다. 이미 여러 차례 설명한 바와 같이, 예상매장량은 신뢰도의 한계로 추정 및 확정매장량에 포함시켜 발표할 수 없다. 그러므로 이 문구는, '추정 및 확정매장량의 총계가 250만 톤이며 예상매장량이 135만 톤'이라고 수정해야 한다.

6.3. 매장량의 산출(Mineral Resource Estimation)

데이터의 분석(data analysis), 샘플의 지지(sample support), 모델선정 및 보간(interpolation)[1] 작업 등과 같은 지침에 근거하여 매장량의 산출 작업이 이루어진다. 매장량

그림 6-2 매장량 산출 중요 요소

---

[1] 보간(Interpolation) 샘플이 채집되지 않은 특정 위치의 값을 주변 측정값의 데이터를 이용해 추정하여 채우는 방법이다. 보간은 내부지역 값을 추정하는 내삽법(interpolation)과 외부지역 값을 추정하는 외삽법(extrapolation)으로 구분된다. 영상분야의 보간법을 예로 들면, 해상도가 낮은 이미지를 확대할 때 이미지의 해상도가 충분하지 않으면 픽셀들이 벌어져 이미지가 흐리게 되는데 이를 주변 픽셀값을 이용하여 보완한다.

산출에서 가장 중요한 요소들로는 광상에 대한 올바른 지질학적 이해를 바탕으로 데이터베이스(대표성, 정확성, 변수·특이값·보간 처리)를 해석하고 조정하는 것이다. 여기에 경제성 매개변수들을 합리적으로 반영하고 매장량과 품위 분석기법들을 적용한다. 간혹 새로운 방법을 적용하여 매장량을 산출하기도 하지만, 이 경우 결과를 보고하거나 발표하기 전에 다른 테스트 기법들과 비교해보는 과정이 반드시 필요하다. 매장량의 산출 내용은 흔히 타당성 보고서에서 그 내용을 확인할 수 있다.

1) 데이터의 밀도(Data density)

매장량 산출에서 가장 중요한 첫 단계는 채집된 샘플들이 해당 광화대 모델에 대한 대표성을 지니는지 또한 수집된 데이터가 정확한지 여부에 대한 검토이다. 만약 데이터의 숫자나 지역분배가 적절하지 못할 경우, 매장량 산출 작업이 대표성과 정확성의 의미를 갖기 위해서는 데이터에 대한 추가적 보완이 필요할 것이다. 매장량 표준에서 규정한 신뢰성 수준에 의거하여, 자격인은 수집된 정보 및 샘플의 밀도가 신뢰성 있는 광화대의 크기나 매장량 및 품위의 산출이 가능한 모델링인지에 대해 확신할 수 있어야 한다.

2) 지질학적 정보의 통합(Integration of geological information)

수집된 데이터들은 매장량 산출과정의 일환으로 지질학적 해석을 통해 통합되고 조정된다. 이 해석은 광화대의 기하학적 특징 및 경계(limit)와 광화대의 지배(mineralization control)[2] 및 내부의 비광화대(internal unmineralized)나 폐석지대에 근거하여 합리적으로 추정하고 고려한다. 해석된 정보들은 광상의 지질학적 특성에 대한 자료가 업데이트될 때마다 계속적으로 재분석된다. 이러한 지질학적 정보는 매장량 산출에서 근본적인 기준으로 적용된다.

---

2 광화대의 지배(Mineralization Control) 광화대의 부존 상태는 암질, 절리(암석의 갈라진 틈에 평행한 평면), 단층(갈라진 틈이 변형하여 어긋남), 습곡(암석이 연속적인 변이를 하면서 전체가 변형) 및 화성암의 관입과 같은 지질구조에 지배를 받음.

3) 데이터의 목록 및 기록(Listing an recording the data set)

매장량 산출에 활용된 모든 데이터 및 정보들은 반드시 이를 규명하고 목록화하여 향후 참고 및 감사를 위해 보관해놓아야 한다. 만약 탐사 및 개발과정에서 얻어진 적절한 데이터임에도 매장량 산출 작업에 활용되지 않았다면, 이 데이터들에 대해서도 규명하고 작업에서 배제한 사유를 명시해놓아야 한다.

샘플링, 샘플의 준비와 분석과정 및 방법들은 반드시 명확하게 서술하고, 특별히 사용된 방법의 선택 사유를 명시해놓아야 한다. 이때, 사용된 방법의 효율성 등에 대한 언급도 가능하면 함께 명시한다. 데이터의 기록과 분석 및 보관은 매장량 산출과 관련한 품질관리 프로그램에 의거하여 특별한 주의를 기울여 처리한다.

4) 데이터의 분석(Data Analysis)

데이터 분석의 주목적은 매장량 산출의 근거가 되는 변수들의 통계적·공간적 특성(spatial character)에 대해 완전히 이해해 매장량 산출의 수준을 개선하는 데 있다. 분석에는 변수들 간의 상호관계성(interrelationship)[3] 수립, 변수들의 규칙적인 공간적 변동(spatial variation: 품위나 밀집) 및 매장량 산출에서 반드시 독립적인 분석이 요구되는 독특한 영역에 대해 정의한다. 또한 특이값(outlier)[4]들에 대한 규명 및 이해도 분석에 포함되어야 한다.

특히 광화대의 샘플 분포에 영향을 미치는 '측정오차(nugget effect)'[5]의 범위에 대한 이해가 필요한데, 이는 귀금속 광상의 해석에서 주요 관심의 대상이 되는 경우가 많다. 예를 들어, 금 광상의 일반적 특징으로 복잡하고 불규칙하며 편재된 특성들을 들 수 있는데, 이러한 광화대 스타일을 너킷화되었거나 측정오차를 지닌다고 할 수 있다.

---

3 **변수들 간의 상호관계(Interrelationship)** 수집된 데이터들로부터 정보들을 체계적으로 추출하기 위해 변수들 간에 존재하는 예상 가능한 관계의 정도를 규명.
4 **특이값(Outlier)** 이상값 또는 바깥값으로도 불리는 특이값은 데이터들 속에서 예외적으로 특별히 크거나 작은 값들을 의미한다. 이 특이값들을 올바로 규명하고 처리해야 정보 분석의 왜곡을 미연에 방지할 수 있다.
5 **측정오차(Nugget Effect)** 측정값 자체의 오차로 발생하는 오차효과.

데이터 분석은 변수에 따라 단일변량(univariate),[6] 이중변량(bivariate) 또는 다변량(multivariate) 절차를 활용하여 수행한다. 단일변량 절차에는 통계적 요약(의미, 표준편차 standard deviation 등), 막대그래프, 확률도 등이 포함된다. 이중변량 절차에는 상호관계 조사(correlation studies), 산란도(scatter plot) 및 회귀분석(regression analysis) 등이 포함된다. 이에 반해 다변량 분석은 다중 회귀(multiple regression: 대량밀도-금속관계) 및 다중 변수(multiple variable: 삼각도)와 같은 절차들이 포함된다. 변이도(variography)는 3차원 내 여러 방향의 품위 변수에 영향을 주는 상호관계와 범위를 규명하는 데이터 분석으로 공간과 연속성을 측정하는 통계적 방법이다.

매장량의 산출은 통상적으로 상호 간에 매우 밀접한 관계가 있는 데이터들을 기초로 분석한 결과다. 여기서 특이값은 다른 데이터들과 비교해보았을 때 특별히 크거나 작아서 상호 간에 모순되어 보이는 데이터들을 말한다. 이러한 특이값의 인식 및 처리는 데이터 분석에 중요한 요소로 작용한다. 그러므로 매장량의 산출과정에서 특이값들이 어떻게 규정되고 처리되는지를 반드시 명기해야 한다.

5) 경제적 매개변수(Economic parameter)

매장량 규명에 활용된 컷오프 품위나 또는 경제성 한계(economic limit) 조건들은 반드시 '경제적 채굴에 대한 합리적 전망'을 제시해야 한다. 컷오프 품위를 정할 때는 반드시 광상의 위치, 규모, 연속성, 추정되는 광산 개발법, 야금과정, 비용, 합리적이며 장기적인 금속가격 예상치 등을 사실적으로 반영하고 추정사항들은 명확히 구분해놓아야 한다. 암석의 특성이나 야금과정 및 광산 개발법 등과 같은 매장량 모델 내의 변이들은 반드시 계속해서 검토되어야 한다.

6) 매장량 모델(Mineral Resource Model)

매장량의 산출에 적용되는 기법들은 광상의 크기 및 기하학에 대한 수준과 활용

---

6 **변량**(Variate) 변량은 한 변수의 분포상의 특성을 파악하는 단일변량과 2개 또는 그 이상의 변수들 간의 관계를 파악하는 이중변량과 다변량으로 구분된다. 여기서 변수는 다시 다른 변수에 영향을 주는 독립변수와 다른 변수에 의해 영향을 받는 종속변수로 구분된다.

가능한 데이터의 양에 달려 있다. 현재 매장량 모델의 대부분은 특화된 상업용 컴퓨터 소프트웨어들 중 하나를 활용하여 구축한 모델이다. 간혹 시추 초기단계에는 단순한 기하학적 방법들을 활용하여 매장량을 산출하기도 한다. 그러나 시추단계가 올라가면 3차원 모델링 기법들을 활용하여 매장량을 산출하는 것이 더 적절하다. 블록사이즈나 모델의 지향(orientation)과 같은 모델의 매개변수들은 노천채굴이나 갱내채굴 방법 또는 발파공(blast hole)이나 충전식(fill mining) 등과 같은 채광법 및 광상의 기하학이나 품위의 분포 등을 근거로 개발한다.

7) 산출 기법(Estimation Technique)

매장량 모델과 추정 품위를 산정하는 보간 기법들로는 다각형법(polygonal), 최근접이웃(nearest neighbor),[7] 역거리 가중 내삽법(inverse distance weighting: IDW),[8] 및 크리킹 접근법(kriging approaches)[9]뿐만 아니라 좀 더 복잡한 조건의 시뮬레이션들이 적용될 수도 있다. 산출방법의 선택은 광상 내 품위 분포의 지질학 및 복합성과 고품위 특이값의 현존 수준에 의거한다. 일부 복합 모델의 경우, 광상의 다른 부분들에 대해 서로 다른 산출 기법들을 사용하여 매장량을 산출하기도 한다. 선택된 매장량 산출 방법들은 반드시 적절한 방법으로 문서화 작업을 해놓되 컴퓨터 파일뿐만 아니라, 보간과정의 내용들을 수기로도 기록해놓아야 한다.

8) 매장량 모델의 유효성(Mineral Resource Model Validation)

매장량 모델들과 주요 데이터들 간의 일치 여부를 반드시 확인해야 한다. 유효성 검증과정에는 구간들의 보간 결과에 대한 육안검사, 복합 데이터와의 비교, 데이터

---

7 최근접 이웃 보간법(Nearest Neighbor Interpolation)   샘플이 채집되지 않은 특정 위치의 값을 가장 최근접에 이웃하는 값을 이용해 추정하여 채우는 보간기법이다.
8 역거리가중 내삽법(Inverse Distance Weighting)   서로 가까운 위치들의 값이 멀리 떨어져 있는 값보다 더 유사한 공간적 특성을 갖는다는 지질학자 토블러(Tobler)의 법칙을 이용하여 내삽지점 사이의 거리에 따라 가중치를 달리 주는 보간기법이다.
9 크리킹 접근법(kriging approaches)   특정 지점을 둘러싸고 있는 변수값을 내삽하여 그 지점의 변수값을 추정하는 것으로 지질자료의 해석을 위한 지구통계학적 보간기법이다.

가 전역에 골고루 분포되었는지 아니면 편중되어 있는지에 대한 확인 및 보간 내에 품위의 평활화(smoothing) 수준의 확인 등이 포함되어야 한다. 전산으로 작성된 매장량 산술치의 전부나 일부에 대해 결과치의 정확성 여부를 수작업으로 재확인하는 것이 적절하다. 과거에 채굴이 이루어졌거나 현재 채굴되고 있는 광상의 매장량 모델들에 대한 유효성 확인작업은 실제 생산량을 근거로 차이에 대한 조정(reconciliation)사항이 반드시 포함되어야 한다. 마지막 단계로, 경제성 매개변수들에 대한 적절성 확인을 위해 변수들에 대한 재평가가 이루어져야 한다.

6.4. 광량(Mineral Reserves / Ore Reserves)

광량은 매장량을 대상으로 실제 채광이 가능한지를 경제적·사회적·법적 요소 등을 고려하여 산출한 결과다. 광량은 낮은 등급의 추정광량(probable mineral reserve)과 높은 등급의 확정광량(proven mineral reserve)으로 분류하는데 지질학적 신뢰도가 증가함에 따라 분류 등급도 올라가게 된다. 즉, 추정(indicated) 및 확정(measured) 매장량에 대해 채굴의 경제성이 반영되면 매장량은 수평 이동하여 광량으로 분류된다.

이 조사에는 입증될 수 있는 광산개발모델, 가공, 야금 경제성, 마케팅, 법적·환경적·사회경제적 및 정부 요소뿐만 아니라 보고를 하는 시점에서 광물추출의 경제성과 관련이 있는 모든 요소들에 대한 적절한 정보들이 반드시 포함되어 고려된다. 매장량 추정치 및 타당성조사 보고서에 확정광량의 등급이 적용되었다면, 이는 부존하는 광물의 가치에 대해 가장 높은 수준의 확실성이 부여되었다는 것을 의미한다.

6.5. 기타 국가들의 표기 규정

1) 한국의 매장량 분류

한국의 매장량 분류 방식은 국제 표준과 상당히 유사한데, 매장량의 명칭을 부존

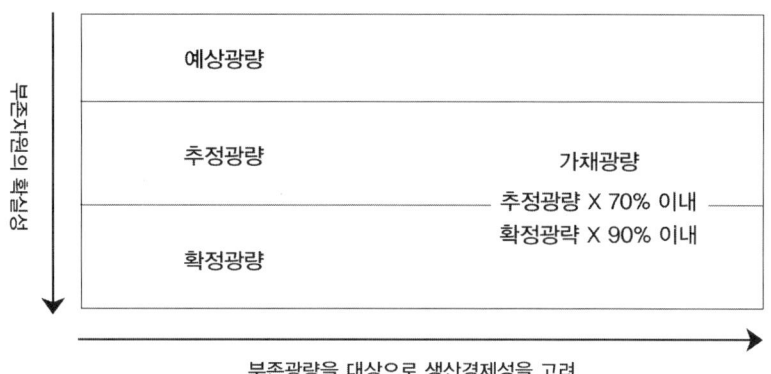

그림 6-3 한국의 매장량 및 광량 분류

자료: 해외 에너지팀. "매장량 산출방식 비교" 한국자원광물공사

자원의 확실성이 높을수록 예상광량, 추정광량, 확정광량 순으로 구분한다. 그러므로 국제 표준과 비교한다면, 예상광량은 예상매장량, 추정광량은 추정매장량, 확정광량은 확정매장량으로 이해할 수 있다. 이 중 산출된 추정광량과 확정광량에 생산경제성을 고려한 가채율을 적용하여 가채광량을 산출한다.

예상광량은 가장 낮은 단계의 광량으로 규칙광상의 경우는 1면이 불규칙광상의 경우에는 2면이 확인된 구역의 광량을 의미한다. 추정광량은 중간단계의 광량으로 규칙광상의 경우는 2면이 불규칙광상의 경우에는 3면이 확인된 구역의 광량을 의미한다. 가장 상위단계인 확정광량은 부존의 확실성이 인정되며 광상의 3~4면이 확인된 구역의 광량을 의미한다. 가채광량은 산출된 추정광량과 확정광량에 가채율을 곱하여 산출한 매장량의 합계다. 가채율은 확정광량의 경우 90% 이내, 추정광량의 경우 70% 이내의 비율이 적용된다.

2) 러시아 및 CIS 국가들의 매장량 분류

구소련에 의해 1960년대에 제정된 러시아의 매장량·광량 분류 표준은 당시에는 국제 및 서구국가들의 표준과 근본적으로 많은 차이가 있었다. 국제 표준의 기본은 자격인의 판단과 궁극적인 책임하에 광상들의 다양성과 활용 가능한 데이터 및 경제적 요소들을 반영하고, 제시된 자료들을 가지고 분류 등급을 결정한다. 이에 반해

표 6-6 러시아 및 CIS 국가들의 매장량·광량 분류

매장량 분류	광물 선별 (Mineral Concentrations)	국제·서구 코드와 비교
P3	예상매장량 (Prognostic Resources)	동급 분류 없음
P2		현장답사 수준 매장량으로 동급 분류 없음
P1		예상매장량
C2	평가된 매장량 또는 광량 (Evaluated reserves or resources)	예상매장량·추정매장량·추정광량
C1		추정매장량·추정광량 또는 확정광량
B	완전 탐사된 매장량 또는 광량 (Fully explored reserves or resources)	확정매장량·확정광량
A		

자료: Henley, S. 2004. "The Russian Reserves & Resources Reporting System: Discussion and Comparison with International Standards." Resources Computing International Ltd

러시아의 초기 표준은 탐사와 매장량의 연산 및 보고의 전 과정을 객관성 있게 서술하는 데 그 목적이 있었다. 그러나 1900년대 초부터 분류 방식에 서구국가들과 같이 경제적 요소들을 반영하는 중대한 변화들이 나타났을 뿐만 아니라 국제 표준을 적용하기 시작했다. 현재, 러시아의 표준은 아직도 분류 방식이나 내용이 국제 표준과 형식에서 차이는 있지만 이를 같은 가치의 국제방식으로 해석하고 이해할 수 있게 되었다.

❶ P3

광석을 함유할 가능성이 있는 광상들은 일단 가장 낮은 단계의 P3 등급 매장량으로 분류한다. 매장량의 현존에 대한 판단은 '유망한 지질학적 환경'에 대한 이론적 정의(theoretical definition)에 근거한다. 매장량의 수치는 그 지역 내에 좀 더 조사가 진행된 유사 광상의 매장량을 기초로 유추한다. 즉, 확인된 사항이 아니라 관심지역이 광상이 부존할 것으로 여겨지는 지질환경을 지녔다는 이론적 근거와 주변에 탐사가 좀 더 진척된 유사 광상의 매장량을 근거로 매장량을 추정하는 것이다.

❷ P2

P2 등급은 광상이나 광석을 함유하는 것으로 알려진 광물학적 구조들이 있을 가능성을 나타낸다. 매장량은 지구물리 및 지구화학 데이터에 근거하여 추정한다. 지형, 광물의 성분 및 광체의 크기는 그 지역 내에 유사한 지질학적 구조를 가진 광화대로부터 추정한다.

❸ P1

P1 등급의 매장량은 상위등급인 C2 매장량에서 규명한 매장량의 실제 경계범위를 벗어난 외곽까지 포함한다. P1 매장량의 최대반경은 그 지역 내의 유사 광상들로부터 보외법(exploitation)[10]에 의해 간접적으로 결정한다. P1 등급의 매장량은 향후 상위 C2 등급 매장량의 수치를 증가시키는 주된 근거가 된다.

❹ C2

이 등급의 매장량은 지역을 매우 넓은 간격으로 탐사하여 적은 양의 데이터를 근거로 추정한다. 광체의 범위는 지질구조가 알려진 지역 내를 주로 보외법 및 인근의 다른 유사 광상들과 비교하여 규명한다. 광체의 품위와 광물 특성들은 코어샘플 및 지역 내의 유사 광상들과 비교하여 결정한다. 매장량은 제한된 데이터를 가지고 보외법으로 산정하는데 경우에 따라서는 1개 시추공에서 나오는 자료일 수도 있다.

❺ C1

이 등급의 매장량은 드문 간격으로 시갱하거나 시추한 작업결과를 바탕으로 추정한다. 이 등급은 상위등급인 A나 B 매장량 경계의 주변 매장량뿐만 아니라 매우 조밀한 탐사로도 분포(distribution) 상태가 확인되지 않는 고복합광상(very complex deposit)의 매장량도 함께 포함한다. 광상의 질이나 특성은 같은 형태로 알려진 다른

---

10 **보외법(Exploitation)** 샘플이 채집되지 않은 특정 위치의 값을 주변 측정값의 데이터를 이용하여 추정할 때, 바깥 지역의 값을 추정하는 것을 보외법(exploitation) 또는 외삽법(extrapolation)이라 한다. 내부지역의 값을 추정하는 내삽법(interpolation)과는 반대의 의미다.

광상들과의 유사점 및 분석에 의해 잠정적으로 판단한다. 매장량은 주향(strike)[11]의 길이와 경사(dip)[12]의 길이 및 광체의 평균 두께 등의 예상치로부터 추론한다. 빈광블록(barren block)[13]에 대한 허용치는 통계학적으로 이루어질 수 있다.

❻ B

B 등급의 매장량은 충분한 정도(fair detail)의 탐사가 이루어진 지역의 매장량이다. 광상의 경계들은 시출이나 시추 및 갱내 작업들에 의해 윤곽이 확인된다. 광상의 질이나 특성은 전망한 보외법의 기본적 신뢰성(basic reliability)을 보증할 수 있어야 한다.

❼ A

이 등급의 매장량은 상세한 탐사가 이루어진 지역의 매장량으로, 광상의 경계들은 시출이나 시추 및 갱내 작업들에 의해 윤곽이 확인된다. 광상의 질이나 특성은 전망한 보외법의 신뢰성(reliability)을 보증할 수 있어야 한다.

6.6. 매장량 및 광량자료 보고에 대한 지침

기술 및 타당성보고서는 표준에 의거하여, 매장량이나 또는 광량산정 작업에 대한 과정과 탐사작업에 대한 설명 및 관련 보충자료 내용을 포함하고 있어야 한다. 특히

---

11 **주향(Strike)** 지층면과 수평면이 만나서 이루는 교선의 방향을 북쪽을 기준으로 측정한 각도를 말하는데, 특히 지층면이 어느 방향으로 얼마만큼의 각도로 경사되어 있는가를 나타내는 요소로 이용된다. 예를 들어 주향의 연장이 북쪽과 동쪽 사이에 15도 각도로 놓여 있다면 N15E라고 표기한다. 이러한 주향만을 그려서 나타낸 것을 주향선도라고 한다.

12 **경사(Dip)** 지층면과 수평면이 이루는 각도를 말한다. 예를 들어 지층면의 경사각이 남서쪽으로 15도로 놓여 있다면 15SW라고 표기한다. 이러한 주향과 경사의 측정은 지질조사의 기본이 되는 요소들이다.

13 **빈광블록(Barren Block)** 광상의 부분 중에 광석이 거의 농집되어 있지 않는 블록부분을 말한다.

표 6-7 매장량 및 광량 보고(예)

광량 분류	톤(mt)	품위(g/t)	온즈(oz)
확정(Proven)	144,512	0.40	1,874
추정(Probable)	108,258	0.56	1,933
총계	252,770	0.47	3,807

매장량 분류	톤(mt)	품위(g/t)	온즈(oz)
확정(Measured)	4,724	0.54	82
추정(Indicated)	92,802	0.55	1,641
총계	97,526	0.55	1,723

누차 언급한 대로 매장량 및 광량의 중요성이 매우 강조되는데, 왜냐하면 광산개발이나 운영의 경제성 여부에서 가장 기본적 데이터이기 때문이다. 매장량 및 광량에 대한 자료가 포함된 보고서는 반드시 자격인이 직접 작성하거나 자격인의 지시로 작성되고 자격인의 서명과 서명일자가 포함되어야 한다. 때때로 매장량이나 광량은 고품위 데이터를 제외하거나 또는 밀링 데이터(milling data)를 조정함에 따라 발생하는 수정 요인들을 적용한 후에 보고하기도 한다. 만약 이러한 데이터들이 추정치 산출 작업의 목적으로 현저하게 조정되거나 수정되었다면, 이 조정이나 수정사항의 본질에 대해 명확하게 서술해야 한다. 매장량이나 광량은 시추작업에 따른 광상의 위치, 형상, 발생의 연속성 및 활용할 수 있는 샘플 결과와 같은 제한된 정보들의 해석에 바탕을 두기 때문에 정확히 계산된 수치로 볼 수는 없다. 이러한 부정확성의 본질을 나타내고자 매장량이나 광량의 수치는 최종 결과가 발표될 때, 계산치가 아니라 항상 추정치로 언급된다.

보고서에는 매장량이 '예상', '추정' 및 '확정' 매장량 중 어느 범주에 들어가는가를 반드시 명시해놓아야 한다. 또한 광량도 '추정' 및 '확정' 광량 중 어느 범주에 들어가는가를 반드시 명시해놓아야 한다. 개별 범주들에 대한 자세한 설명이 제공되지 않는 한 매장량이나 광량은 혼합된 범주의 형태로 보고되지 않는다. 다만, 일부 정당한 사유가 있는 경우에 한해, 호주에서는 광량을 매장량에 포함하여 보고하거나, 반대로 미국이나 남아프리카의 경우에는 매장량을 광량에 포함하여 보고하는 경우도 있다. 하지만 누차 설명한 대로, 예상매장량의 경우에는 신뢰도 때문에 설명의 제공 여부와 상관없이 절대로 다른 범주들과 혼합하여 보고할 수 없다.

보고서의 작성 형식은 특별히 지정되어 있지 않지만 보고서가 어떤 형식을 채택하여 작성되었는지는 명확히 밝혀야 한다. 보고서의 적절한 문구 형식들로는 '추정 및 확정매장량을 포함한 수정된 매장량 수치를 가지고 광량을 산출했습니다(The Measured and Indicated Mineral Resources are inclusive of those Mineral Resources modified to produce the Mineral Reserves)' 또는 '추정 및 확정매장량이 광량에 추가되었습니다 (The Measured and Indicated Mineral Resources are additional to the Mineral Reserves)' 등이 있다.

광량이 포함된 보고서를 준비할 때는 이의 근거가 되는 매장량 보고서가 먼저 작성되어 있어야 된다. 매장량에 광물가, 광산 야금, 마케팅, 환경, 사회 및 정부 요소 등과 같은 채굴의 경제성과 관련한 항목들을 반영하여 광량을 산출하고 이 산출근거자료들을 보고서에 반드시 포함시켜놓는다. 매장량은 기술적 타당성 및 경제적 실현성이 입증되어 광량으로 분류되기 전까지는, 보고서에 기존의 매장량 등급으로 계속 분류해놓아야 한다.

광량은 기존 매장량에 포함되어 있지 않았던 폐석혼입과 같은 광물량을 포함시키거나 또는 기존 매장량에 포함되어 있던 채굴할 때의 손실(mining loss)과 같은 광물량을 제외시킬 수도 있다. 이러한 매장량과 광량 사이의 근본적 차이점을 명시하고, 이 두 수치를 비교하여 신중히 결론을 유출하는 것이 매우 중요하다. 또한 등급 간의 차이점에 대해 자세한 설명은 필요없지만, 투자자들이 주요 차이점들에 대한 이해가 가능하도록 충분한 해설을 포함시켜야 한다. 만약 광량에 대한 재산정 작업에서 광량이 더 이상 실현 가능성이 없게 되면, 광량은 매장량으로 재분류되거나 또는 적절하다고 판단될 경우에 매장량 및 광량 보고서에서 제외시킬 수도 있다.

6.7. 매장량을 광량으로 전환하기 위한 요소

매장량을 광량으로 전환하기 위해서는 다음에 나오는 점검 항목들을 사전에 고려해야 한다. 물론 이 항목들이 전부는 아니지만 자격인은 반드시 이 요소 및 항목들을 충분히 고려하여 경제적 채굴이 정당한지 여부를 밝혀야 한다. 각 요소 및 항목들에 대한 자세한 정도의 수준은 자격인의 재량을 따르게 된다. 하지만 종합적인 자세한 정도와 엔지니어링의 수준은 반드시 타당성조사의 정의에 나오는 기준에 준하거나 그 이상이어야 한다.

1) 채굴 항목(적절한 채굴 매개변수를 결정하기 위한 데이터)
채굴 방법, 생산률 시나리오, 컷오프 품위, 폐석혼입, 매장량 모델과 관련한 회수, 폐석처리, 충전법(갱내채굴), 품위제어 방법, 운영 비용 및 자본 비용 등

2) 가공 항목
샘플 및 사이즈 선택, 회수율, 경도(연삭성), 산적 밀도, 유해 요소들의 존재 및 분포, 가공방법의 선택, 운영 비용 및 자본 비용 등

3) 지반·수문학 항목
경사의 안정성(노천광산), 지반의 지지방안(갱내채굴), 수분평형(water balance), 지역 수문학 및 지진 위험성 등

4) 환경적 항목
환경기초조사, 광미처리, 폐석처리, 산성광산폐수(acid mine drainage)[14] 및 산성암반

---

[14] 산성광산폐수(Acid Mine Drainage) 광산으로 인해 오염된 폐수를 말하는 것으로 빗물이 광산이나 폐석 및 광미적치장으로 스며들어가 중금속을 함유한 오염물을 배출하는 것으로 광산개발에 따른 환경오염의 주원인이 됨. 산성암반배수(Acid Rock Drainage)와 유사한 의미를 지님.

배수 문제, 폐광 및 복구 계획 및 인허가 일정 등

5) 위치 및 기반시설 항목
기후, 물자 공급, 전력원, 현 기반시설, 노동력의 공급 및 숙련도 수준 등

6) 마케팅 요소
제품 사양 및 수요, 현장처리 기준 및 경비, 운송경비

7) 법적 요소
광업권의 보장, 소유권 및 지분, 환경 관련 책임사항, 정치적 요소 및 회계체제 등

8) 일반 경비 및 세입 요소 또는 항목
일반 관리비, 예상 상품가격, 예상 환율, 인플레이션, 로열티, 과세 및 법인의 투자 기준 등

9) 사회 문제 항목
지역개발 전략, 사회환경 영향평가 및 완화대책, 조정 비용과 계약 및 문화와 사회적 영향 등

6.8. 자격인(Qualified / Competent Person)

자격인은 해당 국가의 규정에 따라 자격요건을 갖춘 엔지니어, 지질학자, 지구물리학자 또는 광산계통 전문가이며 탐사, 개발, 생산, 프로젝트의 분석이나 보고 분야에 통상 최소 5년 이상의 경험을 가진 사람으로 각국 자율규제 기관의 결격 사유가 없는 회원이어야 한다. 자격인의 역할은 광산회사의 의뢰에 따라 탐사자료를 해석하고, 매장량, 광량, 품위, 예상치 등의 기술 내용이 담긴 문서나 보고서 및 자료들을

독립적이며 객관적으로 작성하는 것이다. 자격인의 호칭은 캐나다 및 페루에서는 'Qualified Person', 미국, 호주, 뉴질랜드, 영국, 아일랜드, 유럽연합, 남아프리카 및 필리핀 등에서는 'Competent Person', 칠레에서는 'Qualified Competent Person'으로 표기한다.

 자격인은 자신이나 또는 자신의 지시 아래 매장량이나 광량산출 및 기술보고서의 작성을 준비하고 이를 확인한 날짜와 서명을 첨부한다. 자격인은 검토한 광물과 광상의 형태 및 상황과 관련하여 자신이 이 분야에 대한 능력과 경험이 있음을 분명하게 밝혀야 한다. 만약 검토한 분야에 대해 의구심이 있을 경우에 자격인은 반드시 다른 동료들의 의견을 수렴하거나 또는 그가 부족한 전문성에 대해 해당 분야의 전문가로부터 자문을 구해야만 한다.

 매장량 산출은 종종 팀 작업에 의해 이루어지기도 하는데 이때는 각 팀 멤버들이 작업한 부분에 대해 명확한 책임소재가 가려져야 한다. 예를 들어, 한 자격인은 데이터의 수집에 대해, 다른 자격인은 매장량의 산출과정을, 또 다른 자격인은 광산 조사 등을 책임지며, 프로젝트 리더는 모든 자료에 대한 총괄적 책임을 진다. 광량의 산출 작업은 대부분 여러 명의 기술인력들이 참여하는데 여기서도 광산 엔지니어들은 중요한 역할을 담당한다. 매장량 및 광량 산출치는 반드시 자격인에 의해 편집되거나 또는 감독하에 이루어져야 한다.

✱ 인간의 선택은 금광인가? 연어인가?

미국 알래스카(Alasca) 주의 앵커리지에서 남서쪽으로 320킬로미터 떨어진 곳에 위치한 브리스톨(Bristol) 만 지역의 광산개발을 둘러싸고 '이를 지지하느냐, 반대하느냐'의 문제가 알래스카 주를 뜨겁게 달구고 있다. 문제가 되고 있는 개발 건은 1988년 첫 시추작업이 이루어진 뒤 2002년부터 본격적인 탐사작업이 진행되고 있는 Pebble 프로젝트로, 2007년 말까지 환경 및 사회·경제성 조사로 8,500만 달러와 탐사로 1억 4,000만 달러가 투자되었으며, 2008년의 탐사 예산으로 1억 4,000만 달러가 책정되어 심부시추, 매장량 등급의 상향 조정을 위한 추가 탐사 및 환경기초조사를 위한 데이터 수집 작업이 진행 중이다.

가장 최근의 2008년 2월의 매장량 보고에 따르면, 광산의 서쪽 지역에는 추정 및 확정매장량이 0.30% 컷오프 기준으로, 구리 188억 파운드, 금 3,130만 온스, 몰리브덴 2억 6,500만 파운드 및 예상매장량이 구리 59억 파운드, 금 910만 온스, 몰리브덴 9억 9,300만 파운드에 달한다. 동쪽 지역은 0.60% 컷오프 기준으로, 예상매장량을 구리 490억 파운드, 금 4,500만 온스, 몰리브덴 28억 파운드로 추정한다. 채굴 가치는 4,000억 달러에 이르며, 광물이 채굴되는 수십 년에 걸쳐 알래스카에 수많은 일자리와 경제 부흥을 가져다 줄 것이다. 2008년 현재, Pebble 지역의 구리·금·몰리브덴 반암 광상은 세계에서 두 번째 크기로 인도네시아의 Grasberg 광산보다 약간 작을 것으로 예상하고 있다.

개발 업체에 따르면, 2008년 말까지 사전 타당성조사를 완료하고, 2011년까지 타당성조사가 완료되면, 2013년부터 광산건설 작업이 시작되어 2016년부터는 생산에 들어갈 것이라고 한다. 광산의 서쪽 지역은 노천채굴 방식으로 3킬로미터의 폭에 1,000미터 이상의 깊이로 채굴되며 25억 톤에 이르는 폐기물이 배출될 것으로 예측하고 있다. 배출되는 화학물 및 폐기물의 저장을 위해 2개의 인공 호수 및 댐 건설이 계획되고 있다. 반면에 광산의 동쪽 지역은 갱내채굴이 이루질 예정이다.

광산개발이 문제가 되는 것은 Pebble 광산이 브리스톨 만의 상류원인 여러 호수와 강에 인접하여 있기 때문이다. 브리스톨 만은 매년 수천만에 이르는 전 세계 연어들이 가장 많이 회귀하는 지역으로 세계 최대의 사카이 연어 산란지이기도 하다. 또한 이 지역은 연어와 송어 낚시를 즐기는 사람들에게 천혜의 지역으로 알려져 있을 뿐 아니라 원주민들에게는 어업이 생계 유지 수단으로 매우 중요한 역할을 하고 있다.

이로 인해 지역사회, 국회의원, 환경단체, 개발단체들이 서로의 의견을 내세우며 개발과 반대를 주장하고 있으며, 심지어는 원주민 사회조차 개발의 이익과 환경의 피해를 둘러싸고 의견이 양분된 상태다. 흥미로운 점은 찬성 측이 주관하는 여론 조사에 따르면 찬성 45%, 반대 31% 및 미결정 24%인 데 반해, 반대 측에 따르면 반대 53%, 찬성 28%, 미결정 19%로, 조사 주체에 따라 여론 결과도 다르게 나타난다는 것이다. 하지만 브리스톨 지역 거주민만 상대로 한 여론 조사는 반대 71%, 찬성 20%, 미결정 9%로 절대 다수가 광산개발을 반대하고 있는 것으로 나타났다. Pebble 프로젝트를 둘러싼 전쟁은 경제 대 문화, 구리 대 깨끗한 물, 금 대 연어의 싸움으로 각자의 이익에 따라 희한한 합종연횡이 이어지고 있다.

이러한 논쟁 속에서도 Pebble 탐사지역에서 약 10킬로미터 떨어진 리암나(Lliamna) 원주민 마을은 개발 붐으로 인해 엄청난 경제 호황을 누리고 있다. 평소 스노우 모빌이나 경비행기 외에는 접근조차 할 수 없었던 지역에 포장도로가 깔리고 활주로가 개설되었으며 우체국과 병원이 설립되었다. 주민들은 숙박과 음식을 제공하고 일부는 탐사작업에 고용되어 일한다. 길에는 번쩍이는 신형 픽업트럭들과 각종 장비를 실은 전 지형용 차량들이 넘쳐나고 있다. 마을 전체가 프로젝트의 베이스캠프로 이용되고 있는 것이다.

광산개발에 참여한 외국 컨소시엄의 대표인 존(John T. Shively)은 '개발인가 보호인가?'라는 논쟁에 대해 "아마도 신께서 가치를 따질 수 없는 엄청난 천연자원인 연어와 광물을 양 옆에 서로 놔두고 인간들이 이를 어떻게 처리하는지 두고 보시는 것 같다"라고 언급했다.

자료: Wikipedia. "Pebble Mine." Retrieved Mar 24, 2009, from http://en.wikipedia.org/wiki/Pebble_Mine
Yardley, William. 2008.8.23. "Vote in Alaska Puts Question: Gold or Fish?" *New York Times*.

CHAPTER 7

자원개발 관련 계약
Mining Agreements

　자원 관련 계약의 첫 단추는 의향서나 양해각서와 같은 예비협정을 맺은 뒤 협상을 통해 본 계약을 체결해 나가는 것이다. 하지만 한국의 자원개발 사례들을 들여다보면 예비협정 체결 뉴스는 심심치 않게 들리는 데 반해 정작 본 계약이나 생산까지 이어진 사례들은 찾기가 무척 어려운 실정이다. 이는 한국업체들이 광산개발에 대한 이해부족과 자체적 준비가 미흡한 상태에서 서둘러 예비협정을 체결하다 보니 본 계약을 진행해 나갈 때 예상치 못했던 많은 문제들에 직면하기 때문이다. 또한 해외의 광산업체들은 광산계약 전문변호사들을 고용하여 계약 문제를 다루기 때문에 이에 대응하는 한국업체들의 어려움은 한층 더 가중된다는 것이다.

　선진국들은 탐사면허(exploration licence)를 신청하고 규정 및 절차에 따라 개발을 진행한 업체에 대해 우선적으로 광산리스나 채광임대권(mining lease)을 부여한다. 개발업체는 통상 20년 동안(연장 가능) 광물을 채굴할 권리를 갖게 되며 정부에 채굴한 광물에 대한 로열티 및 소득세 등을 지불한다. 그러므로 정부는 개발과 관련한 계약의 주체가 아닌 규정에 의거한 관리감독과 과세 기관으로서의 역할만 담당한다. 다만, 광산개발과 연관된 지역사회 개발문제들에 한해 지역정부가 계약의 주체로

그림 7-1 광산계약의 형태

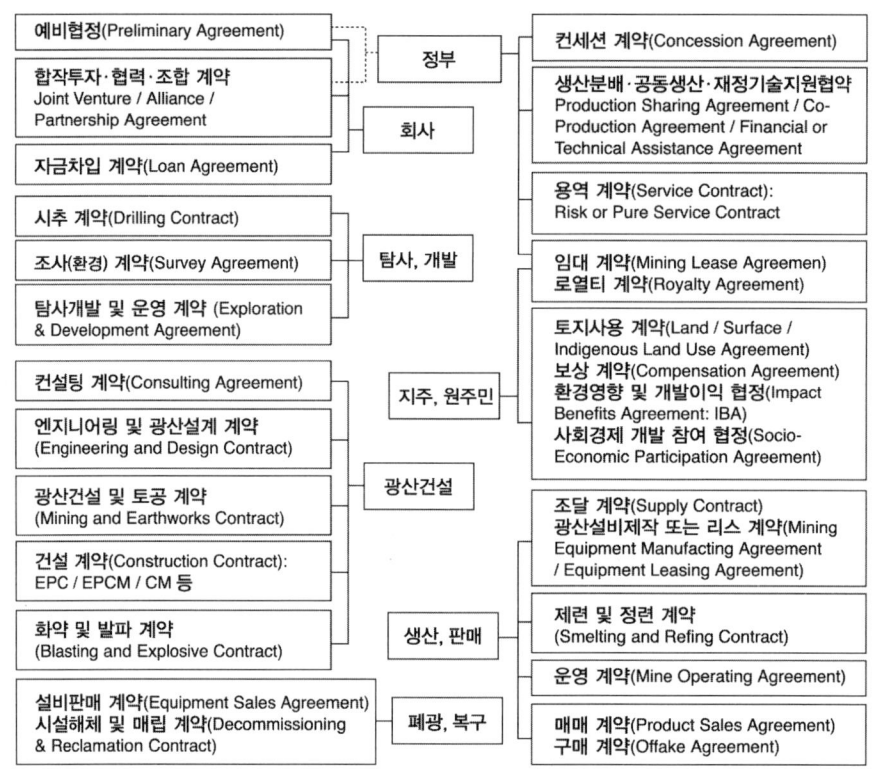

참여하기도 한다.

반면에 개발도상국들은 컨세션 계약, 합작 계약, 생산분배 계약이나 공동생산 계약 및 서비스 계약 등을 통해 정부가 직접 계약의 주체로 나서기도 한다. 물론 계약에 따라 참여의 차이는 있지만 선진국 대비 가장 근본적 차이는 개발계획부터 생산과 처분에 이르기까지 정부가 직간접적으로 참여하고 향후 임차료나 로열티 및 조세의 형태로 이익의 상당부분을 업체로부터 거둬들이는 것이다. 계약의 주체들은 계약체결에서 일단 광물의 소유권이나 개발 리스크와 관련한 계약의 형태를 결정한다. 이후 지분이나 개발운영의 민감한 사항들을 결정할 이사회나 운영위원회의 구성, 의사처리 절차, 이익에 대한 분배, 비용회수의 인정범위, 과세 및 회계처리 기준과 함께 필요 기반시설들을 누구의 책임하에 건설하는가 등의 문제들을 민감하

그림 7-2 선진국과 개발도상국의 차이

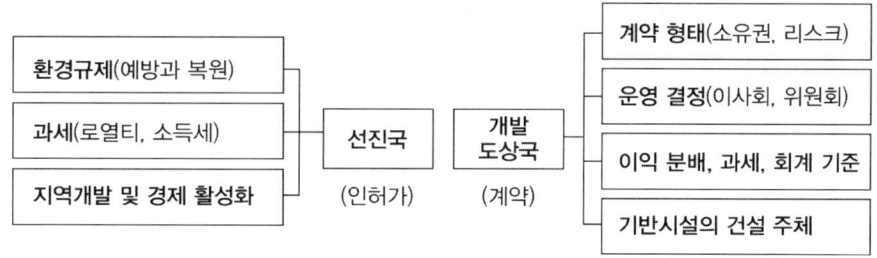

게 다룬다. 이 외에도 광물자원의 종류에 따라 최소 내수 판매 물량 및 할인 공급가 문제도 이익분배 개념에서 다뤄진다.

영어 속담에 "위험을 무릅쓰지 않으면 아무것도 얻을 수 없다(Nothing ventured, nothing gained)"라는 표현이 있다. 이 속담은 광산개발뿐만 아니라 계약이 내포하고 있는 이익과 손해의 위험성이라는 특성을 잘 표현해준다. 이익이라는 가능성을 목표로 오랜 기간 막대한 투자의 위험성을 감수해야 하는 광산개발과 좀 더 나은 조건을 목표로 상호 간에 줄다리기라는 과정을 거쳐야 하는 계약 모두, 위험을 감수하지 않으면 원하는 결과를 얻을 수 없을 것이다.

7.1. 예비협정(Preliminary Agreement)

예비협정은 정식으로 계약을 체결하기 전에 주체들이 공통의 비전을 가지고 상호 협력한다는 기본 방향의 제시로 볼 수 있다. 가장 대표적인 예비협정들로는 의향서(LOI), 양해각서(MOU) 및 약정서나 기본협약(HOA) 등이 있다. 간혹 논의에 대한 상호 비밀유지를 위해 비밀유지협정을 먼저 체결하기도 한다. 또한 협정의 목적에 따라 Preliminary Concession, Survey, Developing, Exploration 등의 예비협정을 맺기도 한다.

예비협정의 가장 중요한 문제로는 이 협정이 법적 구속력을 가지는지 여부와 또는 일부 항목에 대해서만 구속력을 지니는지에 있다. 통상 예비협정도 법적 문서

그림 7-3 예비협정

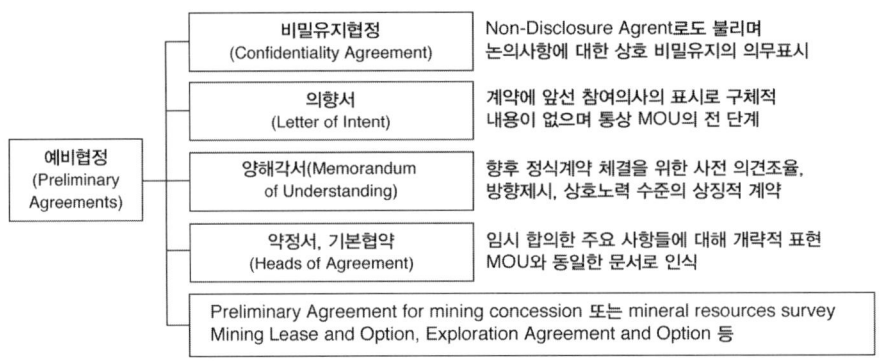

로서 효력을 인정받는데 그중에서도 특히 우선협상권 및 비밀유지의무 항목 등은 그 특성 때문에 법적 의무가 규정된다. 그러나 내용의 상당 부분이 협력, 신의, 최선의 노력, 경주, 공통의 비전 등 추상적 의미를 지니고 있기 때문에 법적 구속력을 갖는 확실성(certainty)을 기대하기 어려운 것도 사실이다. 그러므로 예비협정이 법적 구속력을 가지려면 이 협정이 상호 간에 법적 구속력이 있다는 문구를 삽입하고, 계약 조건들에 대한 충분한 확실성이 나타나게 하며, 계약 수행에 대한 조건 및 적절한 형식을 갖추어야 향후 발생할지 모를 논란의 소지를 피할 수 있다. 반대로 구속력을 원치 않을 경우에는 구속력이 없음을 명확히 나타내는 문장을 삽입하도록 한다.

7.2. 합작투자 계약(Joint Venture Agreement)

합작투자란 둘 이상의 정부나 기업의 주체들이 특정 사업에 대해 공동으로 경제활동을 수행하기 위해 결성한 계약구성체를 의미한다. 광산개발의 경우 합작투자를 통해 기술 및 자본의 부족한 부분을 상호 보완하여 투자 리스크를 줄일 수 있는 장점이 있어 널리 활용된다. 특히 타국의 광산개발에 처음 진입하는 경우에 그 국가에 소재한 업체와의 합작을 통해, 인허가 추진이나 노동력 확보 및 원주민과의 분쟁

그림 7-4 합작 계약 전 국가현황 및 규정 점검사항

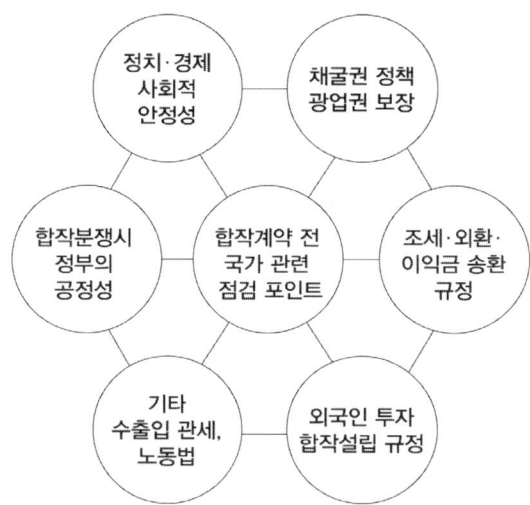

해결 등에서 많은 혜택을 얻을 수 있다. 또한 일부 개발도상국에서는 자국 자원의 보호와 자국업체들에게 개발 혜택을 부여하기 위해 해외 투자자의 지분소유 상한을 법률로 제한하기도 한다.

합작투자는 사업 수행을 위한 법인의 구성 여부에 따라 크게 법인화(Incorporation JV, Equity JV)와 비법인화(Unincorporated JV, Non-equity JV, Contractual JV) 합작 계약으로 구분한다. 계약 내용은 크게 합작사의 형태, 사업범위, 운영과 관리, 자금조달, 주체들의 기여와 의무, 지분변동이나 불이행 규정, 지분의 일반적 인도와 매도 및 제한과 거부 또는 매수권, 매각권, 동반매각 청구권(Drag Along Right),[1] 피기백(Piggyback),[2] 및 샷건(Shotgun)[3] 등의 특별 매각조건, 이익의 분배, 책임소재와 관련하여

---

[1] **동반매각 청구권(Drag Along Right)** 동반매각 청구권이란, 주체 누구든 자신의 지분뿐만 아니라 다른 주주들이 보유한 지분까지, 즉 합작사의 지분 전체를 제3자에게 동반매각할 것을 청구할 수 있는 권리를 말한다. 이때 매도를 원치 않는 주체가 있을 경우에 통상적으로 동반매각 청구를 거부할 수 있는 권리가 주어지는데, 거부 주체는 매도를 원하는 주체가 제안한 조건으로 상대방의 지분을 우선 매수할 수 있는 기회가 주어진다.

[2] **피기백(Piggyback)** 피기백이란 동반매각과 유사한 매각방식인데, 주체 누구든 자신의 지분을 제3자에게 매각할 때 상대 주체에게 우선 매수 의사를 확인하고, 상대방이 이를 받아들이지

계약서의 내용 및 방향이 결정되고 이에 대한 의무, 절차, 책임 및 유첨 스케줄 등이 계약서 내에 명확히 서술되고 규정되어야 한다.

아래의 조항들은 광산 합작 계약서에 포함될 수 있는 조항들로, 일반 합작 계약과 비교하여 광산 합작 계약에만 나타날 수 있는 용어, 조항 및 조건들에 대해서 간략히 설명하고자 한다.

- 해석(INTERPRETATION)
- 합작 투자 법인의 구성(FORMATION OF THE JOINT VENTURE CORPORATION)
- 주주들의 지분(SHAREHOLDERS' INTERESTS)
- 이사회(BOARD OF DIRECTORS)
- 주주(SHAREHOLDERS)
- 운영자(OPERATOR)
- 운영자의 권리, 의무 및 지위(RIGHTS, DUTIES AND STATUS OF OPERATOR)
- 운영자의 책임(LIABILITY OF THE OPERATOR)
- 운영자의 보수(OPERATOR'S FEE)
- 탐사 프로그램(EXPLORATION PROGRAMS)
- 타당성 보고(FEASIBILITY REPORT)
- 생산 통지(PRODUCTION NOTICE)
- 기여의 선택(ELECTION TO CONTRIBUTE)

않을 경우에 자신의 지분만을 제3자에게 매각할 수 있다. 단, 매도 주체는 동일한 계약 조건을 상대 주체에게도 알선해야 하는 의무가 있으며, 상대 주체는 제3자에게 같은 조건으로 자신의 지분에 대한 매각 여부를 결정할 수 있는 권리가 있다. 동반매각과 피기백의 가장 큰 차이는 매수자의 입장에서 볼 때, 피기백은 지분 전체를 인수할지 아니면 일부만 인수하게 될지 모르는 불확실성으로 인해 거래를 꺼리는 데 반해 동반매각은 확실히 지분전체를 인수할 수 있어 이를 선호한다.

3 샷건(Shotguns) 슛아웃(Shootout)이나 텍사스 드로(Texas draw)라고도 불리는 샷건은 한 주체가 상대 주체의 지분 인수를 제안할 때, 상대 주체는 이를 수용하여 자신의 지분을 매도하던지 또는 반대로 같은 조건으로 오히려 매수를 희망한 주체의 지분을 인수할 수도 있다. 결국 매수를 희망하는 주체는 상대 주체에게 합리적인 조건으로 매수 제안을 해야 한다.

- 광산 자금조달(MINE FINANCING)
- 건설(CONSTRUCTION)
- 광산의 운영(OPERATION OF THE MINE)
- 광산 경비의 지불(PAYMENT OF MINE COSTS)
- 분배의 방법(DISTRIBUTION IN KIND)
- 지분의 인도(SURRENDER OF INTEREST)
- 광산운영의 종료(TERMINATION OF MINING OPERATIONS)
- 프로퍼티(THE PROPERTY)
- 공동 관심 지역(AREA OF COMMON INTEREST)
- 정보 및 데이터(INFORMATION AND DATA)
- 보험(INSURANCE)
- 계약 주체들 간의 관계(RELATIONSHIP OF PARTIES)
- 분할(PARTITION)
- 과세(TAXATION)
- 불가항력(FORCE MAJEURE)
- 통지(NOTICE)
- 면제(WAIVER)
- 개정(AMENDMENTS)
- 조건(TERM)
- 양도(ASSIGNMENT)
- 승계인 및 양수인(SUCCESSORS AND ASSIGNS)
- 사업의 조직(ORGANIZATION OF BUSINESS)
- 준거법 및 분쟁의 해결(GOVERNING LAW AND DISPUTE RESOLUTION)

첨부 스케줄(Schedule)
- 프로퍼티(THE PROPERTY)
- 회계절차(ACCOUNTING PROCEDURE)

- 순이익 처리 절차(NET PROCEEDS OF PRODUCTION)

- 용어 정의(알파벳순)
  - 자산(Assets): 모든 유형 및 무형의 상품, 동산, 시설개량 또는 토지, 건물 및 시설 등으로 프로퍼티는 별도
  - 이사회(Board of Director): 계약 조항에 의거하여 설립된 위원회
  - 완료일(Completion Date): 광산의 건설 및 설비가 완료되어 상업적 생산이 개시되는 날
  - 건설(Construction): 건설기간에 수행하는 모든 종류의 작업들
  - 건설기간(Construction Period): 생산통지가 주어진 날로부터 광산건설이 완료된 날까지의 기간
  - 경비(Cost): 광산운영과 관련한 직접 또는 간접의 모든 지출 및 경비. 향후 해제, 복구 및 보호, 모니터링 등과 같은 환경보호와 관련한 모든 의무 및 책임이 포함된다. 경비들은 건설 경비, 탐사 경비, 광산 경비, 운영 경비 등으로 분류
  - 행사일(Exercise Date): 스톡옵션이 있을 경우 이를 행사하는 일자
  - 탐사기간(Exploration Period): 계약 발효일로부터 생산통지(광산건설)가 주어지고 이에 따른 건설 경비가 완전히 이행된 날까지의 기간
  - 타당성 보고서(Feasibility Report): 자금조달의 목적으로 금융기관에 광산의 건설 타당성에 대해 프레젠테이션을 하기 위해 작성된 보고서로 형식에 맞추어 포함되어야 할 항목들에 대해 규정
  - 지분(Interest): 산출된 프로퍼티, 자산 및 광산에 대한 미분할 수익권 비율
  - 광산(Mine): 설립된 작업지 및 취득한 자산으로, 상업적 생산이 가능한 광산설립을 하기 위해 필요한 플랜트 및 선광기 설치, 기반시설, 숙박지, 공항 및 기타 시설물들을 모두 포함
  - 광산운영(Mining Operation): 운영자에 의해 수행되는 모든 종류의 작업들로 여기에는 조사, 시굴, 탐사, 개발, 프로퍼티 보존, 보고서 준비, 전망 및 조사, 설계, 개선, 측량, 건설 및 채굴, 선광, 재건, 복구 및 환경보호 등의 사항들을 포함

- 광물(Minerals): 모든 광석(및 선광으로 얻어진) 및 법적으로 탐사 및 채굴되어 판매가 가능한 프로퍼티 내에 있는 귀금속, 비금속(卑金屬) 및 비금속(非金屬) 등의 모든 광물(선광된 광석 포함)
- 광물 생산품(Mineral Products): 광산에서 채굴된 광물들로 상업적 판매가 가능한 모든 생산품
- 운영 계획(Operating Plan): 광산운영에 대한 연간 계획
- 발효일(Operative Date): 계약서 발효일
- 운영자(Operator): 탐사 및 광산운영을 책임질 운영자로 지명받은 주체
- 주체(Party) 또는 주체들(Parties): 계약에 나오는 주체들 및 계약에 의거하여 주체가 된 그들 각각의 계승자 및 승인된 양수인들
- 생산통지(Production Notice): 광산건설의 개시를 주체들에게 통지하는 것으로 이에 대한 자세한 조항이 별도로 포함
- 프로그램(Program): 탐사기간에 수행되는 광산운영의 작업 계획 및 예산
- 프로퍼티(Property): 계약 발효일의 적용을 받는 광산 프로퍼티와 계약에 의거하여 프로퍼티의 일부가 되는 추가적 광산 프로퍼티 및 광산운영에 따라 취득된 정보 및 광산운영의 목적에 맞게 취득한 프로퍼티에 부속된 권리와 이익
- 로열티 보유자(Royalty Holders): 자원 보유권이나 광업권을 가지고 있던 원소유자와 로열티 지급에 관한 계약 체결을 했고, 향후 합작법인이 이를 승계할 경우, 보유자를 명시
- 주주(Shareholder): 법인의 지분을 소유하며 경우에 따라 탐사 비용이나 광산개발 비용을 부담할 주체
- 지분(Shareholdings): 주주가 보유하는 주식의 숫자
- 주식(Shares): 법인의 주식
- 단순 다수(Simple Majority): 이사회에서 50% 이상의 표로 승인되는 결정으로, 이사회의 표결 권리

- **합작 투자 법인의 구성**(FORMATION OF THE JOINT VENTURE CORPORATION)
이 조항에서는 합작 투자의 목적을 간략히 설명하고 합작 법인의 구성에 합의한다고 명시한다. 더불어 각 주체들이 영위하는 합작사업과 별개의 사업활동이나 또는 합작사업과 유사한 광산개발 사업들에 대한 주체들의 사업기회의 권리 및 해석이 포함될 수 있다.

- **주주들의 지분**(SHAREHOLDERS' INTERESTS)
주주들의 소유 지분에 따른 해당 권리 및 의무를 설명하며, 계약 발효일에 주체들에게 할당될 각각의 소유 지분율을 명시한다. 특히 탐사 프로그램이나 건설에 따른 자금조달을 주주들의 지분 비율이 아닌 한 주체나 주체 일부가 전적으로 책임질 경우에 이에 대한 조달 스케줄 및 성사 여부에 따른 지분 변동 사항들이 포함될 수도 있다.

- **이사회**(BOARD OF DIRECTORS)
이사회의 구성에 따른 주체 간의 인원 배정 및 이사회의 역할, 권리, 통지와 소집, 표결, 정족수, 재정, 서면 동의, 기록 등을 규정한다.

- **주주**(SHAREHOLDERS)
주주 및 주주총회에 대한 통지와 소집, 참석과 정족수, 역할, 권리, 표결, 서면 동의, 기록 등을 규정한다.

- **운영자**(OPERATOR)
운영자는 위의 용어 정의에 나오는 광산운영을 하는 주체로, 통상 지분을 많이 가지고 있는 회사나 또는 광산개발 경험을 가지고 있는 곳에서 운영자의 역할을 수행하거나 또는 별도의 운영서비스 계약을 통해 제3자를 운영자로 선임할 수도 있다. 이 조항에 명기되는 내용들은 다음과 같다.

- 합작 계약 때 누가 운영자의 역할을 맡을지
- 운영자의 해제나 교체 등의 사유 및 이에 따른 변경 방법
- 운영자가 스스로 사임할 경우
- 옛 운영자와 새 운영자 간의 승계, 의무
- 새 운영자의 선임에 실패할 경우

• 운영자의 권리, 의무 및 지위(RIGHTS, DUTIES AND STATUS OF OPERATOR)

운영자는 통상 지분을 가지고 있는 계약 주체일수도 있지만, 운영자의 의미에서는 독립적 계약자로 간주된다. 여기에는 다음과 같은 권리와 의무가 명기된다.

- 독립 계약자로서의 업무를 수행할 의무와 권리
- 이사회의 지침에 따를 의무
- 이사회가 채택한 광산운영을 실질적으로 운영할 권리
- 운영 경비 사용 및 청구에 대한 권리
- 발생 경비에 대한 회계 관리 및 통지의 의무
- 관련 산업 절차 및 법규에 의거한 업무 수행 및 준수의 의무

• 운영자의 책임(LIABILITY OF THE OPERATOR)

운영자나 운영자의 임원, 종업원의 행위에 의해 발생하는 손해, 손실, 배상, 청구, 부상, 사망 등에 대한 운영자의 면책과 관련하여 다음과 같은 내용들이 포함된다.

- 운영자의 면책 조건 및 면책 불가 조건
- 운영자의 면책에 해당하는 발생 손실에 대한 주체들의 의무

• 운영자의 보수(OPERATOR'S FEE)

운영자의 보수란 통상적으로 발생하는 경비를 제외한 운영자가 직접 청구할

수 없는 소재지의 경상비 등을 의미한다. 이 조항에는 프로그램이나 건설 경비에 대해 일정 비율로 보수를 지급한다는 내용이 포함된다.

• 탐사 프로그램(EXPLORATION PROGRAMS)
탐사 프로그램은 통상 1년 단위로 작성되는데 여기는 프로그램에 대한 자세한 설명과 함께 예상 탐사 경비, 발생 시점, 얻고자 하는 결과가 포함된다. 이 프로그램에 대해 다음과 같은 조항들이 계약서에 명기될 수 있다. 단, 한 주체나 주체 일부가 전적으로 탐사 프로그램의 자금조달을 책임질 경우에는 자금조달을 책임지지 않는 주체들의 프로그램 참여나 자금 기여 내용은 조항에 포함되지 않는다.

- 운영자의 프로그램 초안 준비 및 통지 절차
- 이에 대한 이사회나 주체들의 검토 및 채택 여부
- 초안에 대한 거부시, 운영자의 초안 수정 및 재제출 절차
- 비운영자(다른 주체)가 수정 프로그램을 제시했을 경우 이에 대한 검토 및 채택 여부
- 비운영자의 프로그램이 채택되었을 경우, 운영자의 참여 여부
- 주체들의 프로그램 참여나 자금 기여 여부
- 주체가 자금 기여를 포기할 경우에 대한 주체들 간의 기여 증감 및 지분변동
- 운영자의 프로그램 경비에 대한 청구 절차
- 프로그램 경비의 지불 및 채무 불이행에 대한 조항
- 프로그램의 변경이나 조기 종료에 따른 통지 및 경비 처리
- 경비 초과에 대한 처리
- 프로그램 수행에 따른 운영자의 권리

• 타당성 보고서(FEASIBILITY REPORT)
보고서 작성에 필요한 탐사 프로그램이 완료되면 보고서가 준비된다. 이 보고서

에 대해 다음과 같은 조항들이 계약서에 명기될 수 있다.

- 보고서를 주체들에게 보고 및 제공
- 보고서의 내용(광산설립 방법 및 비용) 검토 및 채택(생산 통지와 관련) 여부
- 어느 주체가 완료된 보고서가 아닌, 보고서를 다시 준비할 것을 요청할 경우, 통상적으로 이를 요구한 주체의 자발적 비용으로 보고서를 준비 및 보고, 검토 및 채택 여부, 이에 따른 비용의 청구

• 생산 통지(PRODUCTION NOTICE)
앞서 설명한 타당성 보고서에 대해 이사회나 주체들의 건설 승인이 나면, 운영자는 주체들에게 광산건설을 시작하겠다고 통지하는 것을 의미한다. 여기에는 타당성 보고서의 검토기간, 생산 통지 전달, 예상 건설 비용 등이 명기된다.

• 기여의 선택(ELECTION TO CONTRIBUTE)
본 조항의 기여는 탐사 프로그램의 기여와 달리 생산 통지 후 광산건설까지에 들어가는 경비에 대한 주체나 주주들의 자금 기여를 의미한다. 이 선택에 대해 다음과 같은 조항들이 계약서에 명기될 수 있다. 단, 한 주체나 주체 일부가 전적으로 자금조달을 책임질 경우에 이 조항은 계약에 포함되지 않는다.

- 주체들의 자금 기여 여부 및 이에 대한 통지
- 주체가 자금 기여를 포기할 경우 주체들 간의 기여 증감 및 지분변동
- 주체가 자금 기여를 포기하고 다른 주체가 참여하지 않을 경우

• 광산 자금조달(MINE FINANCING)
기여의 선택에서 결정된 주체들의 자금 기여와 관련된 조항으로 여기에는 다음과 같은 내용들이 포함된다. 단, 한 주체나 주체 일부가 전적으로 자금조달을 책임질 경우, 내용에 맞게 수정되어야 한다.

- 주체들이 지분을 담보로 기여를 위한 자금을 조달할 경우에 대한 조건
- 운전 자금
- 조달된 자금에 대해 향후 생산 때 변제 절차

• 건설(CONSTRUCTION)

이사회나 주체들의 승인이 내려진 뒤, 타당성 보고서 및 생산통지에서 제안된 내용들을 근거로 건설을 추진하며, 건설과정에서 변경이 필요한 사항들에 대한 승인 절차를 언급한다.

• 광산의 운영(OPERATION OF THE MINE)

광산운영과 관련한 예산 수립, 보고, 운영 및 결산 보고 등에 대한 절차 및 승인사항들을 명기하며, 이 조항에는 다음과 같은 내용들이 포함된다.

- 1년 단위의 운영 방안, 계획, 생산 예상치 및 예산에 대한 수립 및 보고 절차
- 예산에는 향후 광산 폐쇄에 따른 복구 비용도 적립
- 운영안에 대한 이사회나 주체들의 검토, 수정 및 채택 여부

• 광산 경비의 지불(PAYMENT OF MINE COSTS)

광산건설이나 운영 경비에 대해 운영자의 청구 절차 조항으로 여기에는 청구, 기한, 미지불에 대한 처리 등이 명기되며 다음과 같은 내용들이 포함될 수 있다.

- 운영자의 경비 청구 절차
- 경비의 지불 기한
- 채무 불이행에 따른 가산 이자 규정
- 채무 불이행에 대한 통지 및 해당 주체의 지분 차압 및 처분 절차

- **분배의 방법**(DISTRIBUTION IN KIND)

  광산에서 생산이 개시되어 광물 생산품이 출하될 때 이에 대한 주체들의 권리 및 책임에 대한 조항들로 여기에는 다음과 같은 항목들이 포함될 수 있다.

  - 광물의 효과적 생산 및 이와 관련한 사업활동에 대한 주체들의 책임
  - 광물에 대한 주체들의 직접 사용, 처분 및 거래 가능 여부
  - 직접 처분에 따른 주체의 권리 및 책임
  - 직접 처분에 따른 경비, 위험 발생 때 이에 대한 책임 소재 및 청구

- **지분의 인도**(SURRENDER OF INTEREST)

  한 주체가 다른 주체에게 자신의 지분을 인도하는 경우로 이에 대한 통지, 의무, 책임 해제, 수락 등에 대해 규정한다.

- **광산운영의 종료**(TERMINATION OF MINING OPERATIONS)

  운영자나 이사회는 목표한 광물 생산이 이루어졌거나 주변 여건으로 볼 때 광산 운영을 중단시키는 것이 효율적이라고 판단할 때 광산운영의 중단을 요청하거나 중단할 수 있다. 이 조항에는 다음과 같은 내용들이 포함된다.

  - 운영자의 광산운영 일시 중단에 대한 요청 및 통지 방안
  - 광산운영 중단 요청에 대한 이사회나 주체의 결정 또는 향후 재개할 때의 절차
  - 광산의 영구 종료 요청 및 통지 방안
  - 폐쇄 결정에 대한 승인 절차
  - 자산 처분 및 처리 방안

- **프로퍼티**(THE PROPERTY)

  프로퍼티의 등기, 명의 및 권리 서류와 관련하여 주체들의 요청 권리에 대해

서술한다.

- **공동 관심 지역(AREA OF COMMON INTEREST)**
  공동 관심 지역은 계약의 광산 프로퍼티와는 별개의 지역이지만, 외곽 경계에 바로 인접하여 매장 자원의 특성상 계약과 밀접한 관계를 가지게 되므로 모든 계약 주체들의 관심 대상이 되는 지역을 의미한다. 이런 공동 관심 지역의 광산 임차권이나 면허 등을 주체, 또는 일부 주체들이 합병하거나 인수 또는 권리를 취득했을 경우에 대해 다음과 같은 내용의 조항들이 포함될 수 있다.

  - 이 지역을 합병, 인수 또는 취득한 주체는 이와 관련한 자세한 내용을 다른 주체에게 통지
  - 이사회의 논의 및 이 지역을 계약 프로퍼티에 포함시키는 표결 및 권리
  - 취득을 결의했을 경우, 주체들의 인수 참여 및 인수 주체에게 해당 비용 변제
  - 취득을 하지 않기로 결의했을 경우, 인수 주체의 독점적 권리 명시

- **정보 및 데이터(INFORMATION AND DATA)**
  프로퍼티 및 프로퍼티와 관련한 기술자료 및 다른 실질적 엔지니어링 데이터들에 대해 다음과 같은 내용의 조항들이 포함될 수 있다.

  - 정보 및 데이터들에 대한 주체들의 권리 및 기밀 준수 등의 의무
  - 주체들에게 제공되는 기술보고서나 자료에 대한 설명 및 보고 일정
  - 자료 제공과 관련한 운영자의 의무
  - 공개 또는 공시 정보의 범위, 통지, 승인, 변경 절차
  - 계약에서 주체들의 개인 정보가 관계 기관에 제공될 수 있음을 인정

- **회계절차(ACCOUNTING PROCEDURE)**
  지출과 관련한 회계절차에 대해 별도의 부속 계약서에서 상세히 규정하고 있다.

- 본 회계절차에 명시된 용어들에 대한 정의
- 계산서 및 청구서: 탐사 및 개발과 관련하여 주체들에게 개별적으로 청구되며, 여기에 포함될 항목들에 대해 서술
- 직접 청구: 광산운영과 관련한 통상적 지출 경비들로 주체가 아닌 합작사의 공동 계좌로 청구된다. 여기에는 운영자의 인건비, 도급 비용, 사무실 유지비, 물품비, 광물 운송비, 손해 발송 비용, 법정 비용, 세금, 보험료, 임대료, 허가 비용 및 기타 지출 등 모든 지출 항목들에 대해 필요하면 산출 방법을 서술
- 물품의 구매: 광산운영에 필요한 물품 및 서비스의 구매에 대해 서술
- 물품의 처분: 광산운영 중 또는 종료에 따라 향후 잉여분이 될 물품의 처분이나 매도에 대해 서술
- 재고 조사: 물품들의 관리, 계측 및 재고 조사 및 정산에 대해 서술
- 조정: 운영자가 청구한 계산서 및 청구서에 대해 주체들의 반대 의견이 있을 경우, 이를 조정하는 절차에 대해 서술

- 순이익 처리 절차(NET PROCEEDS OF PRODUCTION)
광산의 생산으로 인해 얻어지는 수입에서 발생 지출을 제한 순이익의 처리에 대한 자세한 절차들을 별도의 부속 계약서에 규정하고 있다.

- 본 순이익 처리 절차에 명시된 용어들에 대한 정의
- 순이익 배당에 대한 기한, 배당과 관련하여 배포되는 명세서에 포함될 내용
- 생산의 순이익 산출 방법
- 조정 및 검증: 배포된 명세서에 대해 반대 의견이 있을 경우, 이를 조정 또는 감사의 검증 절차에 대해 서술

✱ 야금으로 인한 선매권 분쟁

1995년 1월, 캐나다의 Atna Resources(이하 Atna)사는 Westmin Resources(이하 Westmin)사와 캐나다 유콘 테리토리의 핀레이슨 지역에 소재한 Wolverine Lake 광구의 광산개발을 위한 합작 계약을 체결하고 합작사인 Wolverine JV를 설립했다. 1995년, Wolverine 합작사는 원격탐사, 지질도 작성, 지구화학 및 지구과학 탐사를 진행하고, 그 결과에 따라 관심지역에 24개의 다이아몬드 시추공을 굴착했다. 여러 개의 시추공에서 거대 황화물 광상과 교차했다. 1995년 말, 합작 계약에 따라 지분이 정리되어, Atna사는 Wolverine JV의 지분 40%를 Westmin사는 60%를 각각 소유하게 되었다. 이후 계속된 시추탐사 작업을 통해 1996년에 64개 시추공에 대한 1만 8,810미터 길이의 시추작업과 1997년에 53개 시추공에 대한 1만 5,330미터 길이의 시추작업을 완료했다. 채취된 샘플들을 분석하여 매장량과 품위를 산정한 결과, 아연의 품위가 12.7%에 매장량이 620만 톤에 이르며 상당한 수준의 금과 은이 부존되어 있는 것으로 나타났다.

1998년 3월, Wolverine Lake 광구에 관심을 갖고 있던 스웨덴의 캐나다 자회사인 Boliden사는 Westmin사를 인수한다. 순조롭던 탐사작업은 선광시험 분석결과 품위와 매장량이 만족할 수준인 데 반해, 광상 내에 셀레늄의 함유 비율이 너무 높은 것이 문제로 드러났다. 현재의 야금추출 기술로는 이를 분리 처리하는 비용이 너무 많이 소요될 뿐만 아니라 아연 가격의 침체로 개발의 경제성에도 문제가 있었다. 이에 자금이 많이 들어가는 시추작업은 중단하고, 셀레늄 문제 해결을 위해 야금조사에 주력하기 시작했다. 뒤늦게 합작사에 참여했던 Boliden사는 개발을 포기하고 자신들의 지분을 Atna사에 재매도하기 위해 협상을 시도했으나, 쉽지 않았다.

그러던 중, Boliden사는 습식제련기술(hydrometallurgical)로 유명한 Expatriate Resources(이하 Expatriate)사와 합작사의 지분 매도 협상을 추진했다. Expatriate사가 셀레늄 문제를 해결하고 경제성 있는 광산의 개발이 가능했기 때문이다. 그 결과로, Boliden사는 자신들이 소유하고 60%의 지분을 1998년 7월 말까지 Expatriate 사에게 매도하기로 하는 두 건의 의향서를 체결했다. Boliden사가 지분을 매도한다는 사실을 Atna사에게 통지하자, Atna사는 자신들이 합작사의 지분에 대한 선매권이 있다고 주장하며 BC 주의 대법원에 Boliden사가 지분을 매도할 수 없도록 금지청구를 신청했다.

문제가 된 선매권은 합작 계약의 13조 1항부터 7항에 명시된 '양도 금지(Restrictions on Alienation)' 조항으로 '본 계약 내에 별다른 규정이 없는 한, 계약의 주체 누구라도 본 계약의 조건에서 매입권의 인가 또는 자신들의 지분 전부나 일부를 어떠한 방법으로 매도나 양도하거나 권리의 매도나 양도와 관련한 옵션을 매도, 양도, 저당 또는 인가할 수 없다(Except in accordance with this Agreement no party shall transfer, convey, assign, mortgage or grant an option in respect of or grant a right to purchase or in any manner transfer or alienate any or all of its Interest or transfer or assign any of its rights under this Agreement)'라는 내용이었다.

대법원의 판결 결과, Boliden사의 지분매도가 이루어지면 Atna사는 회복할 수 없는 사업기회의 상실이 인정되었다. 이에 매도 계약이 완료되기 전에, 계약의 불확실한 내용에 대한 우선 해결을 전제로 조건부 매도 승인이 결정되었다. 주체 간에 합의를 통해 문제가 해결되었고, 1999년 4월에 Boliden사는 자신들의 지분 60%를 계약대로 Expatriate사에 매도했다.

2000년, Expatriate사는 Wolverine Lake의 인근 광구를 소유하고 있던 Cominco사와 매입계약을 체결하고 주변 광구들을 매입했다. 이어 2004년에는 Atna사가 소유하고 있던 나머지 지분 40%마저도 현금 200만 달러에 Expatriate사의 보통주 1,000만 주를 부여하고, 추가로 500만 주의 신주 인수권과 향후 Wolverine 광구에서 생산이 이루어지면 금과 은에 대한 로열티 지불 조건으로 모두 인수했다.

아연 가격의 회복과 셀레늄 가격의 급격한 상승 및 은 가격의 긍정적 전망으로 광산의 개발이 재개되었다. 합작사의 지분과 인근 광구의 매입을 모두 완료한 2004년 12월, Expatriate사는 회사의 조직 및 프로젝트 분리를 통해 회사를 개편하고 사명을 Yukon Zinc Corporation으로 변경했다. 이후 적극적인 개발을 추진하여 2006년 5월 타당성조사를, 2007년 1월에는 최적화 타당성조사를 완료했다. 이 시점까지 산출된 매장량은 확정매장량 49만 3,000톤, 추정매장량 396만 8,000톤, 예상매장량 169만 3,000톤으로 보고되었다.

참고로 Yukon Zinc사는 2008년 7월 중국의 상장회사로 세계 3위의 몰리브덴 업체인 Jinduicheng Molybdenum Group Co. Ltd.(JDC)와 비철금속 투자사인 같은 중국의 Northwest Nonferrous International Investment Company Ltd.(NWII)에 인수되었다.

자료: Aston, R. Lee. "Canadian Joint Venture Halts sale of Partner's Interest." Aston's Mining Law Case Reviews.
Yukon Zinc Corp. "Developing the Yukon's next zinc-silver mine." Retrieved May 10, 2009, from http://www.yukonzinc.com/
Business Editors. 2004.05.31. "Expatriate Purchases Atna's Interest in Wolverine Deposit, Yukon." Business Wire.

7.3. 컨세션 계약(Concession Agreement)

컨세션이란 계약이나 라이선스를 통해 특정 지역 내에서 일정 수준의 독점적 사업활동을 영위하여 나가는 것을 의미한다. 예를 들어 공항, 역사, 공원, 문화·스포츠 시설에 입점하여 식음료 시설물을 관리 운영하는 사업이 여기에 해당된다. 공공서비스의 컨세션 경우를 살펴보면, 업체가 정부와 계약을 통해 일정기간 공공시설(예: 상수도 시설물)에 대한 투자, 운영 및 유지보수에 대한 독점적 권한을 정부로부터 양도받아 사업을 영위해 나간다. 이 대가로 정부는 업체로부터 임차료나 로열티 등의 수입을 거둬들인다.

광산개발에서 컨세션 계약은, 개발업체가 정부로부터 한시적 기간에 특정 지역 내의 자원의 탐사, 개발, 생산, 운송, 판매에 대한 독점적 권한을 양도받아 스스로의 투자 및 운영 위험부담하에 자원개발 사업을 추진해 나가는 것이다. 정부는 비록 개발권리를 업체에 한시적으로 부여했지만, 개발계획부터 생산과 처분에 이르기까지 간접적으로 참여하고 향후 임차료나 로열티 및 조세의 형태로 이익의 일부를 업체로부터 거둬들인다. 즉, 정부 스스로가 투자 또는 개발하기 어려운 프로젝트를 자본과 기술을 보유한 외국업체에 위탁 및 개발토록 하여 그 수익을 공유해 나가는 방식이다. 이러한 컨세션 계약 방식은 남미, 아프리카 및 남아시아 등의 개발도상국에서 선호하는 방식으로, 선진국들이 인허가나 리스(lease) 방식을 통해 개발업체가 독자적으로 개발을 진행하는 방식과는 기본적 개념에서 차이가 난다.

초창기의 컨세션 계약은 독점지역의 면적이 너무 광대할 뿐 아니라 독점 계약기간이 수십 년에서 100년까지로 너무 길었다. 또한 광산개발이나 운영에 대한 권리가 거의 투자자에게 귀속되어 있었고 여기에 로열티나 과세율마저 너무 낮아 소유주인 국가보다는 해외 개발업체에 절대적으로 유리한 불공정 계약의 형태였다. 이러한 문제 때문에 초창기의 컨세션 계약들은 일부 국가에서는 합작 계약, 생산분배 계약, 공동생산 계약 또는 용역 계약 등의 형태로 대체되기도 했다. 그러나 컨세션 계약은 계속적으로 불합리한 조항들을 개정하여 현재까지도 가장 오래되고 널리 사용되는 계약 형태로 명맥을 유지해오고 있다.

광산개발의 가장 기본적인 컨세션 계약은 '탐사(Exploration Concession) 및 개발(Development Concession)'이 있으며 이 외에 채굴, 가공, 처리, 운송 등의 계약 등이 있을 수 있다. 광산 컨세션 계약에 통상적으로 나오는 조항들은 다음과 같다.

- 정의 및 해석(DEFINITIONS AND INTERPRETATION)
- 계약의 목적(OBJECTIVE)
  양수자(concessionaire)에 의해 수행될 본 계약의 목적, 작업 수행에 따른 비용 및 위험발생 인식, 유첨 스케줄(Schedule)에 명시된 지역의 광물에 대한 탐사 및 개발과 관련한 독점적 면허 및 권리에 대한 서술
- 컨세션 지역(CONCESSION AREA)
  컨세션 지역 식별, 임차 또는 유보 비용, 양도 및 본 계약 종료 때 양도, 양도의 조건 등에 대해 서술한다(유첨 스케줄에 별도 명시).
- 계약기간(TERM OF AGREEMENT)
- 탐사단계(EXPLORATION PHASE)
  탐사기간 및 단계, 최소한의 탐사 프로그램(minimum exploratory program: 유첨 스케줄에 별도 명시)의 수행 및 준수, 해당 작업의 완료에 따른 옵션 및 탐사단계 내의 컨세션 지역의 양도 등에 대해 서술(유첨 스케줄에 별도 명시)
- 발견 및 평가(DISCOVERY AND EVALUATION)
  광물자원의 발견에 따른 통지, 평가와 관련한 의무 및 평가계획의 승인 및 수정 등에 대해 서술
- 상업성 선언(DECLARATION OF COMMERCIALITY)
  상업성 선언의 제출, 상업성 선언의 유보, 상업성 선언 포기에 따른 컨세션 양도, 탐사 및 평가 작업의 계속적 수행 등에 대해 서술
- 생산단계(PRODUCTION PHASE)
  생산기간, 기간의 연장, 생산단계에서의 계약해지, 생산단계 완료에 따른 양도 등에 대해 서술

- 개발계획(DEVELOPMENT PLAN)

  광산 개발계획의 제출, 개발지역, 계획의 승인 및 수행, 계획의 수정 및 건설물, 시설, 장비 등에 대해 서술

- 생산개시일 및 연간 생산 프로그램(PRODUCTION START UP DATE AND ANNUAL PRODUCTION PROGRAMS)

  지역별 생산개시일에 대한 통지, 연간 생산 프로그램에 대한 통지 및 수정, 프로그램 진행에 따른 개정, 생산량 변동허용치, 생산의 임시 중단 등에 대해 서술

- 생산의 측정, 인도 및 처분(MEASUREMENT, DELIVERY AND DISPOSITION OF PRODUCTION)

  생산량 및 품위에 대한 측정, 생산물 소유권의 이전, 월간 생산량의 통지, 손실 석유나 가스의 경우: 국내 응급상황 발생 때 수출제한 및 국내시장의 유통, 광산운영에 따른 연료로서의 소비 등에 대해 서술

- 생산의 일관성(UNIFICATION OF OPERATIONS)

  광맥이나 유층 또는 가스층이 계약지역을 벗어난 곳까지 확장되었을 경우 및 인근 지역의 층이 계약지역 지하로 확장되었을 경우의 통지 및 통보, 생산의 일관성을 위한 평가작업 수행, 관련 주체들 간의 권리, 책임 및 합의, 합의의 승인 및 생산활동의 지속, 합의에 대한 거부 또는 미합의의 경우 등에 대해 서술

- 양수자에 의한 작업 수행(PERFORMANCE BY THE CONCESSIONAIRE)

  양수자의 계약지역 내 활동에 대한 독점적 권리 및 책임, 운영자(유첨 스케줄에 별도 명시)의 지정, 운영자의 책임 및 의무, 운영자의 사임 및 해제, 최선의 운영행위, 인허가, 추가 작업 프로그램의 제안, 계약지역 외곽에 대한 조사 신청 및 자료 보관 등에 서술

- 양도자의 관리감독 및 지원(OPERATION CONTROL AND ASSIATANCE BY THE~)

  양도자에 의한 관리감독 권한 및 면책, 양수자의 협조 의무 등에 대해 서술

- 최소 탐사 프로그램에 대한 보증(SECURITIES FOR THE MINIMUM EXPLORA-

TORY PROGRAM)

　의무적으로 수행해야 하는 최소 탐사 프로그램의 보증을 위한 신용장이나 보증보험 제공 의무, 탐사활동 예산 통지, 예산 수정, 불이행에 따른 보증금 처리 등에 대해 서술(유첨 스케줄에 별도 명시)

- 연간 프로그램 및 예산(ANNUAL PROGRAM AND BURGETS)
  연간 작업프로그램 및 관련 예산안의 제출 및 수정 등에 대해 서술
- 데이터 및 정보(DATA AND INFORMATION)
  작업과정 및 결과로 취득한 정보 및 자료에 대한 통지, 분석용 자료의 해외 발송 전 승인 취득 등에 대해 서술
- 자산(ASSETS)
- 인력, 서비스 및 하청 계약(PERSONNEL, SERVICES AND SUBCONTRACTS)
- 현지물품 조달(LOCAL CONTENT): 유첨 스케줄에 별도 표시
- 환경(THE ENVIRONMENT)
  환경분석과 조사, 보고, 복구, 책임 등에 대해 서술
- 부보(INSURANCE)
- 배당(PARTICIPATIONS)
  연방정부, 지방정부, 대지소유자, 기타 관계자들에게 지불하는 조세, 로열티, 임차료 등에 대해 서술(유첨 스케줄에 별도 표시)
- 연구개발에 대한 투자(INVESTMENT IN R&D)
- 과세(TAXES)
- 통화 및 외환(CURRENCY AND FOREIGN EXCHANGE)
- 회계 및 감사(ACCOUNTING AND AUDIT): 유첨 스케줄에 별도 표시
- 양도(ASSIGNEMENT): 유첨 스케줄에 별도 표시
- 계약위반 및 위약금(BREACH AND PENALTIES)
- 계약위반, 해제 및 종료(BREACH, RESCISSION AND TERMINATION OF THE AGREEMENT)
- 법적 체계(LEGAL REGIME)

- 불가항력(FORCE MAJEURE)
- 비밀 준수(CONFIDENTIALITY)
- 통지 및 보고(NOTICES AND REPORTS): 유첨 스케줄에 별도 표시
- 최종 조항(FINAL PROVISION)

첨부 스케줄(Schedule)
- 컨세션 지역(CONCESSION AREA)
- 작업 및 투자 프로그램(WORK AND INVESTMENT PROGRAM)
- 최소 의무 탐사 프로그램과 관련한 보증금(SECURITIES RELATED TO THE MINIMUM EXPLORATORY PROGRAM)
- 이행보증(GUARANTEE OF PERFORMANCE)
- 정부 및 제3자 배당(GOVERMENTAL AND THIRD PARTY PARTICIPATION)
- 계약블럭에 대한 식별(IDENTIFICATION OF THE AGREEMENT BLOCKS)
- 서명보너스의 지불(PAYMENT OF THE SIGNATURE BONUS)
- 운영자의 지정(APPOINTMENT OF THE OPERATOR)
- 통지처(ADDRESSES)
- 현지물품 조달 약정(COMMITMENT TO THE LOCAL CONTENT)
- 탐사 및 생산 행위 중에 발생한 경비의 기록에 대한 기준(TEMPLATE OF STANDARD SCHEDULE FOR THE RECORD OF EXPENSES INCURRED IN THE OPERATIONS OF EXPLORATION AND PRODUCTION)

7.4. 생산분배 계약(Production Sharing Agreement: PSA)

생산분배 계약은 개발도상국의 민족주의자들이 해외 기업들에 의해 자국의 자원이 불공정하게 약탈당하고 있다는 문제를 제기하고 특히 컨세션 계약에 대한 비판이 거세지자 이를 해결하기 위해 1966년 인도네시아에서 처음 소개되었다. 인도네시아

표 7-1 생산 분배(예)

개발업체	항목	정부
	$ 1,000,000 생산	
	로열티 지불(15%)	$ 150,000
	$ 850,000	
$ 297,500	비용회수(35%)	
	$ 552,500	
$ 221,000	이익 분배(40:60)	$ 331,500
$ 44,200	과세(20%)	$ 44,200
$ 474,300	총수입	$ 525,700
$ 176,800	순이익	$ 525,700
23.7%	분배 비율	76.3%

정부는 자원에 대한 소유권은 정부가 소유하고 컨세션 계약의 불합리한 점들을 개선한 개발도상국 관점의 새로운 생산분배 계약을 시행하게 되었다. 이에 해외 선진국의 개발업체들은 자원의 소유권을 확보하지 못하는 데 반대하여 초기에는 투자를 꺼려했지만 결국 이 계약 방식은 개발도상국 전역으로 확산되었다. 계약 방식은 광물에 대한 소유권은 정부가 소유하는 대신, 투자자는 광산운영에 대한 독점권을 확보하여 탐사, 개발, 생산 및 판매와 관련한 모든 위험을 감수하고 이를 개발 운영한다. 광물이 생산되면 투자자는 광물의 소유자인 정부에 일정 비율의 로열티를 우선 지불하고 난 뒤, 모든 비용을 차감하고 나서, 잔여 광물(이익)을 국가와 계약된 비율로 분배한 뒤 자신들의 이익에 대한 세금을 정부에 지불한다.

예를 들어 정부와 개발업체가 로열티 15%, 이익분배는 40(업체) : 60(정부), 세금 20%의 조건으로 생산분배 계약을 체결했다고 가정하고, 그 분배과정을 <표 7-1>과 같이 간략하게 살펴보자. 단, 여기에서 비용은 로열티 지불 후 35% 수준으로 계산했다.

생산분배 계약의 가장 기본적 고려사항들로는 로열티 수준, 비용보존 개념의 비용회수, 이익확보 개념의 이익분배 및 세금이다. 즉, 생산분배 계약은 컨세션 계약과 형식과 내용 면에서 매우 유사하지만, 광물자원에 대한 권리를 누가 소유하는가와 이익의 분배를 어떤 방식으로 하는가에 가장 큰 차이가 있는 것이다.

7.5. 용역 계약(Service Contract)

생산분배 계약은 1970년대에 들어 남미 지역에서 용역 계약의 형태로 발전해 나갔는데 이를 남미형 생산분배 계약이라고 하기도 한다. 용역 계약은 개발업체의 개발위험 감수 여부에 따라 위험용역 계약(Risk Service Contract)과 순수용역 계약(Pure Service Contract)으로 분류된다. 일반적으로 계약의 명칭이 용역 계약이라면 위험용역 계약을 의미한다.

위험용역 계약 방식은 계약업체가 위험을 감수하고 자신이 조달한 비용으로 광물자원의 개발을 진행한다. 개발이 성공하면 채굴된 광물의 판매에서 나오는 이익에 대해 개발업체는 자신들의 개발 및 운영 경비를 차감하고 남은 이익에 대해 계약된 비율만큼 이익을 지불받는다. 또는 이익의 대가로 채굴된 생산물을 시장가보다 저렴한 가격으로 공급받을 권리를 갖기도 한다. 이때 취득한 이익에 대한 세금을 정부에 지불한다. 전반적으로 위험용역 계약은 생산분배 계약과 매우 유사한 계약 방식이다.

이에 반해 순수용역 계약 방식은 계약자가 국가를 대신하여 탐사나 개발에 필요한 용역을 제공하되 개발의 성공 여부에 대한 위험은 정부가 진다. 즉, 계약업체는 개발에 따른 위험부담 없이, 순수하게 제공한 용역 서비스의 대가만을 지불받는 것이다. 이러한 개발방식은 중동지방의 석유개발에 많이 이용되는 형태로, 국가에 개발자본이 풍부하지만 전문적 개발기술이 요구될 때 주로 사용하는 계약 형태다.

7.6. 건설 계약(Construction Contract)

건설 계약은 발주자인 광산개발업체와 건설시공업체 간에 건설에 대한 위험 및 책임을 누가 지는가에 따라 EPC와 EPCM 계약으로 분류될 수 있다.

EPC(Engineering, Procurement and Construction) 계약은 건설시공 계약자가 광산건설에 필요한 모든 설계, 구매 및 시공업무 전반에 대해 종합적 책임을 지고 프로젝트를 수행에 나가는 단일계약의 체결을 의미한다. 결국 비용 및 시공과정의 모든 위험은 계약자가 책임을 진다. 발주자의 입장에서는 신뢰할 수 있는 계약자와의 단일계약을 통해 프로젝트 사업을 추진해 나갈 수 있어 특히 소형 광산업체들이 가장 선호해오던 계약 방식이었다. 그러나 광산개발 붐으로 인해 신뢰할 수 있는 능력있는 계약자를 수배하기 어려울 뿐만 아니라 계약 비용 또한 너무 높은 수준이 되자 EPCM 방식이 새로운 추세로 떠오르고 있다.

EPC 방식과 달리 EPCM(Engineering, Procurement and Construction Management) 계약 또는 CM(Construction Management) 계약은 발주자가 자신의 책임하에 기자재 공급업체, 시공업체 등과 개별 계약들을 직접 체결한다. 대신 EPCM 계약자는 계약이나 구매를 지원하고 또한 발주자를 대신하여 모든 일을 진행해 나가며 상세설계와 시공감리만을 담당하게 된다. 그러므로 EPC에 비해 계약규정이나 조항들이 상대적으로 덜 까다롭다. EPCM에서 비용 및 시공과정의 모든 위험 감수는 계약주체인 발주자의 책임하에 놓인다. 결국 EPC와 EPCM의 가장 큰 차이는 누가 위험 및 책임을 감수하는가이다.

✱ 누구의 땅인가?

1992년, 호주 대법원은 6대 1의 찬성으로 호주와 파푸아뉴기니 사이에 위치한 토러스(Torres Strait) 섬에 거주하는 미리암(Meriam) 원주민들이 제기한 토러스 지역에 대한 토착민의 토지 소유권을 인정하는 마보결정(Mabo Decision)의 판결을 내렸다. 이 판결은 백인들이 호주 땅을 자신들의 식민지로 삼은 근거인 'Terra Nullius'라는 개념을 전적으로 뒤집은 판결로 호주 사회에 엄청난 파장을 불러일으켰다.

라틴어인 'Terra Nullius'는 로마법에 뿌리를 둔 국제법으로 "누구의 땅도 아니다(Land belonging to no one)"라는 의미이다. 지금까지 어느 국가에도 속하지 않은 지역이나 또는 기존 국가가 주권을 포기한 지역을 주권이 없는 '무주지역'이라 하여 이를 먼저 발견하여 선점한 국가가 이를 자국의 영토로 편입할 수 있다는 선점이론이다. 이 법을 근거로 유럽인들은 과거 식민지를 개척할 때 유럽을 제외한 모든 지역을 무주지역이라 판단하고 군대로 땅을 선점하여 자국 영토로 공표했다. 또한 호주에 도착한 백인들도 같은 근거로 "호주 땅은 유럽인들이 당도하기 전에는 누구에게도 소유되지 않은 땅이었다"며 원주민들을 몰아내고 국가를 건설했다.

1960년대부터 부당하게 자신들의 땅과 터전을 잃은 원주민들의 권리에 대한 사회적 관심이 높아지기 시작했다. 1970년대부터 본격적으로 자신들의 토지 권리를 주장하며 원주민들과 사회운동가들이 호주정부를 상대로 소송을 제기하기 시작했다. 그러나 1971년의 판결은 'Terra Nullius'에 따라 유럽인들이 호주에 이주하기 전까지 호주 땅은 무주지역이었으므로 백인들의 이주는 적법했고 결국 호주법은 원주민의 토지 권리를 인정할 수 없다는 사실을 재확인했다. 하지만 사회 운동가들은 호주 땅에 대한 'Terra Nullius' 조항의 적용은 적절치 못했으므로 원주민들의 주권을 인정해야 한다며 1977년, 1979년, 1982년에 계속 소송을 제기했다. 대법원은 또 다시 소송을 기각했지만 판결문에 백인의 이주가 정착이었는지 아니면 정복이었는지 대한 재해석이 필요하다는 문구를 통해 새로운 가능성을 함께 제시했다.

결국 원주민들의 토지 권리는 1992년 대법원의 역사적 마보결정 판결로 인정받았다. 이 판결로 정부 소유로 개인이나 회사에 불하(임대 포함)되지 않은 대지, 일부 국립공원 및 개발제한 구역, 일부 목초 임대지, 원주민 사회가 거주하고 있는 토지, 개인이 소유하고 있지 않은 해변, 계곡, 호수, 강 및 늪지 등에 대해 원주민들은 토지 소유권을 인정받았다. 단, 일반 대중이 개인 소유가 아닌 지역에 진입하여 여가를 즐길 권리는 제한 받지 않는다고 했다.

이 판결에 대해 백인 우월주의자와 특히 정부로부터 토지를 임대하여 목장을 운영하여 오던 백인들은 극렬하게 반대하며 저항했다. 결국 동일한 지역에 대한 원주민의 토지권과 목장주의 임대권이 상충하는 문제가 법정에 제기되었다. 1996년 12월 호주 대법원은 심각한 논의 끝에 4대 3의 판정으로 윅 결정(Wik Decision)의 판결을 내렸다. 목장 임대권은 토지에 대한 독점적 권리를 부여한 것이 아니기 때문에 임대권과 원주민의 토지 소유권은 공존할 수 있다. 원주민들은 토지에 대한 소유권을 행사하지 않은 대신 목장지역 내에서 사냥, 약초채취 및 제사의식 등을 할 수 있다고 판결했다. 다만 임대권과 토지 소유권 간에 분쟁이 발생시, 임대권이 우선한다는 예외 규정을 함께 명시했다. 이 판결은 호주 정치권에 파문과 논쟁을 불러일으켰으며 호주 사회는 법원이 책임을 피하기 위해 교묘하게 판결을 내렸고 이로 인해 호주 사회에 불확실성이 도래했다고 비난했다. 1992년의 마보결정 이후 약 3,000여 건에 달하는 원주민 사회의 토지 소유권 회복이 이루어졌다. 대표적 사례로는 2004년에 눈칸바(Noonkanbah) 원주민들이 서호주 주정부로부터 1,811평방킬로미터에 이르는 토지의 소유권을 인정받게 된 것이다.

또한 마보결정에 따라 원주민들의 토지 소유권이 인정되는 지역에서의 광산개발이나 탐사시에는 개발업체와 토지 소유권을 가진 원주민 간에 원주민토지 사용계약(ILUA)이 사전에 체결되어야 한다. ILUA의 체결은 모든 이해 관련자들이 오랫동안 상호 선의와 인내로 문제들을 논의하여 균형 있고 효과적인 결론에 도달하게 하는 것이었다. 광산개발과 관련한 첫 번째 ILUA는 2004년 5월에 Antakirinja 원주민 그룹(토지 소유권자), ALMAC사(탐사회사), 남호주주 광업회의소, 원주민 법적 권리 단체 및 남호주 주정부의 5자 간에 탐사와 관련한 현장복구 및 환경보호 방안을 담은 계약이 체결되었다. 특이한 점으로는, 연방정부의 원주민 토지 소유법은 원주민의 토지 소유권은 인정하되 그렇다고 해서 원주민들이 해당 지역의 개발과 같은 사항들을 무조건 반대할 수 있는 전적인 토지 권리를 인정하는 것은 아니다. 즉, 원주민은 이해관계가 걸린 지역의 탐사나 광산개발안에 대해 자신들의 의견을 개진할 권리가 주어지며 이를 ILUA와 같은 계약으로 보장받을 수 있는 것이다.

자료: Northern Land Council. "The Mabo Case." Retrieved Feb 3, 2009, from http://www.nlc.org.au/html/land_native.html
Northern Land Council. "The Wik Case." Retrieved Feb 3, 2009, from http://www.nlc.org.au/html/land_native_wik.html
Government of Victoria, Australia. "Terra Nullius." Retrieved Feb 03, 2009, from http://www.visitvictoria.com/

참고문헌

김익태. 2007.1.12. "동원, 충북 몰리브덴 광산 총 매장량 385만 톤". ≪머니투데이≫.

지식경제부 광업등록사무소. "광물의 용도". Retrieved Feb 14, 2009, from http://branch.mke.go.kr/information/aboutMine.jsp

해외 개발처. 2000. "해외자원개발 실무지식" 한국자원광물공사(구 대한광업진흥공사).

해외 에너지팀. "매장량 산출방식 비교" 한국자원광물공사(구 대한광업진흥공사).

KOMIS 한국 자원정보 서비스. "KOMIS 자원용어사전." Retrieved Jan 13, 2009, from http://kores.net/dictionary/dic.jsp

A.C.A. Howe International Limited. "Technical Report on the Luckyship Molybdenum Project." Nanika Resources Inc.

Alexander, Rick. 2007. "Feasibility Study Update Ruby Creek Project." Surrey: Adanc Molybdenum Corp.

Aston, R. Lee. "Canadian Joint Venture Halts sale of Partner's Interest." Aston's Mining Law Case Reviews.

Barberis, Daniéle. 2001. "Negotiating Mining Agreements: When is it Worth it?" Minerals & Energy-Raw Materials Report.

Bertise, Jasper and Davis, Graham A. 2008. "Bias and error in mine project capital cost estimation." Engineering Economist.

BHP Billiton, "About Olympic Dam." Retrieved March 28, 2009, from http://www.bhpbilliton.com/bb/ourBusinesses/baseMetals/olympicDam.jsp

Bindemann, Kirsten. 1999. "Production-Sharing Agreements: An Economic Analysis." London: Oxford Institute for Energy Studies.

Business Editors. 2004.5.31. "Expatriate Purchases Atna's Interest in Wolverine Deposit, Yukon." Business Wire.

BVL Venture Exchange. "Code for the Reporting of Mineral Resources and Ore Reserves." Retrieved Feb 3, 2009, from http://www.bvl.com.pe/scr/english/descarga-reglamentos.htm

Canyon Resource Corporation. "Briggs Mine." Retrieved Jan 11, 2009, from http://www.canyonresources.com/projects/briggs.php

Committee for Mineral Reserves International Reporting Standards. 2006. "Update on Activities of Crirsco" Retrieved Jan 16, 2009, from http://www.crirsco.com/activities2006.pdf

Eeden, Paul van. 2006.5.19, "How to value mining exploration stocks." *Money Week*

Gallaway, Althea and Palmer, Nicolette. 2004. "The Science of Mining." Queensland: Queensland Resources Council and the Department of Natural Resources, Mines and Energy.

Goldcorp Inc. "Take the Challenge, Win the Gold" Retrieved Feb 9, 2009, from http://www.goldcorpchallenge.com/challenge1/homepage_static.html

Government of Victoria, Australia "Terra Nullius." Retrieved Feb 3, 2009, from http://www.visitvictoria.com/

Hartmand, Howard L. and Mutmansky, Jan M. 2002. "Introductory Mining Engineering." John Wiley & Sons.

Henley, S. "The Russian Reserves & Resources Reporting System: Discussion and Comparison with International Standards." Retrieved Mar 14, 2009, from http://www.imcinvest.com/pdf/Russian_reserves_8.pdf

Hetherington, L E et al. 2008. "World Mineral Production 2002~2006" London: British Geological Survey.

International Lead and Zinc Study Group. 2006. "Lead and Zinc Statistics." Monthly bulletin Vol. 46 No. 2

ITE Group Plc. "Glossary of Mining Terms." Retrieved Jan 13, 2009, from http://www.miningworld-events.com/documents/GLOSSARYOFMININGTERMS.pdf

Johnston, Daniel. 2003. "International Exploration Economics, Risk, and Contract Analysis." Business & Economics.

Joint Ore Reserves Committee of The Australasian Institute of Mining and Metallurgy. "Australasian Code for Reporting of Mineral Resources and Ore Reserves(The JORC Code)." Australian Institute of Geoscientists and Minerals Council of

Australia(JORC).

Keenan, Rebecca. 2009.5.01. "BHP May Decide on Olympic Dam Expansion Next Year." Bloomberg L.P.

Klotz, James M. 2000. "Introduction to International Joint Venture and Consortium Agreements" Toronto: Global Business Press Inc.

Lane, G and Dickie, M. "What is Required for a Low-Cost Project Outcome?" Melbourne, Vic, 21~22 April 2009, Project Evaluation Conference.

Laurence J. Robb. 2005. "Introduction to Ore-Forming Processes." Blackwell Publishing.

Lydersen, Karl. 2007.5.31. "Fighting Corporate Copper in Bougainville." In These Times.

Mackenzie, W and Cusworth, N. "The Use and Abuse of Feasibility Studies." Melbourne, Vic, 19~20 June 2007, Project Evaluation Conference.

Marsland, Rob et al. "Closure of the Sullivan Mine tailings facility." Retrieved May 1, 2009, from https://circle.ubc.ca/bitstream/2429/8713/1/06+Marsland+Paper.pdf

Martin, Cheryl A. 1996.7.15, "Canyon Resources commences operations at Briggs Gold Mine ahead of schedule and on budget." Business Wire.

Metal Research Team. 2009. "Copper will see up trends after slowdown." Metalworld

Minerals Council of Australia. 2006. "National audit of regulations influencing mining exploration & project approval processes."URS Australia Pty Ltd.

Mostrom, Jan. 2008. "Mine Cost Drivers." Capital Markets Days. Boliden

Nickel Institute "Nickel in Society: Lasting value, innovative solutions."

Noort, D J and Adams, C. 2002. "Effective Mining Project Management Systems." 16~18 October 2006, International Mine Management Conference Melbourne, Vic.

Northern Land Council. "The Mabo Case." Retrieved Feb 3, 2009, from http://www.nlc.org.au/html/land_native.html

Northern Land Council. "The Wik Case." Retrieved Feb 3, 2009, from http://www.nlc.org.au/html/land_native_wik.html

OECD Nuclear Energy Agency and the International Atomic Energy Agency. 2008. "Uranium 2007: Resources, Production and Demand." Publishing OECD Publishing.

PAH's Mining and Geology departments. "Minimum Engineering Study Requirements." Pincock Perspectives Issue No. 70(2005).

Pincock, Allen & Holt. "Cash Flow Models-Dos and Don'ts" Pincock Perspectives Issue No. 16(2001).

Poos. Susan R. "Feasibility Study Does Not Mean Feasible." Pincock Perspectives Issue No. 57(2004).

Postle, John et al. 2000. "CIM Standards on Mineral Resources and Reserves; Definitions and Guidelines." Canada: CIM Standing Committee.

Prebynski, Sandy. 2007. "See How They Run(Project Cost and Schedule Overruns)." Pincock, Allen & Holt.

Price Water House Coppers. 1999. "Asia Pacific Mining Regulations" Price Water House Coppers.

Regan, James. 2009.2.11. "Plenty of copper still in deserted Rio mine in PNG." Reuters.

Ross, Malcolm K. 2005. "Environmental Impact Assessment & Mineral Exploration." Environmental Assessment Branch, Saskatchewan Environment, Canada.

Rupprecht, S. 2004. "Establishing the feasibility of your proposed mining venture." International Platinum Conference: Platinum Adding Value. The South African Institute of Mining and Metallurgy.

Sheldon, Christopher G. and Strongman, John E. 2002. "It's Not Over When It's Over: Mine Closure around the World." The World Bank and International Finance Corporation.

Stephanie Loiacono, 2007. "Strike Gold With Junior Mining." Retrieved Mar 12, 2009, from http://www.investopedia.com/articles/stocks/07/junior_mining.asp

Talscott, Don. and Williams, Anthony D. 2007.2.1. "Innovation in the Age of Mass Collaboration." *Business Week*.

The National Law Journal. 2004. "Faulty assessment blamed for failure of copper mine." Retrieved Apr 6, 2009, from http://www.yetterwarden.com/news/ 005110400 07yetter.pdf

The Northern Miner, The Global Mining Newspaper "The Glossary of Terms." Retrieved Mar 3, 2009, from http://www.northernminer.com/resources/Tools/glossary.aspx

The Silver Insitute. "Silver Demand and Supply in 2008." Retrieved Jul 9, 2009, from http://www.silverinstitute.org/supply_demand.php

The Society for mining, metallurgy and Exploration. 2007 "The SME Guide for reporting Exploration Results, Mineral Resources and Mineral Reserves(The 2007 SME Guide)" Retrieved Feb 5, 2009, from http://www.smenet.org/resourcesAndReserves/Sme_Guide_for_Reporting_Exploration_Results_2007.pdf

The South African Mineral Resource Committee. 2007. "The South African Code for the Reporting of Exploration Results, Mineral Resources and Mineral Reserves (The SAMREC Code), 2007 Edition." The South African Mineral Resource Committee.

The Sustainable Energy & Anti-Uranium Service. 2003. "Timeline of the Olympic Dam Project at Roxby Downs." Retrieved March 26, 2009, from http://www.sea-us.org.au/roxby/roxstory.html

Tschabrun, Don. "Mining Agreements and Royalties." Pincock Perspectives Issue No. 63(2005).

University of California Museum of Paleontology. "William Smith(1769~1839)" Retrieved Apr 2, 2009, from http://www. ucmp.berkeley.edu/history/smith. html

Vital metal Ltd. "Molybdenum Market Overview." Retrieved Jul 6, 2009, from http://www.vitalmetals.com.au/images/1-Molybdenum_Website_version.pdf

White, Lane. 1999. "Mine Project Development: Managing for success." Engineering and Mining Journal.

World Gold Council. "Gold Supply and demand statistics." Retrieved Jul 08, 2009, from http://www.research.gold.org/supply_demand/

Yardley, William. 2008.8.23. "Vote in AlaskaPuts Question: Gold or Fish?" *New York Times*.

Yongguang Wong. 2005. "The Status of nickel resources in the world and the development of mineral resources in MCC." ChinaMetallurgical Construction Group Corp.

Yukon Zinc Corp. "Developing the Yukon's next zinc-silver mine." Retrieved May 10, 2009, from http://www.yukonzinc.com/

부록 1. 광물자원별 개요

탐사부터 복원단계를 망라한 전 세계의 모든 광구수는 대략 1만 7,700여 개로 추정된다. 그중 금, 은, 몰리브덴, 우라늄 등은 구리와 같은 다른 광물의 부산물로 함께 채굴되는데 이러한 복합광구들을 감안하여 광물별로 광구를 세분할 경우, 광구는 약 2만 7,850개로 늘어난다. 광산정보 전문회사인 Infomine.com의 광구자료에 따르면, 가장 많은 광구수를 차지하는 광물은 금으로 8,585개(30.9%)를 차지했다. 다음으로 구리 4,044개(14.5%), 은 2,639개(9.5%), 석탄 2,476개(8.9%), 우라늄 1,986개(7.1%), 아연 1,676개(6.0%), 니켈 1,300개(4.7%), 납 1,202개(4.3%), 다이아몬드 975개(3.5%) 및 기타 2,966개(10.7%) 순으로 나타났다.

1) 금(GOLD)

원소기호: Au

원자번호: 79

금은 희소성과 불변성으로 고대부터 현재까지 인간에게 소유하고자 하는 욕망과 숭배의 대상이 되어왔다. 금은 모든 금속 중 전성(malleable)과 연성(ductile)이 가장 뛰어나서 금 1그램을 가지고 1평방미터의 금박을 만들 수 있다. 전 세계 광산에서 채굴되는 금의 생산량은 연간 2,300~2,500톤 수준으로 2006년까지 채굴된 금은 대략 15만 8,000톤 정도로 추정하고 있다. 지금까지 인류가 채굴한 금을 모으면 약 20.2미터 길이의 정육면체를 만들 수 있다고 한다. 채굴한 광석에서 추출한 금으로 금괴나 주화를 만들면, 순도 99.99%로 일명 포나인(4 nine)이라고도 부른다. 이러한 금괴에 투자하는 사람들을 일컬어 골드버그(goldbug)라 한다. 금은 통상 구리를 채굴할 때 다른 금속광물들과 함께 생산되는데 세계에서 가장 큰 금 광산인 Goldbug 광산은 세 번째로 큰 구리 광산이기도 하다.

(1) 사용용도: 귀금속(57.5%), 금괴(10.3%), 유동성 제공용(8.4%), 전자(7.7%), 투자용 금사용(5.5%), 주화(5%), 메달(1.9%), 치과(1.5%), 기타 산업(2.3%)

(2) 광석광물: 석영(Quartz) 및 황철광(Pyrite)

(3) 주요 광상: 화성광상(열수광상, 접촉교대광상), 표사광상

(4) 주요 생산국(2006년)
남아프리카(272톤), 호주(247톤), 중국(247톤), 미국(242톤), 페루(203톤), 러시아(159톤), 캐나다(104톤), 가나(66톤) 등

(5) 주요 금 광산회사
캐나다의 Barrick Gold Corp, 남아프리카의 AngloGold Ashanti, Gold Fields 및 Harmony Gold Mining Co, 미국의 Newmont Mining Corp 및 Freeport McMoRan Copper & Gold Inc 등

(6) 주요 금 광산
인도네시아의 Grasberg 광산, 중국의 Jinfeng 광산, 페루의 Yanacocha 광산, 호주의 Olympic Dam 광산, 파푸아뉴기니아의 Lihir 광산

(7) 주요 소비국(2007년)
인도(774톤), 중국(326톤), 미국(278톤), 터키(249톤), 사우디아라비아(129톤), UAE(107톤), 베트남(78톤), 이집트(68톤), 인도네시아(59톤), 이탈리아(59톤), 영국(49톤) 등

2) 은(SILVER)
원소기호: Ag
원자번호: 47

은은 금 다음으로 전성과 연성이 뛰어나고 또한 금속들 중 열전연성과 전기전도성이 가장 크기 때문에 각종 산업제품의 재료로 사용된다. 다만 비용이 많이 들고 변색되는 특성 때문에 전기재료로서 구리를 완전히 대체하기는 어렵다. 고대에는

금보다 산출량이 적고 정제하기 어려워 금보다 더 희소가치가 있었던 적도 있다. 은은 60%가량이 납이나 아연 및 구리광석에서 함께 발견되고, 15%가량은 금광석에서 발견되며 나머지 25%가량만이 은광석에서 채굴된다. 전 세계 광산에서 채굴되는 은의 생산량은 연간 2만 톤 수준이다. 참고로 전 세계에 공급되는 은의 약 20%는 재활용 은이 사용된다.

(1) **사용용도:** 산업용 50%(전기전자제품, 의료, 치과, 전선, 일차전지, 은도금, 항공장비), 귀금속 18%, 사진재료 12%, 주화 및 메달 7%, 실버웨어 6% 등

(2) **광석광물:** 휘은석(Argentite), 폴리바사이트(Polybasite), 세라지라이트(Ceragrite) 등

(3) **주요 광상:** 화성광상(접촉교대광상, 충전광상, 페그마타이트 광상), 퇴적광상

(4) **주요 생산국(2006년)**
페루(3,471톤), 멕시코(2,894톤), 중국(2,600톤), 호주(1,727톤), 칠레(1,607톤), 폴란드(1,265톤), 미국(1,140톤), 러시아(1,100톤) 등

(5) **주요 은 광산회사**
멕시코의 Penoles 및 Grupo Mexico, 호주의 BHP Billiton, 영국의 Rio Tinto, 폴란드의 KGHM Polska Miedz, 페루의 Volcan Compania Minera, 카자흐스탄의 Zhezkazgan 등

(6) **주요 은 광산**
호주의 Cannington 광산, 멕시코의 Proano Fresnillo 광산, 러시아의 Dukat 광산, 페루의 Uchucchacua 광산, 미국의 Greens Creek 등

(7) 주요 소비국

미국, 중국(전 세계 산업용도 은의 70% 소비), 인도, 일본, 이탈리아, 독일, 멕시코 등

3) 구리(COPPER)

원소기호: Cu

원자번호: 29

구리는 은 다음으로 전기전도성이 뛰어나서 건설, 전기, 운송 분야에서 광범위하게 활용된다. 구리는 그 활용산업의 특성으로 볼 때 가장 경기에 민감한 금속으로 인식되어 닥터 코퍼(Doctor Copper)라는 별명을 갖고 있다. 특히 주택 경기와 밀접한 관계를 가지고 있는데 건설업계에 따르면, 현대식 주택 한 채를 짓는 데 적어도 200킬로그램의 구리가 사용된다고 한다. 구리는 통상 지표 가까운 곳에서 대규모 광상으로 발견되기 때문에 다른 금속에 비해 채굴 비용이 저렴하게 든다. 전 세계 광산에서 채굴되는 구리의 생산량은 연간 1,500만 톤 수준인데 이 중 45%가량이 남미의 안데스 산맥에서 채굴된다.

(1) 사용용도: 주화, 합금용, 전기 전선, 배관설비, 탄피, 냉장관, 동상 등

(2) 광석광물: 황동광(Chalcopyrite), 남동광(Azurite), 공작석(Malachite), 테난타이트(Tennantite), 반동광(Bornite) 등

(3) 주요 광상: 화성광상(정마그마 광상, 열수광상, 접촉교대광상), 퇴적광상, 반암동광상

(4) 주요 생산국(2006년)

칠레(536만 톤), 미국(122만 톤), 페루(104만 톤), 중국(91만 톤), 호주(87만 톤), 인도네시아(82만 톤), 러시아(67만 톤), 캐나다(61만 톤) 등

(5) 주요 구리 광산회사

칠레의 Codelco, 호주의 BHP Billiton, 영국의 Rio Tinto 및 Anglo American, 미국의 Freeport McMoRan Copper & Gold Inc, 멕시코의 Grupo Mexico, 스위스의 Xstrata Copper 등

(6) 주요 구리 광산

칠레의 Escondida, Chuquicamata, Collahuasi, 및 El Teniente 광산, 인도네시아의 Grasberg 광산, 미국의 Morenci copper 광산, 카자흐스탄의 Zhezkazgan 광산, 호주의 Mt Isa 광산, 페루의 Antamina 광산 등

(7) 주요 소비국(2007년)

중국(21.6%), 미국(13.5%), 일본(7.3%), 독일(6.6%), 한국(5.1%), 러시아(4.7%), 이탈리아(4%), 대만(3.8%), 프랑스(2.8%), 멕시코(2.8%), 인도(2.4%) 등

4) 우라늄(URANIUM)

원소기호: U

원자번호: 92

핵 원료로 사용되는 우라늄은 노천채굴, 갱내채굴, 용매침출방식 및 시추공 채굴(borehole mining) 등 다양한 방법으로 채굴할 수 있다. 저품위의 우라늄 광석은 통상 0.01~0.25%의 산화우라늄을 함유하고 있는 데 반해 캐나다의 Athabasca 분지광상에서 발견된 우라늄 광석은 최대 70%의 산화우라늄을 함유하고 있다. 채광된 우라늄 광석은 제련과정을 거쳐 황색분말인 엘로우케이크(Yellow Cake)라는 우라늄 정광이 만들어진다. 전 세계 광산에서 채굴되는 우라늄의 생산량은 연간 3만 9,000톤 수준이다.

(1) 사용용도: 원자력 발전용 핵연료, 핵무기, 엑스레이, 요업용 등

(2) 광석광물: 섬 우라늄광(Uraninite), 코피나이트(Coffinite), 티타네이트(Titanate)

(3) 주요 광상: 열수광상

(4) 주요 생산국(2006년)
캐나다(9,800톤), 호주(7,600톤), 카자흐스탄(5,200톤), 나이저(3,400톤), 러시아(3,200톤), 나미비아(2,800톤), 우즈베키스탄(2,200톤), 미국(1,600톤) 등

(5) 주요 우라늄 광산회사
캐나다의 Cameco Corp 및 Uranium One, 영국의 Rio Tinto, 호주의 BHP Billiton, 러시아의 TVEL, 카자흐스탄의 KazAtomProm, 우즈베키스탄의 Navoi, 프랑스의 Areva 등

(6) 주요 우라늄 광산
캐나다의 McArthur River 광산, Rabbit Lake 광산, 및 McClean Lake, 호주의 Olympic Dam 광산, Ranger 광산 및 Beverley 광산, 나이저의 Akouta 광산 및 Arlit 광산, 나미비아의 Rossing 광산, 러시아의 Krasnokamensk 광산, 카자흐스탄의 Akdala 광산, 미국의 Highland & Smith Ranch 광산 등

(7) 주요 소비국(2006년)
미국(34.4%), 일본(11.9%), 프랑스(10.8%), 러시아(6%), 독일(5.6%), 한국(4.8%), 우크라이나(3.7%), 영국(3.3%) 등

5) 몰리브덴(MOLYBDENUM)
원소기호: Mo
원자번호: 42
오랫동안 납광석이나 흑연으로 여겨졌던 휘수연석(Molybdenite)은 1782년 스웨덴

의 화학자인 엘름에 의해 최초로 광석으로부터 몰리브덴이 분리되어 세상에 알려졌다. 몰리브덴은 내열성과 내식성이 뛰어나 강철이나 다른 합금의 강도와 인성 및 부식성을 증가시키는 중요한 합금제로 널리 사용된다. 몰리브덴은 통상 구리를 채굴할 때 부산물로 함께 생산되며 전 세계 광산에서 채굴되는 몰리브덴의 생산량은 연간 18만 톤 수준이다.

(1) 사용용도: 스테인리스 초합금강(30%), 저합금강(30%), 공구 및 고속도강(10%), 주물강(10%), 화학용(20%)

(2) 광석광물: 휘수연석(Molybdenite; 몰리브데나이트)

(3) 주요 광상: 반암동광상

(4) 주요 생산국(2006년)
미국(6만 톤), 칠레(4만 3,000톤), 중국(4만 1,000톤), 페루(1만 톤), 캐나다(8,000톤), 러시아(5,000톤) 등

(5) 주요 몰리브덴 광산회사
미국의 Freeport McMoRan Copper & Gold Inc 및 Thompson Creek Metals Company, 영국의 Rio Tinto, 멕시코의 Grupo Mexico, 칠레의 Codelco 및 Antofagasta Plc, 페루의 Antamina S.A., 중국의 China Molybdenum 및 Jinduicheng Mining Corp 등

(6) 주요 몰리브덴 광산
미국의 Henderson 광산, Bingham Canyon 광산 및 Thompson Creek 광산, 칠레의 Chuquicamata 광산 등

(7) 주요 소비국(2007년)

미국(18.2%), 중국(17.9%), 일본(15.8%), 서유럽(29%) 등

6) 아연(ZINC)
원소기호: Zn
원자번호: 30

(1) 사용용도: 아연도금(57%), 황동계 및 캐스팅(16%), 다이캐스팅 합금(14%), 압출 및 인발제품(6%), 산화 및 화학용(7%)

(2) 광석광물: 섬아연광(Sphalerite 또는 Zinc Blende), 능아연광(Smithsonite), 이극석(Hemimorphite) 등

(3) 주요 광상: 열수광상, 접촉교대광상

(4) 연간 채굴량: 1,000만 톤 수준

(5) 주요 생산국(2006년)

중국(299만 톤), 호주(136만 톤), 페루(120만 톤), 미국(73만 톤), 캐나다(64만 톤), 인도(51만 톤), 멕시코(48만 톤), 아일랜드공화국(42만 톤), 카자흐스탄(37만 톤), 스웨덴(21만 톤), 등

(6) 주요 아연 광산회사

캐나다의 Teck Cominco 및 Lundin Mining Corp, 영국의 Anglo American Plc, 스위스의 Xstrata Plc 및 Glencore International AG, 페루의 Volcan Compania Minera 호주의 OZ Minerals, 인도의 Hindustan Zinc, 스웨덴의 Boliden AB, 브라질의 Votorantim Metais Ltda 등

(7) 주요 아연 광산

호주의 Century 광산 및 Mt. Isa 광산, 아일랜드의 Tara 광산 및 Lisheen 광산, 미국의 Greens Creek 광산 및 Red Dog 광산, 캐나다의 Brunswick #12 광산, 페루의 Iscaycruz 광산 및 Antamina 광산, 인도의 Rampura Agucha 광산 등

(8) 주요 소비국(2005년)

중국(294만 톤), 미국(107만 톤), 일본(61만 톤), 독일(51만 톤), 한국(50만 톤), 인도(39만 톤), 벨기에(35만 톤), 프랑스(31만 톤), 이탈리아(39만 톤), 대만(30만 톤), 멕시코(24만 톤) 등

7) 니켈(NICKEL)

원소기호: Ni

원자번호: 28

(1) 사용용도: 스테인리스 스틸(58%), 니켈합금(12%), 도금(11%), 화학용(6%) 등

(2) 광석광물: 유철니켈광(Pentlandite), 규니켈광(Garnierite), 황화황동광(Sulfide Chalcopyrite), 황류철니켈광(Heazlewoodite), 모네로사이트(Morenosite)

(3) 주요 광상: 마그마 광상, 라테라이트 광상

(4) 연간 채굴량: 153만 톤 수준

(5) 주요 생산국(2006년)

러시아(30만 톤), 캐나다(23만 3,000톤), 호주(18만 5,000톤), 인도네시아(15만 톤), 뉴칼레도니아(10만 2,000톤), 컬럼비아(9만 4,000톤), 브라질(8만 2,000톤), 쿠바(7만 4,000톤), 중국(6만 9,000톤) 등

(6) 주요 니켈 광산회사

러시아의 Norilsk Nickel, 호주의 BHP Billiton, 브라질의 Vale S.A.(구 CVRD), 캐나다의 LionOre Mining International Ltd., 프랑스의 Eramet S.A., 스위스의 Xstrata, 핀란드의 Talvivaara Mining 등

(7) 주요 니켈 광산

핀란드의 Talvivaara 광산, 뉴칼레도니아의 Goro Tiebaghi 광산, 호주의 Mt Keith, 러시아의 Taimyr Peninsula(Polar Division) 광산

(8) 주요 소비국(2008년)

중국(36만 톤), 일본(16만 톤), 미국(12만 톤), 독일(9만 5,000톤), 대만(5만 7,000톤), 한국(5만 톤), 이탈리아(4만 5,000톤), 벨기에(4만 5,000톤), 스페인(3만 7,000톤), 핀란드(3만 5,000톤) 등

8) 납(LEAD)

원소기호: Pb
원자번호: 82

납은 안정원소들 중 원자번호가 가장 큰 원소로 무르고 무거운 특징이 있다. 납은 고대부터 사용되던 금속 중 하나로 로마시대에는 배수관의 재료로 활용되기도 했다. 이런 이유로 영어인 배관이나 배관공을 뜻하는 'Plumbing'이나 'Plumber'라는 단어는 라틴어로 납을 말하는 'Plumbum'에서 유래했다. 전 세계 광산에서 채굴되는 납의 생산량은 연간 350만 톤 수준이며 이 외에 폐기되는 배터리에서도 연간 100만 톤이 넘는 납을 수거하고 있다.

(1) 사용용도: 납축전지, 안료, 합금, 탄약, 세라믹, 핵물질 차폐용기, 피복전선, 건설용 연관재료 등

(2) 광석광물: 방연광(Galena), 백연광(Cerussidte), 황산연광(Anglesite) 각연광(Phosgenite), 갈연광(Vanadinite) 등

(3) 주요 광상: 열수광상, 접촉교대광상

(4) 주요 생산국(2006년)
중국(125만 톤), 호주(67만 톤), 페루(31만 톤), 미국(45만 톤), 멕시코(13만 톤), 캐나다(8만 톤) 등

(5) 주요 납 광산회사
호주의 BHP Billiton 및 OZ Minerals, 미국의 Doe Run Company, 캐나다의 Teck Cominco, 페루의 Volcan Compania Minera S.A.A, 스위스의 Xtrata Plc 및 Glencore International AG, 인도의 Hindustan Zinc 영국의 Anglo American, 멕시코의 Industrias Penoles S.A. de C.V. 등

(6) 주요 납 광산
호주의 Cannington 광산, Mt Isa 광산 및 Century 광산, 미국의 Lucky Friday 광산, Greens Creek 광산 및 Red Dog 광산, 캐나다의 Brunswick #12 광산, 남아프리카의 Broken Hill 광산 및 Black Mountain 광산

(7) 주요 소비국(2005년)
미국(155만 톤), 중국(192만 톤), 독일(39만 톤), 한국(37만 톤), 일본(28만 톤), 프랑스(21만 톤), 이탈리아(27만 톤), 영국(27만 톤), 스페인(27만 톤), 멕시코(26만 톤) 등

9) 철(IRON)
원소기호: Fe
원자번호: 26

(1) 사용용도: 강철, 기계 제품, 건축 구조물, 자동차, 고주파 코어, 촉매 등

(2) 광석광물: 적철광(Hematite), 자철광(Magnetite), 침철광(Goethite), 능철광(Siderite)

(3) 주요 광상: 화성광상(마그마광상, 열수광상, 접촉광상), 퇴적광상(잔류광상)

(4) 연간 채굴량: 18억 톤 수준

(5) 주요 생산국(2006년)
중국(5억 9,000만 톤), 브라질(3억 2,000만 톤), 호주(2억 8,000만 톤), 인도(1억 7,000만 톤), 러시아(1억 400만 톤), 우크라이나(7,400만 톤), 미국(5,300만 톤), 남아프리카(4,100만 톤), 캐나다(3,400만 톤) 등

(6) 주요 철광 생산회사
브라질의 Vale S.A.(구 CVRD), 미국의 Cliffs Natural Resources Inc, 영국의 Rio Tinto 및 Anglo American, 호주의 BHP Billiton Group, 스웨덴의 Luossavaara Kiirunavaara AB, 러시아의 Gazprom JSC, 일본의 Mitsui & Co Ltd 등

(7) 주요 철 광산
호주의 Hamersley Basin Iron Ore 광산, MT Newman 광산, Robe River 광산, 및 Yandi 광산, 브라질의 N4W N(Carajas) 광산, N5(Carajas) 광산, Fabrica Nova 광산 및 Alegria 광산

10) 석탄(COAL)
(1) 석탄의 종류: 아탄(lignite), 갈탄(brown coal), 역청탄(bituminous coal), 무연탄(anthracite)

(2) 사용용도: 화력발전, 철강생산, 시멘트 생산, 알루미늄 정련 등의 산업연료

및 난방 연료

(3) 연간 채굴량: 61억 톤 수준

(4) 주요 생산국(2006년)
중국(23억 8,000만 톤), 미국(10억 5,000만 톤), 인도(4억 6,000만 톤), 호주(3억 8,000만 톤), 남아프리카(2억 4,000만 톤), 인도네시아(1억 8,000만 톤), 폴란드(1억 5,000만 톤), 카자흐스탄(9,600만 톤) 등

(5) 주요 석탄 생산회사
인도의 Coal India Ltd, 호주의 BHP Billiton 및 Anglo Coal Australia, 영국의 Rio Tinto, 스위스의 Xstrata, 중국의 Shanxi Jincheng Anthracite Coal Mining, 남아프리카의 Sasol, 인도네시아의 Bumi Resource, 등

(6) 주요 석탄 광산
미국의 Black Thunder Thermal 광산, 호주의 Blackwater 광산, 컬럼비아의 Cerrejon 광산, 인도네시아의 Kaltim Prima 광산, 카자흐스탄의 Bogaty 광산 등

(7) 주요 소비국: 중국, 미국, 인도, 러시아, 일본, 독일, 남아프리카, 호주, 폴란드, 한국 등

부록 2. 캐나다의 주요 광물 생산량 및 자원 사이트

1) 캐나다의 주요 광물 생산량(2006년)

2006년 생산	세계	캐나다	비율	순위
금(킬로그램)	2,310,000	104,448	4.52%	7
은(킬로그램)	20,116,000	995,000	4.95%	8
구리(톤)	15,100,000	603,295	4.00%	8
납(톤)	3,500,000	83,096	2.37%	6
아연(톤)	10,500,000	637,956	6.08%	5
니켈(톤)	1,526,000	233,461	15.30%	2
몰리브덴(톤)	186,000	7,723	4.15%	5
우라늄(톤)	39,100	9,862	25.22%	1
철광석(톤)	1,810,000,000	34,943,000	1.93%	9
다이아몬드(캐럿)	176,800,000	13,277,703	7.51%	6

자료: Hetherington, L E. et al. 2008. "World Mineral Production 2002~2006" London: British Geological Survey

2) 캐나다 주별 탐사 및 평가 관련 지출 경비

주 · 준주	2006년		2007년		2008년	
	100만 달러	점유	100만 달러	점유	100만 달러	점유
온타리오(Ontario)	346.5	18.1%	571.7	20.2%	737.5	23.8%
브리티시 컬럼비아 (British Columbia)	344.2	18.0%	470.6	16.7%	466.5	15.1%
퀘벡(Quebec)	295.1	15.4%	469.1	16.6%	533.5	17.2%
서스캐처원 (Saskatchewan)	235.6	12.3%	314.0	11.1%	415.7	13.4%
노스웨스트 테리토리 (Northwest Territory)	176.2	9.2%	193.7	6.9%	128.7	4.2%
기타 주들	513.9	27.0%	805.6	28.5%	817.7	26.3%
총계	1,911.5	100%	2824.7	100%	3,099.6	100%

자료: Natural Resources Canada. "Mineral Exploration Annual Statistics." Retrieved May 05, 2009, from http://mmsd.mms.nrcan.gc.ca/stat-stat/expl-expl/sta-sta-eng.aspx

3) 캐나다 광물자원 온라인 정보 서비스

Natural Resources Canada(NRCan): http://www.nrcan-rncan.gc.ca/com/indexeng.php

Geological Survey of Canada(GSC): http://gsc.nrcan.gc.ca/indexe.php

Geological Association of Canada: http://www.gac.ca/

Mineralogical Association of Canada: http://www.mineralogicalassociation.ca/

Mining Association of Canada(MAC): http://www.mining.ca/

Prospectors Development Association of Canada(PDAC): http://www.pdac.ca/

Canadian Institute of Mining, Metallurgy and Petroleum(CIM): http://www.cim.org/

Canadian Mining Industry Research Organization(CAMIRO): http://www.camiro.org

System for Electronic Document Analysis and Retrieval(SEDAR): http://www.sedar.com

Canadian Association of Petroleum Producers(CAPP): http://www.capp.ca

(1) 캐나다 BC 주의 광물자원 온라인 정보 서비스

캐나다 BC 주에서 제공하는 광업 부문 관련 최신 정보들은 다음의 사이트들에서 얻을 수 있다.

Ministry of Energy, Mines and Petroleum

대표전화: 250-952-0521, 웹사이트: http://www.gov.bc.ca/empr/

① 온라인 광구 보유권(Mineral Titles Online)

웹사이트: www.mtonline.gov.bc.ca

광구 보유권 온라인(Mineral Titles Online, MTO)에서는 BC 주의 통합 디지털 지리정보 시스템(Geographic Information Systems: GIS)을 제공한다. 사용자가 지도에서 특정 지역을 선택하면 해당지역의 광구 소유권자 확인, 신규획득과 유지 신청 및 관련 수수료를 온라인으로 결제할 수 있다.

② Mapplace

웹사이트: www.MapPlace.ca

MapPlace는 웹 기반의 쌍방향 데이터베이스 지도 사이트로 사용자는 지도를 열람하거나 지구과학 데이터를 담은 보고서와 자료들을 다운로드 받을 수 있다.

③ 지구화학 조사 및 지구물리 조사

웹사이트: www.empr.gov.bc.ca/Mining/Geolsurv/Geochinv/geochem.htm

본 사이트의 지구화학 데이터베이스에는 40여 가지에 이르는 각종 금속에 대한 분석법과 함께 5만 5,000여 개의 하상 퇴적물, 호수 퇴적물, 하천수, 호수 등의 표본자료들을 확인할 수 있다. 이 데이터베이스는 BC 주 지역의 70% 이상을 다루고 있어 광산업체가 탐사를 검토할 때 유용한 자료로 활용하고 있다. 또한 BC 주의 34개 대상 지역에 대한 다중센서, 항공 물리탐사 등의 지구물리 정보들을 열람 및 다운로드 받을 수 있다.

④ 광물탐사 보고서

웹사이트: www.empr.gov.bc.ca/Mining/Geoscience/ARIS/Pages/default.aspx

평가보고지수 시스템(Assessment report Indexing System, ArIS)에는 2만 7,300여 건의 탐사 보고서가 있으며 이 중 절반 이상이 온라인으로 제공된다.

⑤ 탐사 및 광산 정보

웹사이트: www.empr.gov.bc.ca/Mining/Geoscience/ExplorationandMines/ Pages/default.aspx

⑥ 광상 Profile

웹사이트: www.empr.gov.bc.ca/Mining/Geoscience/MineralDepositProfiles/Pages/default.aspx

⑦ BC 광물자원 경제 통계자료

웹사이트: www.empr.gov.bc.ca//MineralStatistics/Pages/Default.aspx

(2) 캐나다 온타리오 주의 광물자원 온라인 정보 서비스

캐나다 ON 주에서 제공하는 광업 부문용 첨단 서비스 정보들은 다음의 사이트들에서 얻을 수 있다.

Ministry of Northern Development and Mines

대표전화: 888-415-9845

웹사이트: http://www.mndm.gov.on.ca/mndm/mines

① CLAIMaps

웹사이트: http://www.mndm.gov.on.ca/mines/lands/claimap3/disclaimer_e.asp

CLAIMaps은 크게 지도 열람 및 다운로드(CLAIMaps), 소유권 확인(search mining information), 소유권 등록(registry of staked mining claims)으로 구분된다. 사이트에서 각 관심분야의 부분을 클릭하고 다시 하단의 승인 'YES'를 누르면 관련 정보들을 열람할 수 있다.

② Geology Ontario

웹사이트: http://www.geologyontario.mndm.gov.on.ca/

본 사이트에서는 광물탐사 보고서, 시추탐사 자료, 광물 부존자원 목록 및 지구과학 데이터베이스들이 제공된다.

(3) 캐나다 퀘벡 주의 광물자원 온라인 정보 서비스

캐나다 ON 주에서 제공하는 광업 부문용 첨단 서비스 정보들은 다음의 사이트들에서 얻을 수 있다.

Ministére des Ressources naturelles et de la Faune

대표전화: 418-627-6278

웹사이트: http://www.mrnfp.gouv.qc.ca/english/mines/index.jsp

① GESTIM Plus

https://gestim.mines.gouv.qc.ca/

GESTIM Plus을 이용하면 QB지역의 광물 소유권의 확인, 획득 및 유지 관련 수수료를 온라인으로 결제할 수 있다.

② e-sigeom atlas

http://www.mrnfp.gouv.qc.ca/english/mines/geology/geology-databases.jsp

모든 GIS 자료 및 지질도, 지구화학·지구물리 지도들을 열람할 수 있다.

③ e-sigeom examine

http://www.mrnfp.gouv.qc.ca/english/mines/geology/geology-databases.jsp

광물탐사 보고서, 생태학적 자료, 각종 지구과학 지도들이 제공된다.

④ 투자 및 재정지원

http://www.mrnf.gouv.qc.ca/mines/fiscalite/index.jsp

(4) 캐나다 서스캐처원 주의 광물자원 온라인 정보 서비스

캐나다 SK 주에서 제공하는 광업 부문용 첨단 서비스 정보들은 아래의 사이트에 들어가 중앙의 'Short Cut' 메뉴을 클릭하면 각종 지질도, 지구과학 자료, 탐사보고서, 광물 소유권 등의 자료를 열람할 수 있다.

Department of Energy and Resources

대표전화: 306-787-1160

웹사이트: http://www.ir.gov.sk.ca/mining

(5) 기타 주들의 자원부 정보 사이트

주·준주	전화번호 및 웹사이트
뉴펀들랜드 & 라브라도(Newfoundland & Labrador) Department of Natural Resources	Tel) 709-729-2768 http://www.nr.gov.nl.ca/nr/
노바스코샤(Nova Scotia) Department of Natural Resources	Tel) 902-424-7943 http://www.gov.ns.ca/natr/meb
뉴 브런스위크(New Brunswick) Department of Natural Resources	Tel) 506-453-2207 http://www.gnb.ca/0078/
마니토바(Manitoba) Department of Science, Technology	Tel) 204-945-6505 http://www.gov.mb.ca/stem/mrd
알버타(Alberta) Department of Energy	Tel) 780-427-7707 http://www.energy.gov.ab.ca/
유콘 테리토리(Yukon Territory) Department of Energy, Mines and Resources	Tel) 867-667-3202 http://www.emr.gov.yk.ca/
노스웨스트 테리토리(Northwest Territories) Dept of Industry, Tourism and Investment	Tel) 867-920-3345 http://www.iti.gov.nt.ca/

4) 캐나다 광산개발 허가 절차(예: BC 주)

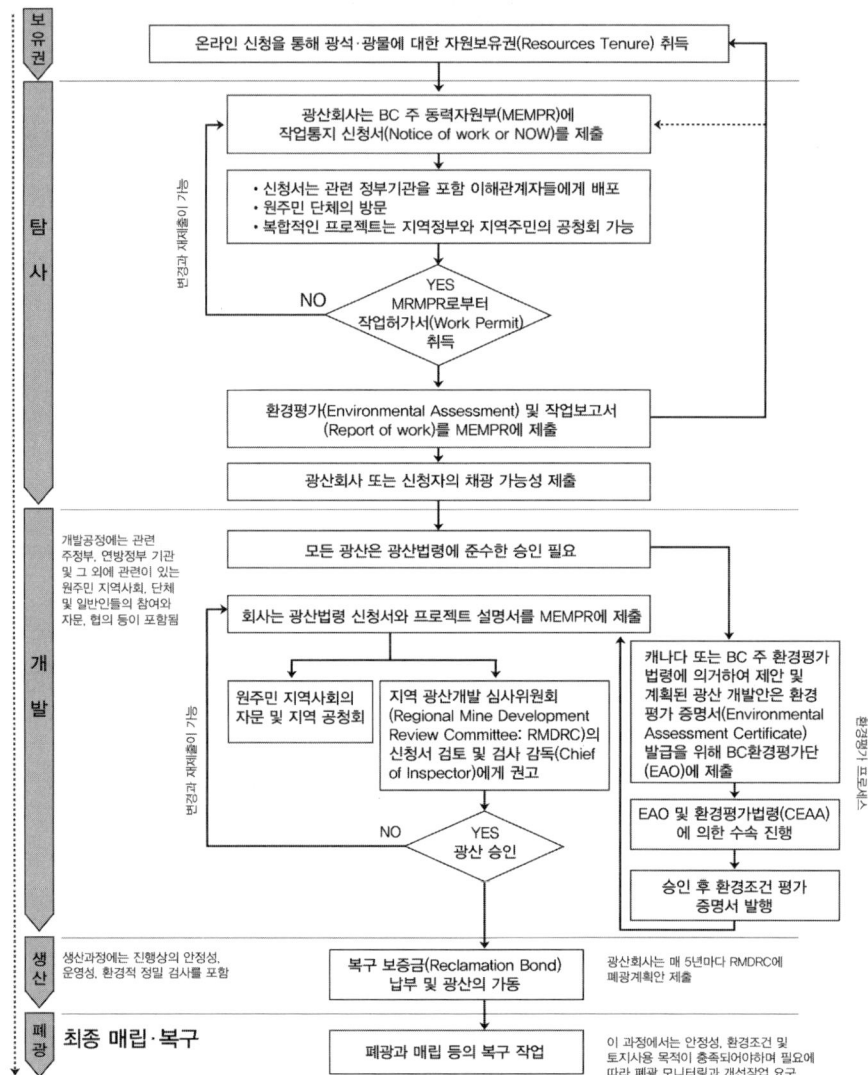

자료: MEMP. "Mine Approval Procee" Retrieved May 12, 2009, from http://www.empr.gov.bc.ca/MACR_archive/EnergyAndMiningOpportunities/Documents/EnglishMineApprovalProcessinBC.pdf

부록 3. 호주의 주요 광물 생산량 및 자원 사이트

1) 호주의 주요 광물 생산량(2006년)

광물	세계	호주	비율	순위
금(킬로그램)	2,310,000	247,000	10.69%	3
은(킬로그램)	20,116,000	1,727,000	8.59%	4
보크사이트(톤)	192,000,000	61,781,000	32.18%	1
구리(톤)	15,100,000	875,000	5.79%	5
납(톤)	3,500,000	668,000	19.09%	2
아연(톤)	10,500,000	1,362,000	12.97%	2
니켈(톤)	1,526,000	185,000	12.12%	3
우라늄(톤)	39,100	7,606	19.45%	2
철광석(톤)	1,810,000,000	275,042,000	15.20%	3
다이아몬드(캐럿)	176,800,000	29,308,000	16.58%	3
석탄(톤)	6,189,000,000	383,737,000	6.20%	4

자료: Hetherington, L E. et al. 2008. "World Mineral Production 2002~2006" London: British Geological Survey

2) 호주 주별 탐사관련 지출 경비

주명	2004~2005년		2005~2006년		2006~2007년	
	100만 달러	점유	100만 달러	점유	100만 달러	점유
서부 호주 (Western Australia)	606.0	58.9%	590.2	47.6%	839.1	48.9%
퀸즈랜드(Queensland)	166.4	16.2%	218.8	17.6%	272.3	15.9%
남부 호주 (South Australia)	66.8	6.5%	146.5	11.8%	260.7	15.2%
뉴사우스 웨일스 (New South Wales)	73.6	7.2%	114.0	9.2%	144.1	8.4%
북부지구 (Northern Territory)	55.6	5.4%	74.7	6.0%	92.2	5.4%
빅토리아(Victoria)	51.5	5.0%	74.1	6.0%	82.5	4.7%
타스마니아(Tasmania)	8.3	0.8%	22.6	1.8%	23.7	1.4%
총계	1,028.2	100.0%	1,240.9	100.0%	1,714.6	100.0%

자료: Australian Bureau of Statistics. 2009. "Mineral and Petroleum Exploration, Australia" National Information and Referral Service

3) 호주 광물자원 온라인 정보 서비스

Department of Resources, Energy and Tourism: http://www.ret.gov.au

Geoscience Australia: http://www.ga.gov.au

Australian Coal Association: http://www.australiancoal.com.au/

Mineral Council of Australia: http://www.minerals.org.au/

The Australian Petroleum Production & Exploration Association: http://www.appea.com.au/

Australian Bureau of Statistics: http://www.abs.gov.au/

Australian Mining(Mining News Website): http://www.miningaustralia.com.au/

(1) 기타 주들의 온라인 정보 사이트

주·준주	웹사이트
서부 호주(WA) Department of Mines and Petroleum	http://www.dmp.wa.gov.au/
퀸즈랜드(Qld) Department of Mines and Energy	http://www.dme.qld.gov.au/
뉴사우스 웨일스(NSW) Department of Primary Industries	http://www.dpi.nsw.gov.au/
남부 호주(SA) Department of Primary Industries and Resources SA	http://www.pir.sa.gov.au/
빅토리아(Vic) Department of Primary Industries	http://www.dpi.vic.gov.au/
타스마니아(Tas) Department of Infrastructure, Energy & Resources	http://www.dier.tas.gov.au/
북부지구 Department of Regional Development, Primary Industry, Fisheries and Resources,	http://www.nt.gov.au/d/Minerals_Energy/

4) 호주 광산개발 허가 절차(예: WA 주)

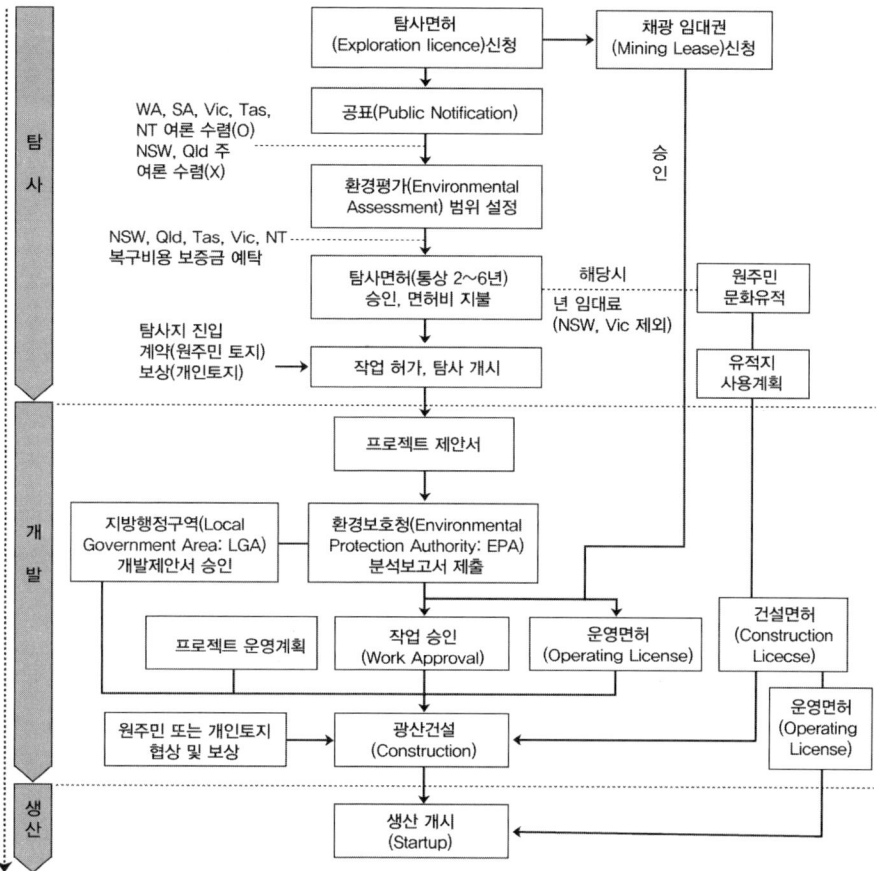

자료: Mineral and Petroleum Exploration, Australia. 2006 "National audit of regulations influencing mining exploration and project approval processes" URS

부록 4. 자원국가들의 주요 광물 생산량

1) 러시아의 주요 광물 생산량(2006년)

광물	세계	러시아	비율	순위
금(킬로그램)	2,310,000	159,340	6.90%	6
은(킬로그램)	20,116,000	1,100,000	5.47%	7
보크사이트(톤)	192,000,000	6,399,200	3.33%	8
구리(톤)	15,100,000	675,000	4.47%	7
니켈(톤)	1,526,000	300,000	19.66%	1
주석(톤)	321,000	5,000	1.56%	7
몰리브덴(톤)	186,000	4,800	2.58%	6
우라늄(톤)	39,100	3,262	8.34%	5
철광석(톤)	1,810,000,000	104,000,000	5.75%	5
다이아몬드(캐럿)	176,800,000	38,360,810	21.70%	1
석탄(톤)	6,189,000,000	309,000,000	4.99%	5

자료: Hetherington, L E. et al. 2008. "World Mineral Production 2002~2006" London: British Geological Survey

2) 미국의 주요 광물 생산량(2006년)

광물	세계	미국	비율	순위
금(킬로그램)	2,310,000	242,000	10.48%	4
은(킬로그램)	20,116,000	1,139,500	5.66%	6
구리(톤)	15,100,000	1,220,000	8.08%	2
납(톤)	3,500,000	452,900	12.94%	3
아연(톤)	10,500,000	727,100	6.92%	4
몰리브덴(톤)	186,000	60,500	32.53%	1
우라늄(톤)	39,100	1,579	4.04%	8
철광석(톤)	1,810,000,000	52,900,000	2.92%	7
석탄(톤)	6,189,000,000	1,053,662,000	17.02%	2

자료: Hetherington, L E. et al. 2008. "World Mineral Production 2002~2006" London: British Geological Survey

3) 브라질의 주요 광물 생산량(2006년)

광물	세계	브라질	비율	순위
금(킬로그램)	2,310,000	40,075	1.73%	-
보크사이트(톤)	192,000,000	22,836,300	11.89%	2
아연(톤)	10,500,000	185,211	1.76%	-
니켈(톤)	1,526,000	82,492	5.41%	7
주석(톤)	321,000	9,528	2.97%	5
철광석(톤)	1,810,000,000	317,800,229	17.56%	2

자료: Hetherington, L E. et al. 2008. "World Mineral Production 2002~2006" London: British Geological Survey

4) 칠레의 주요 광물 생산량(2006년)

광물	세계	칠레	비율	순위
금(킬로그램)	2,310,000	42,100	1.82%	-
은(킬로그램)	20,116,000	1,607,164	7.99%	5
구리(톤)	15,100,000	5,360,800	35.50%	1
아연(톤)	10,500,000	36,238	0.35%	-
몰리브덴(톤)	186,000	43,158	23.20%	2
철광석(톤)	1,810,000,000	8,629,000	0.48%	-

자료: Hetherington, L E. et al. 2008. "World Mineral Production 2002~2006" London: British Geological Survey

5) 중국의 주요 광물 생산량(2006년)

광물	세계	중국	비율	순위
금(킬로그램)	2,310,000	247,200	10.70%	2
은(킬로그램)	20,116,000	2,600,000	12.93%	3
보크사이트(톤)	192,000,000	21,000,000	10.94%	3
구리(톤)	15,100,000	915,000	6.06%	4
납(톤)	3,500,000	1,251,000	35.74%	1
아연(톤)	10,500,000	2,996,000	28.53%	1
니켈(톤)	1,526,000	68,900	4.52%	9
주석(톤)	321,000	114,300	35.61%	2
몰리브덴(톤)	186,000	41,000	22.04%	3
우라늄(톤)	39,100	750	1.92%	9
철광석(톤)	1,810,000,000	588,171,400	32.50%	1
다이아몬드(캐럿)	176,800,000	1,065,000	0.60%	9
석탄(톤)	6,189,000,000	2,380,000,000	38.46%	1

자료: Hetherington, L E. et al. 2008. "World Mineral Production 2002~2006" London: British Geological Survey

6) 몽고의 주요 광물 생산량(2006년)

광물	세계	몽고	비율	순위
금(킬로그램)	2,310,000	22,561	0.98%	-
은(킬로그램)	20,116,000	20,378	0.10%	-
구리(톤)	15,100,000	129,675	0.86%	-
아연(톤)	10,500,000	50,500	0.48%	-
몰리브덴(톤)	186,000	1,404	0.75%	10

자료: Hetherington, L E. et al. 2008. "World Mineral Production 2002~2006" London: British Geological Survey

7) 카자흐스탄의 주요 광물 생산량(2006년)

광물	세계	카자흐스탄	비율	순위
금(킬로그램)	2,310,000	10,000	0.43%	-
은(킬로그램)	20,116,000	810,000	4.03%	10
보크사이트(톤)	192,000,000	4,860,000	2.53%	-
구리(톤)	15,100,000	459,200	3.04%	-
납(톤)	3,500,000	62,000	1.77%	8
아연(톤)	10,500,000	366,100	3.49%	-
우라늄(톤)	39,100	5,279	13.50%	3
철광석(톤)	1,810,000,000	20,000,000	1.10%	-
석탄(톤)	6,189,000,000	96,300,000	1.56%	7

자료: Hetherington, L E. et al. 2008. "World Mineral Production 2002~2006" London: British Geological Survey

8) 인도네시아의 주요 광물 생산량(2006년)

광물	세계	인도네시아	비율	순위
보크사이트(톤)	192,000,000	7,000,000	3.65%	7
구리(톤)	15,100,000	817,796	5.42%	6
니켈(톤)	1,526,000	150,000	9.83%	4
주석(톤)	321,000	117,500	36.60%	1
석탄(톤)	6,189,000,000	177,000,000	2.86%	7

자료: Hetherington, L E. et al. 2008. "World Mineral Production 2002~2006" London: British Geological Survey

9) 남아프리카의 주요 광물 생산량(2006년)

광물	세계	남아프리카	비율	순위
금(킬로그램)	2,310,000	272,128	11.78%	1
은(킬로그램)	20,116,000	86,951	0.43%	-
구리(톤)	15,100,000	89,700	0.59%	-
납(톤)	3,500,000	48,273	1.38%	-
아연(톤)	10,500,000	34,444	0.33%	
니켈(톤)	1,526,000	41,599	2.73%	-
철광석(톤)	1,810,000,000	41,326,036	2.28%	8
다이아몬드(캐럿)	176,800,000	15,152,801	8.57%	5
석탄(톤)	6,189,000,000	244,782,399	3.96%	5

자료: Hetherington, L. E. et al. 2008. "World Mineral Production 2002~2006" London: British Geological Survey

부록 5. 광산개발 용어사전

A
Access Road 진입로
Accessibility 접근성
☞ 광구까지의 접근 상태로 광구의 위치, 도로, 진입로, 접근방안 등을 의미.
Acid Mine Drainage 산성광산폐수
☞ 광산으로 인해 오염된 폐수. 빗물이 광산이나 폐석 및 광미적치장으로 스며들어가 중금속을 함유한 오염물을 배출하는 것으로 광산개발에 따른 환경오염의 주원인이 되며 Acid Rock Drainage와 유사한 의미.
Acid Rock Drainage 산성암반배수
☞ Acid Mine Drainage
Acidic Rock 산성암
☞ 실리카(silica)의 함유율이 65% 이상인 화성암을 의미.
Advanced Exploration 상세 탐사
☞ 상세 시추탐사와 벌크샘플링에 의한 광상분석 및 매장량 산정 등을 수행하는 본격적인 탐사 개발단계(57쪽 참조).
Aeromagnetic Survey 항공자력 탐사
Airborne Geophysical Survey 항공물리탐사
☞ 항공에서 실시하는 물리탐사로 자력탐사, 중력탐사, 전자탐사 및 방사능 탐사 등이 있음.
Alloy 합금

Alteration 변질
☞ 암석이나 광물성분이 물리적 또는 화학적 영향으로 인해 성분이 변화하는 것을 의미하며 Metamorphism보다는 그 범위가 작음.
Angle of Incidence 입사각
Angle of Reflection 반사각
Angle of Refraction 굴절각
Annular 윤형
Anomalous Zone 이상대
☞ 이상치가 나타난 지역.
Anomaly 이상
☞ 지구과학 조사에서 조사지역의 측정치가 전체적인 경향에서 벗어난 변이.
Aphantic 화산암의
Aquatic Biota Study 수중 생물 조사
Arsenopyrite 황비철광
Assay Map 품위도
☞ 채취된 샘플들의 위치와 분석결과를 색이나 수치로 표시한 지도.
Auger Drilling 오거 굴착(50쪽 참조)
Azimuth 방위각

B
Bankable Feasibility Study 타당성 조사
☞ Full Feasibility Study

Barren Block 빈광블록
☞ 광상의 부분 중에 광석이 거의 농집되어 있지 않는 블록부분을 의미.
Basalt 현무암
Base Metal 비금속
☞구리, 납, 아연, 니켈 등
Basic Exploration 기초탐사
☞ 탐사의 첫 단계인 광역탐사. 현장답사, 지질도 작성, 지구화학 탐사 및 지구물리 탐사를 통해 이상대를 확인하여 정밀탐사 대상지역을 선정하는 작업. 상세탐사의 전 단계로 Preliminary Exploration 또는 Grass-roots Exploration으로도 불림(39쪽 참조).
Basin 분지
Basin Analysis 분지해석학
☞ 분지 내의 퇴적층에 대한 연구를 통한 광상의 효율적 탐사.
Bedded Deposit 층상광상
Bedding 층리
Bedrock 기반암
Bench 벤치
☞ 노천채굴장의 계단으로 berm이라고도 함
Bench Scale Test 실험실 규모 테스트
☞ 새로운 야금 공정을 실험실에서 테스트 해 나가는 것을 의미하는데 Laboratory Scale이라고도 함.
Berm 벤치
☞ Bench
Biotite 흑운모
Bit 비트
☞ 지표나 암반을 시추할 때 시추파이프 끝에 부착되어 암석을 자르는 시추날.
Borehole Geophysics 시추공 물리탐사
Borehole Mining 시추공 채굴
☞ 지하의 광상에 시추공을 통한 원격조정으로 고압의 물을 분사시켜 광체를 붕락시킨 뒤 지상으로 끌어내는 채굴법으로 암염, 우라늄, 유황의 채굴에 이용.
Breccia 각력암
Buffer Zone 완충지대
☞ 조사지역의 중심을 둘러싸고 있는 완충지대.
Bulk Mining 벌크 채굴
☞ 고품위 원광만을 선별 채굴하는 것이 아니라 품위에 관계없이 저품위 원광까지 대규모로 채굴하는 것.
Bulk Sampling 벌크샘플링
☞ 시추작업 기간에 야금분석을 포함한 여러 목적으로 각 지역이나 광체의 대표성을 지니는 샘플들을 대량 채취하는 것을 의미(57쪽 참조).
Byproduct 부산물
☞ 채굴된 광물을 가공하여 통해 얻어진 2차 금속이나 광산물.

C

Chalcocite 휘동석
Chalcopyrite 황동광
Chip Sampling 암석 샘플링
☞ 암석 시료의 채취로 Rock Sampling으로도 불림(43쪽 참조).
Chromite 크롬철
Chute 슈트
☞ 채굴한 광석을 경사를 이용하여 광차에 적하하기 위해 만든 미끄럼 판.
Clast 쇄설암
Clearcut 개벌지

Closure plan 폐광계획
☞ 폐광에 따른 현장 복원 및 폐기물 처리계획(67쪽 참조)

Construction Management(CM) 건설사업관리 계약
☞ EPCM 계약과 유사한 광산건설 공사계약(157쪽 참조)

Co-production Agreement 공동생산 계약(20쪽 참조)

Competent Person 자격인
☞ Qualified Person

Complex Ore 복합광석
☞ 경제적 가치가 있는 여러 종류의 광물을 함유한 광석

Concentrate 정광

Concentrator 선광기, 선광장
☞ Mill

Conceptual Study 개념(범위) 조사
☞ 프로젝트에 대한 초기 분석보고서. 사실적 데이터뿐만 아니라 가정(assumption)치를 근거자료로 함께 사용하여 예비적 광산건설방안 및 엔지니어링 개념들을 분석한 보고서로 Scoping Study 또는 Preliminary Assessment라고도 함(60쪽 참조).

Concession Agreement 컨세션 계약(150쪽 참조)

Conductivity 전기전도도

Confidentiality Agreement 비밀유지협정(133쪽 참조)

Conglomerate 역암

Contact Metasomatic Deposit 접촉교대광상
☞ 마그마가 지각 내에서 관입할 때 마그마의 고열에 접촉하는 부근의 암석과 반응하는 현상을 접촉교대라 하며 이 과정에서 생성된 광상으로 고온교대광상 또는 고온성의 석회규산암 광물을 생성하기 때문에 스카른광상이라고도 함. 주요 산출 광물은 구리, 아연, 납, 주석, 철, 텅스텐, 몰리브덴 등이 있음.

Contango 콘탱고
☞ 선물가격이나 먼 인도기일의 선물가격이 현물가격이나 가까운 인도기일의 선물가격보다 높은 시장을 의미.

Contingencies 위험 준비금

Core 암추
☞ 긴 원통형의 암석으로 다이아몬드 시추작업을 통해 채취

Core Zone 중심지대
☞ 조사지역의 중심이 되는 지역

Country Rock 모암
☞ Host Rock

Cretaceous 백악기의

Crushing 분쇄

Cutoff Grade 컷오프 품위
☞ 광상으로부터 광물을 채굴할 때, 임의로 선정한 기준으로 가장 낮은 수준의 품의를 의미(85쪽 참조).

D

Data Density 데이터의 밀도(114쪽 참조)

Data Verification 데이터의 검증
☞ 결과에 활용된 데이터의 객관적 타당성 확보.

Declusterting 자료의 분할
☞ 시추공이 한 곳에 집중되어 있을 때 좀 더 대표성 있는 통계치의 확보를 위해 자료

들을 공간적으로 분할하는 것을 의미.
Detrital Deposit 표사광상
☞ 암석에 포함되어 있던 유용광물이 풍화나 침식작용으로 하천이나 해협에 퇴적하여 생성된 광상으로 사광상(Placer Deposit)이라고도 함. 주요 산출 광물은 보석류로 금, 백금, 루비, 다이아몬드 등이 있음.
Diabase 휘록암
Diamond Drilling 다이아몬드 굴착공법 (51쪽 참조)
Differentiation 분화작용
☞ 고온의 마그마가 차츰 식어감에 따라 마그마 속에 녹아 있던 광물들이 온도와 압력에 의해 단계적으로 정출되는 작용. 고온에서 저온으로 냉각됨에 따라 정마그마광상, 페그마타이트광상, 기성광상, 열수광상의 순서로 화성광상들이 생성.
Digital Geological Map 디지털 지질도
Dike(Dyke) 암맥
☞ 암상이 층리에 평행하게 관입하는 데 반해, 암맥은 층리를 횡단하는 판상의 암체.
Dilution 폐석혼입
☞ 광석을 채굴할 때 함께 혼입되는 저품위 광석이나 가치가 없는 일반 암석을 의미하는데 percentage of dilution이나 amount of dilution으로 나타냄.
Diorite 섬록암
Dip 경사
☞ 지층면과 수평면이 이루는 각도를 의미.
Disseminated Ore 광염광석
☞ 유용 광물들이 모암에 불규칙적으로 산포되어 있는 광석.
Disseminated Deposit 광염광상
☞ 광염광석이 발달한 광상.

Dispersion 분산
Distribution 분배
☞ 채굴 생산된 광물이나 생산품에 대한 분배.
Down Hole Exploration 공저탐사
☞ 시추공 속을 조사하여 자연 방사능, 밀도, 전도성 또는 기타 전기적·자기적 특성과 같은 암석의 특성을 측정하는 방법(48쪽 참조).
Drag Along Right 동반매각 청구권
☞ 계약주체 누구든 자신의 지분뿐만 아니라 다른 주주들이 보유한 지분까지, 즉 합작사의 지분 전체를 제3자에게 동반매각할 것을 청구할 수 있는 권리(135쪽 참조).
Dredging 준설
☞ 얕은 강에서 강바닥의 토양을 준설하여 사금이나 다이아몬드를 채취하는 방식.
Dredging Ship 준설선
☞ 준설방식에 이용되는 배.
Drill Hole 시추공
Dyke 암맥

E

Economic Analysis 경제성 분석
Ecosystem Map 생태계 지도
Electromagnetic(EM) Survey 전자탐사
☞ 전기전도도가 높은 광상이 전기도체로써 자기장을 변형시키는 전자유도 특성을 이용한 지구물리 탐사의 방법(47쪽 참조).
Engineering, Procurement and Construction(EPC) 계약
☞ 광산 공사계약 방식으로 계약자가 설계, 구내 및 시공업무 선반에 대해 종합적 책임을 지고 프로젝트를 수행에 나가는 단일계약.

Environmental Baseline Study   환경기초조사 보고서
☞ 자연 및 사회경제적 환경에 대한 현재 상태를 조사한 보고서(58쪽 참조)
Environmental Impact Assessment (Study)   환경영향평가 보고서
☞ 환경기초조사를 토대로 향후 광산건설과 생산이 이루어질 때 이곳의 환경에 어떤 영향이 있을지를 사전에 예측, 규명, 평가, 분석 및 예방 또는 최소화하는 방안을 정리한 보고서(70쪽 참조).
Eocene   시신세 제3기의
Engineering, Procurement and Construction(EPC) 계약
☞ 계약자가 광산의 건설에 필요한 모든 설계, 구매 및 시공업무 전반에 대해 종합적 책임을 지고 프로젝트를 수행에 나가는 단일계약(156쪽 참조).
Engineering, Procurement and Contruction Management(EPCM) 계약
☞ EPC 계약과 달리 발주자가 자신의 책임 하에 기자재 공급업체, 시공업체 등과 개별계약들을 직접 체결하고 시공관리 계약업체는 발주자의 지원 및 상세설계와 시공감리만을 담당하는 계약(157쪽 참조).
Epigenetic Deposit   후생광상
☞ 모암이 생성된 뒤 나중에 형성된 광상으로 Syngenetic Deposit의 반대.
Episode   발현
Epithermal Deposit   천열수광상
☞ 열수광상의 하나로 광액의 온도가 200 ℃ 이하일 때 생성.
Estimation Technique   산출 기법
☞ 여기서는 매장량을 산출하는 기법을 의미(117쪽 참조).
Expansion   확장
Exploitation   보외법
☞ 샘플이 채집되지 않은 특정 위치의 값을 주변 측정값의 데이터를 이용하여 추정할 때, 바깥 지역의 값을 추정하는 것을 의미하며 Extrapolation이라고도 함.
Exploration   탐사
☞ 탐광, 샘플링, 지질도 작성, 시추작업 등 광물을 찾는 일련의 작업들을 의미.
Exploration Licence   탐사면허
Extrapolation   외삽법
☞ Exploitation
Extrusion   분출
☞ 마그마가 지표 밖으로 표출.
Extrusive   분출암

F

Fault   단층
Faulted Depression   단층 함몰
Faulted Off Extension   단층 박리 연장 지역
Feasibility Study   타당성조사
☞ 광산건설이 경제적 타당성이 있는지를 판단하는 분석자료. 범위와 신뢰도에 따라 크게 개념·범위 연구, 사전타당성, 타당성 조사의 세 가지 형태로 구분(60쪽 참조).
Feldspar   장석
Ferroalloy   합금철
Ferrous Sulfate   유화철
Fertilizer Mineral   비료광물
Field Study   현장조사
Fisheries Assessment   어장에 대한

평가
Fisheries Value 어장에 대한 가치
Floatation 부유선광
☞ 광물 고유의 비중 차이를 이용하여 광물 입자를 선별하는 선광방법.
Floatation Reagent 부선제
☞ 부유선광 작업에 사용하는 용액.
Flora and Fauna 생태계
Flow Measurement 유량 측정
Flow Monitor 유량계
Fluorite 형석
Fold 습곡
Footwall 하반
☞ 광상이나 광맥의 아래쪽에 있는 암층부의 윗부분을 의미.
Forest Service Road 산림로
Fracture 단구
Full Feasibility Study 타당성조사
☞ 타당성조사의 가장 상위단계인 Bankable Feasibility Study를 의미하는데 Feasibility Study라고도 함(62쪽 참조).

G

Galena 방연광
Gangue Mineral 맥석광물
Geochemical Exploration 지구화학탐사
☞ 암석의 화학적 특성을 이용하는 탐사방법. 예를 들면 광상을 둘러싼 암석 내의 고농도 금속이나 원소들이 분출되는 현상인 후광을 감지하여 광상의 부존 가능성이나 위치를 파악함(11쪽 참조).
Geographic Information System 지리 정보 체계
Geological Basement 지질 기반
Geological Map 지질도
Geological Section 지질 단면도
Geological Setting 지질학적 특징
☞ 인근 지역이나 광구 및 광화대의 지질학적 구조나 특징 및 확장 상태, 암석의 형태와 물리적 특성, 광상의 산화대 등을 의미.
Geophysical Exploration 지구물리탐사
☞ 암석의 밀도, 자기성, 중력장, 전도성, 방사성 등의 물리적인 특성을 이용하여 광상의 부존 가능성을 파악하는 탐사방법(45쪽 참조).
Geophysics 지구물리학
☞ 암석의 물리적 특성을 이용하는 탐사방법.
Geotechnical Assessment 지반 분석
Geotechnical Concern 지반에 대한 우려
Gossan 고산
☞ 철 황화물이 산화나 변질에 의해 녹이 슨 것처럼 갈색이나 암갈색을 띠는 광상의 노두.
Grade 품위
☞ 암석 샘플 내의 금속 광석의 농집 상태로 통상 중량 퍼센트로 표시.
Grade Control 품위제어
☞ 채굴되는 광석의 품위를 제어하는 것을 의미.
Granite 화강암
Granodiorite 화강섬록암
Grassroots Exploration 기초탐사
☞ Basic Exploration
Gravimetric and Magnetic Surve 중력 및 자력탐사

☞ 암석과 광물의 밀도차에 의한 중력이상(gravity anomaly)을 측정하고 해석하는 지구물리 탐사의 방법(46쪽 참조).
Gravity Anomaly 중력이상
Gravity Correction 중력보정
Groundwater 지하수
Groundwater Well 지하수정

H
Habitat 서식지
Head Sample Assay 헤드샘플 분석
High Grade Treatmen 고품위 샘플의 처리.
☞ 일부 고품위 샘플로 인해 전체적 품위가 고평가되는 것을 방지하기 위한 처리.
Hornblende 각섬석
Hornfels 혼펠스
Horse 중석
☞ 광맥이나 광체 내의 쓸모없는 암석 덩어리
Host Rock 모암
☞ 광체를 둘러싸고 있거나 또는 인근의 거대 암석으로 Country Rock이라고도 함.
Huebnerite 망간중석
Hydraulic Mining 수력 채굴
☞ 사광광상이 지표 인근에 위치하고 약한 표토에 둘러싸여 있을 때 강한 수압을 채굴 하단면에 분사하여 광석이 물과 함께 흘러내리게 한 뒤에 유용광물을 회수하는 채굴방식.
Hydrogeology 수문지질학
☞ 지질학점 관점에서 지하수의 이동, 성질 및 지질과의 관계를 연구.
Hydrothermal Deposit 열수광상
☞ 가스체가 임계온도 이하에서 고온의 열수로 변할 때 열수에 녹아 있던 유용광물 성분이 암석의 갈라진 틈 속에 침전하여 생성된 광상으로 Thermal Deposit이라고도 함. 열수광상은 광액의 온도에 따라 심열수광상(hydrothermal deposit), 중열수광상(mesothermal deposit) 및 천열수광상(epithermal deposit)으로 분류됨. 주요 산출 광물은 금, 은, 구리, 철, 텅스텐, 납, 아연 등이 있음.

I
Igneous Rock 화성암
Igneous Deposit 화성광상
☞ 마그마가 냉각되어 화성암이 형성되는 과정에서 마그마 속에 포함되어 있던 유용원소들이 선택적으로 모여 이루어진 광상. 그 종류로는 정마그마광상, 페그마타이트광상, 기성광상, 접촉교대광상, 열수광상 및 화산성광상, 반암동광상 등이 있음.
Impact Benefits Agreement
☞ IBA 환경영향 및 개발이익 협정
In situ Mining 용매침출
☞ 동광상이나 우라늄광상 등에 직접 용매를 주입하여 유용한 금속성분을 용액과 함께 용출시켜 회수하는 채굴방식.
Indicated Mineral Resources 추정매장량(107쪽 참조)
Indigenous Land Use Agreement (ILUA) 원주민 토지사용 계약
☞ 광산개발을 위해 토지 소유권을 지닌 원주민 사회와 개발업체 간에 체결하는 토지사용 계약.
Induced Polarization 유도분극

☞ 지하에 전류를 흘려보내는 방법으로 분극현상을 유도한 후 현상을 측정하는 지구물리 탐사의 방법.
Inductively Coupled Plasma   유도결합 플라즈마
Inferred Mineral Resources   예상매장량(106쪽 참조)
Intensity of Magnetization   자화강도
☞ 강한 자성체 내에서 자성체의 힘이 작용하는 방향에 직각인 면의 단위면적을 통하는 자력선의 수를 말함. 자력탐사를 통해 이를 측정함.
Internal Rate of Return   내부수익률
Interpolation   보간
☞ 샘플이 채집되지 않은 특정 위치의 값을 주변 측정값의 데이터를 이용해 추정하여 채우는 방법. 보간의 방법 중 내삽법을 의미하기도 함.
Interpretation   해석
☞ 수집된 지질자료들을 가지고 지질학적 특성을 유추하는 것.
Interrelationship   변수들 간의 상호관계
☞ 수집된 데이터들로부터 정보들을 체계적으로 추출하기 위해 변수들 간에 존재하는 예상 가능한 관계의 정도를 규명하는 것을 의미.
Intersection   교차
Intrusion   관입
☞ 마그마가 지각 내에서 상승하다 일정 지점에서 냉각된 것.
Intrusive Body   관입암체
Intrusive Breccia   관입 각력암
Intrusive Rock   관입암
Inverse Distance Weighting   역거리 가중 내삽법
☞ 서로 가까운 위치들의 값이 멀리 떨어져 있는 값보다 더 유사한 공간적 특성을 갖는다는 토블러(Tobler)의 법칙을 이용하여 내삽지점 사이의 거리에 따라 가중치를 달리 주는 보간기법.

K
Kriging   크리킹
☞ 특정 지점을 둘러싸고 있는 변수값을 내삽하여 그 지점의 변수값을 추정하는 것으로 지질자료의 해석을 위한 지구통계학적 보간기법임.
Kimberlite   킴벌라이트
☞ 마그마가 굳어 생성된 각력상 운모 감람암을 말하는데 다이아몬드가 부존할 가능성이 높음.

L
Laterite   라테라이트
Leaching   침출
Limonite   갈철석
Lode   광맥
☞ 암석 내 광맥으로 Vein으로 부르기도 함.
Logging   검층
Logging Road   나무 벌채용 도로

M
Mafic   고철질암
Marginal Deposit   개발 한계 광상
☞ 수익성이 보장되는 최소한의 광상규모

Magnetic Survey(Exploration) 자력탐사
☞ 자화강도를 측정하는 물리탐사 방법.
Measured Mineral(Ore) Reserve 확정광량(118쪽 참조)
Measured Mineral Resources 확정매장량(107쪽 참조)
Mesothermal Deposit 중열수광상
☞ 열수광상의 하나로 광액의 온도가 200~300℃일 때 생성.
Metal Leaching 금속 침출
Metallurgical Processing 야금 가공
Metallurgical Test 야금테스트
☞ 채굴한 원석으로부터 광물입자를 분리하는 과정을 야금이라고 하며, 시추과정에서 확보한 샘플을 가지고 가장 최적의 회수율을 확보할 수 있는 가공과정 및 선광법을 사전에 테스트하는 것을 의미.
Metallurgy Assessment 야금 분석
Metamorphic Deposit 변성광상
☞ 기존에 형성된 화성광상이나 퇴적광상이 지하에서 온도나 압력의 물리적 또는 화학적인 변성작용을 받아 그 구조나 조직 및 성분이 새롭게 바뀐 광상. 그 종류로는 접촉변성광상, 광역변성광상 등이 있음.
Metamorphism 변성
☞ 변질과 유사한 의미지만 좀 더 광범위한 범위를 말함.
Meteorological Station 기상 관측소
Migmatite 혼성암
Mill 선광장
☞ 원광석을 파쇄, 분쇄 및 선광작업을 하는 공장으로 Concentrator로도 불림.
Mine Waste Rock 광산 폐석
☞ 광산건설이나 채굴을 위한 발파나 굴착과정에서 발생한 폐암석을 의미.
Mineral 광물
Mineral Body 광체
☞ 맥석을 포함한 광물의 집합체. Ore Body라고도 함.
Mineral Deposit 광상
☞ 경제적 가치가 있는 광물이 지하에 집중되어 있는 상태로 Ore Deposit으로도 불림. 광상은 산출되는 자원(commodity)이나 구조적(tectonic), 지질적(geological) 또는 성인적(genetic) 방법들에 의해 분류. 그중 가장 대표적인 것이 성인에 의한 방법으로 화성광상(Igneous deposit), 퇴적광상(Sedimentary deposit), 변성광상(Metamorphic deposit)으로 구분.
Mineral Ownership 광물 소유권
Mineral Reserves 광량
☞ 매장량을 대상으로 실제 채광이 가능한지를 경제적·사회적·법적 요소 등을 고려하여 산출한 매장량으로 Ore Reserves라고도 함(118쪽 참조).
Mineral Resources 매장량
☞ 지각이나 심부에 매장되어 있는 광상의 질량(105쪽 참조)
Mineralization Control 광화대의 지배
☞ 광화대의 부존 상태는 암질, 절리, 단층, 습곡 및 화성암의 관입과 같은 지질구조에 의해 지배를 받는데 이것을 의미.
Mineralized Zone 광화대
☞ 광상들이 모여 있는 지역
Minimum Exploratory Program 최소한의 탐사 프로그램
☞ 광산개발 계약에서 계약자가 반드시 의

무적으로 수행해야만 하는 최소한의 탐사 프로그램.
Mining Lease 채광임대권 또는 광업조권
Mining Life 광산 가동연수
Mining Loss 채굴 손실
Mining Method 채굴 방법
Mining Option 채굴 방안
Mining Right 광업권, 탐사채굴권
Molybdenum 몰리브덴
Molybdenum Disulphide 이황화몰리브덴
Molybdic Oxide 산화몰리브덴

N
Nearest Neighbor Interpolation 최근접 이웃 보간법
☞ 샘플이 채집되지 않은 특정 위치의 값을 가장 최근접에 이웃하는 값을 이용해 추정하여 채우는 보간기법.
Net Smelter Return 제련·정선 후 이익
☞ 광산에서 채굴된 광물을 제련하여 판매 후 얻은 순 매출분.
Net Smelter Royalty 제련·정선 후 가치 기준 로열티
Nugget 너깃
☞ 자연 상태 그대로의 귀금속 덩어리로 흔히 금 덩어리를 의미.
Nugget Effect 측정오차
☞ 측정값 자체의 오차로 발생하는 오차효과.

O
Offshoot 지맥
Open Cut 개착공
Open Pit Mine 노천광산(채굴)
Operator 운영자
☞ 탐사작업이나 광산운영을 책임지는 운영자.
Option 옵션
☞ 경제적 의미의 일반적 옵션 외에 광산개발에서 옵션계약이란, 광산개발을 계속 추진하고자 하는 광업권(소유권)을 가진 주체와 개발에 참여하기를 희망하는 주체 간에 체결하는 계약으로 계약 조건을 이행하면 참여 주체는 광구의 지분을 획득할 수 있게 됨.
Ore 광석
Ore Body 광체
☞ Mineral Body
Ore Deposit 광상
☞ Mineral Deposit과 거의 유사한 의미로도 사용되고 있지만, 좀 더 정확한 의미는 Mineral Deposit의 경제적 가치가 잘 규명된 상태의 광상을 의미.
Ore Dressing 선광
☞ 제련작업의 손실을 줄이기 위해 원광을 미리 파쇄하여 물리적 또는 화학적 방법으로 목적광물의 품위(함유비율)를 높이는 작업을 선행하는 것. Ore Processing이라고도 함.
Ore Genesis 광상성인론
☞ 광상의 형성 원인과 조건 및 분포 등을 연구하는 학문으로 광상이 부존할 가능성이 있는 지역을 탐지하는 데 활용.
Ore Processing 선광
☞ Ore Dressing
Ore Reserve 광량
☞ Mineral Reserve

Oreshoot 부광
☞ 경사방향으로 발달한 광상이나 또는 채굴이 가능할 만큼 충분한 유용광물을 지니고 있는 광맥이나 광상을 의미하기도 함.
Ore Solution 광화용액
☞ 유용광물 성분을 포함하고 있는 열수.
Orthomagmatic Deposit 정마그마 광상
☞ 마그마가 고결하는 과정에서 마그마 속의 비중이 큰 유용광물이 농집된 광상. 주요 산출 광물은 구리, 철, 니켈, 크롬, 백금, 티타늄, 다이아몬드 등이 있음.
Outcrop 노출부
☞ 지층이나 광맥이 지상에 노출된 부분.
Outlier 특이값
☞ 데이터들 속에서 예외적으로 특별히 크거나 작은 값들을 의미하며 이상값 또는 바깥값으로도 불림.
Oxidation 산화
Oxidized Zone 산화대

P

Pegmatite Deposit 페그마타이트 광상
☞ 마그마가 냉각되면서 조암광물이 정출되고 남은 마그마는 휘발성분이 매우 강한데 이 잔액 속의 유용광물 성분이 주위 암석의 틈 속으로 침입하여 압축되어 생성된 광상. 주요 산출 광물은 리튬, 우라늄, 주석, 텅스텐 외에 은, 루비, 에머랄드, 사파이어 등의 보석광물이 있음.
Pentlandite 황화철 니켈광
Peridotite 감람암
Piggyback 피기백
☞ 주체 누구든 자신의 지분을 제3자에게 매각할 때 상대 주체에게 우선 매수 의사를 확인하고, 상대방이 이를 받아들이지 않을 경우에 자신의 지분만을 제3자에게 매각할 수 있는 계약조항(135쪽 참조).
Pilot Scale 현장 시험적용
☞ 실험실 테스트에서 얻어진 야금 공정 결과를 실제 광산이 가동할 장소에서 적은 규모의 공정이나 시설물을 설치하여 효능을 재확인하는 과정. 이 과정이 성공하면 실제 제련 및 정련시설인 full size production plant가 건설되어 운영됨.
Placer Deposit 표사광상
☞ Detrital Deposit
Plagioclase 사장석
Platinum 백금
Pluton 심성암
Pneumatritic Deposit 기성광상
☞ 마그마의 분화가 말기에 이르면 마그마의 잔액에는 수증기와 휘발성분이 더욱 증가하고 압력이 높아진다. 이러한 고온 고압의 잔류용액이 주위의 암석에 관입하여 암석과 반응하는 과정을 기성이라 하며 이 과정에서 생성된 광상을 기성광상이라 함. 주요 산출 광물은 주석, 철망간중석, 형석 등이 있음.
Porphyry 반암
Precious Metal 귀금속
Precipitation Deposit 침전광상
☞ 지표수나 해수에 녹아있던 유용광물 성분이 침전 퇴적하여 생성된 광상. 주요 산출 광물은 철, 망간, 우라늄 등이 있음.
Pre-feasibility Study 사전 타당성조사
☞ 타당성조사 중 중간단계로 프로젝트의 기술적 경제적 실행가능성을 분석하고, 광

산설립과 관련한 여러 대안들을 검토하여, 가장 최적의 건설방안을 규명해 나가는 보고서(61쪽 참조).
Preliminary Agreement 예비협정(133쪽 참조)
Preliminary Assessment 사전 평가
☞ Conceptual Study
Preliminary Exploration 기초탐사
☞ Basic Exploration
Probable Mineral(Ore) Reserve 추정광량(118쪽 참조)
Porphyry Copper Deposit 반암동광상
☞ 반암의 정상이나 주변에 유용광물이 관입해 생성된 광상으로 품위는 낮으나 대규모의 매장량을 가지는 구리광상. 구리와 함께 수반되는 몰리브덴, 금, 주석, 텅스텐 등이 함께 부존.
Prospecting 탐광
☞ 광물을 찾기 위한 조사활동으로 Exploration과 유사한 의미.
Processing Flowsheet 가공 작업 공정도
Production Sharing Agreement 생산분배 계약
☞ 개발도상국과 개발업체 간에 이루어지는 광산개발 계약으로 광물에 대한 소유권은 정부가 소유하는 대신 투자자는 광산운영에 대한 독점권 권리를 확보하여 탐사, 개발, 생산 및 판매와 관련한 모든 위험을 감수하고 이를 개발 운영하게 된다. 광물이 생산되면 광물의 소유자인 정부에 일정 비율의 로열티를 우선 지급하고 남은 이익에 대해 정부와 계약비율로 분배함(154쪽 참조).
Professional Engineer 기술사
Property Description 광구에 대한 개요
☞ 광구의 구성, 위치, 광구권 현황 및 관련 계약상황 등에 대해 서술.
Prospect License 탐광 면허, 탐사권
Prospect Permit 탐광 허가
Pure Service Contract 순수용역 계약
☞ Service Contract는 계약업체가 위험을 감수하고 광산을 개발하는 데 반해 순수용역계약은 단어 의미 그대로 계약업체는 개발에 필요한 용역만을 제공하고 그 대가를 받음(156쪽 참조).
Pyrite 황철광
Pyrrhotite 자황철광

Q

Qualified Person 자격인
☞ 해당 국가의 규정에 따라 자격요건을 갖춘 광산관련 전문가로서, 탐사자료의 해석, 매장량의 산출, 기술보고서의 작성 등을 독립적이며 객관적으로 수행함. Competent Person 또는 Qualified Competent Person으로도 부름(126쪽 참조).
Qualified Compctent Person 자격인
☞ Qualified Person
Quartz 석영
Quartzite 규암

R

Radiometric Survey 방사능 탐사
☞ 암석이나 광물들의 자연적 방사능 특성을 활용하여 지표의 자연 방사능 변이를 측정하는 지구물리 탐사의 방법(48쪽 참조).
Reconnaissance 사전 현장조사

Reconnaissance Exploration 현장탐사
Recovery Rate 회수율
☞ 채굴한 원광석을 분쇄, 선광 및 야금 처리하여 얼마만큼의 유용 광물을 회수했는가를 중량 백분율로 나타낸 것.
Recurrent Drilling 재굴착(51쪽 참조)
Refractory 내화물
Refractory Chromite 내화크롬철
Remote Sensing 원격탐사
Residual Deposit 잔류광상
☞ 암석이 풍화작용을 받아 물에 녹지 않은 유용광물만 농집되어 생성된 광상으로 풍화잔류광상이라고도 함. 주요 산출 광물은 고령토, 갈철석, 구리, 보크사이트 등이 있음.
Rhyolite 유문암
Roaster 배소로
Rock Sampling 암석 샘플링
☞ 암석 시료의 채취로 Chip Sampling으로도 불림(43쪽 참조).
Rotary-Percussion Drilling 회전식 천공 굴착공법(50쪽 참조)

S

Scheelite 회중석
Scoping Study 개념(범위) 조사
☞ Conceptual Study
Screening 스크리닝
Secondary Mineral 2차 광물
☞ 1차 광물이 변성작용 또는 풍화작용에 의해 변질되거나 또는 새로이 생성된 광물.
Sediment 퇴적, 침전물
Sedimentary Deposit 퇴적광상
☞ 유용광물이 포함된 암석이 풍화, 침식, 운반, 퇴적 등의 자연적 영향을 받아 유용물질들이 분리 및 이동하여 농집된 광상. 그 종류로는 표사광상, 잔류광상, 증발광상 등이 있음.
Sedimentology 퇴적학
☞ 퇴적물의 형성과 퇴적과정 및 환경을 연구하여 퇴적광상을 예측하는 학문.
Seismic Survey 탄성파 탐사
☞ 지표에서 발생시킨 소리나 이와 동일한 파동의 형태가 지하의 암석을 통과할 때 파동의 변화를 분석하는 지구물리 탐사의 방법(48쪽 참조).
Sericite 견운모
Service Contract 용역 계약
☞ 남미형 생산분배 계약으로 개발업체가 위험을 감수하고 자신이 조달한 비용으로 광산개발을 진행한다. 개발이 성공하면 개발업체는 광물 판매에서 나오는 이익에 대해 자신들의 개발 및 운영 경비를 차감하고 남은 이익에 대해 계약 비율만큼 이익을 분배받거나 이익의 대가로 채굴된 생산물을 저렴한 가격으로 공급받을 권리를 갖는 계약. 일반적으로 Risk Service Contract를 통틀어 Service Contract라 함(156쪽 참조).
Sheet 암상
☞ Sill
Shotguns 샷건
☞ 한 주체가 상대 주체의 지분 인수를 제안할 때, 상대 주체는 자신의 지분을 매도하거나 오히려 같은 조건으로 매수를 희망한 주체의 지분을 인수할 수 있는 계약 조건을 의미. Shootout이나 Texas draw라고도 불림.
Silicified 규화

Sill 암상
☞ 층상구조를 보이는 암석에 평행하게 모암을 관입한 판상의 화성암체.
Site Reconnaissance 현장답사
Size Analysis 입도 분석
Size Distribution 입도 분포.
Size Fraction 입도군
Small Mine 소형광산
☞ 노천채굴의 경우 일일 생산량이 2,000톤 미만, 갱내채굴의 경우 500톤 미만을 생산하는 소규모 광산.
Smelter 용광로, 제련소
Soil Sampling 토양 샘플링(43쪽 참조)
Stockwork 망상맥
Stratigraphy 층서학
☞ 지층의 형태, 분포, 배열 및 특히 퇴적암의 지층을 연구.
Stream Sediment 하천 퇴적물(42쪽 참조)
Strike 주향
☞ 지층면과 수평면이 만나서 이루는 교선의 방향을 북쪽을 기준으로 측정한 각도를 의미.
Stringer 세맥
☞ 광맥들 중 맥폭이 극히 좁은 광맥을 의미.
Substation 변전소
Sulphide 황화물
Sulphide Depressant 황화 억제제
Surface Survey 지표 탐사
Surface Water 지표수
Sustainable Development 환경친화적 개발
Switching Station 개폐소
Sylvite 칼리암염
Syngenetic Ore Deposit 동생광상
☞ 모암과 같은 시기에 형성된 광상으로 Epigenetic Deposit의 반대.

T

Tailing 광미
☞ 채굴한 원광석에서 선광과정을 통해 유용 광물을 회수하고 남은 나머지로 흔히 폐석과 유사한 의미로 사용.
Tailings Dam 광미댐
☞ 광미를 적치하는 댐 모양의 적치장.
Tailings Storage Facility 광미적치장
☞ 광미댐과 유사한 의미.
Terrane 암층
Test Pitting 시굴
☞ 시료를 채취하거나 지층을 관찰하기 위해 구덩이나 굴을 파는 것.
Testwork 테스트 작업
Thermal Deposit 열수광상
☞ 가스체가 임계온도 이하에서 고온의 열수로 변할 때 함유하고 있던 유용광물 성분이 암석의 갈라진 틈 속에 침전하여 암석과 교대하여 만들어진 광상. 열수광상은 광액의 온도에 따라 심열수광상(hydrothermal deposit), 중열수광상(mesothermal deposit) 및 천열수광상(epithermal deposit)으로 분류됨. 주요 산출 광물은 금, 은, 구리, 철, 텅스텐, 납, 아연 등이 있음.
Transmission Line 송전선
Trenching 시굴 또는 시갱(44쪽 참조)

U

Umpire Sample(Assay) 3자 샘플

☞ 광물의 매도자와 매수자 간에 기준 샘플의 분쟁을 막기 위해 객관성을 지닌 제3자가 선택한 샘플 광물.
Underground Mining 갱내채굴
Uraninite 우라니나이트

V

Variography 변이도
☞ 3차원 내 여러 방향의 품위 변수에 영향을 주는 상호관계 및 범위를 규명하여 주품위 연속성의 방향을 설정하고, 대표성을 갖는 품위 보간에 활용될 변이도(variogram) 모델 매개변수를 제공.
Vein 광맥
Very Complex Deposit 고복합 광상
Volcanology 화산학
☞ 화산활동의 연구를 통해 황화금속 광상의 위치를 파악.

W

Water Diversion 수로 변경
Water Management 수질 관리
Wetland 습지
Wolframite 철망간중석

지은이__ 임용생

1993년 성균관대학교를 졸업하고 1999년까지 LG전선 수출팀에서 근무하다가 캐나다로 이주하였다. 현재는 캐나다의 Nanika Resources 광산회사 및 Newfia Enterprise 회사, 미국의 Midastrade 증권회사 및 Makeup.com 화장품회사 등에 컨설팅 프리랜서로 활동하고 있다.
Email: cecillim1968@gmail.com

한울아카데미 1224

해외 광산개발,
이것만은 알고 시작하자!

ⓒ 임용생, 2010

지은이 • 임용생
펴낸이 • 김종수
펴낸곳 • 도서출판 한울
편집책임 • 김현대
편집 • 조인순

초판 1쇄 인쇄 • 2010년 1월 10일
초판 1쇄 발행 • 2010년 1월 20일

주소 • 413-832 파주시 교하읍 문발리 507-2(본사)
       121-801 서울시 마포구 공덕동 105-90 서울빌딩 3층(서울 사무소)
전화 • 영업 02-326-0095, 편집 02-336-6183
팩스 • 02-333-7543
홈페이지 • www.hanulbooks.co.kr
등록 • 1980년 3월 13일, 제406-2003-051호

Printed in Korea.
ISBN 978-89-460-5224-6 93320(양장)
     978-89-460-4224-7 93320(학생판)

* 가격은 겉표지에 있습니다.
* 이 책은 강의를 위한 학생판 교재를 따로 준비했습니다.
  강의 교재로 사용하실 때에는 본사로 연락해주십시오.